Stefanie Schreiber

Das 13. Kind
aus St. Peter-Ording

Torge Trulsen Charlotte Wiesinger

Für alle Sankt-Peter-Ording-Fans -
ein kleiner Ausflug zu Ihrem Sehnsuchtsort!

Stefanie Schreiber

Das 13. Kind aus St. Peter-Ording

Der dritte Fall für Torge Trulsen
und Charlotte Wiesinger

Kriminalroman

servitus Verlag
edition Unterhaltung

Ein kleines Lexikon norddeutscher Begriffe finden Sie am Ende des Buches.

Prolog

Konnte es etwas Furchtbareres geben als an diesem eiskalten Wintertag dem kleinen Sarg zu folgen, der langsam aus der Waldkapelle getragen wurde? Die zarten Schneeflocken, die lautlos vom Himmel tanzten, gaukelten ihnen einen Frieden vor, den es für sie nie wieder geben würde. Die Ruhe nach dem Trauergottesdienst war genauso schwer zu ertragen wie die pompösen Orgelklänge, die sie am liebsten mit einem klagenden Schrei beendet hätte. Doch sogar dafür reichte ihre Kraft vermutlich nicht aus.
Die letzten Tage waren wie in Trance an ihnen vorbeigezogen - mit zahlreichen Entscheidungen, an die sie sich im Einzelnen nicht mehr erinnerte. Ohne Unterstützung hätten sie es nicht geschafft. Die Hilfsbereitschaft der Familie, der Freunde und Nachbarn war überwältigend gewesen.

Doch abends, wenn alle wieder gegangen waren, übermannte sie eine nie gekannte Einsamkeit. Niemals zuvor hatte sie sich so verlassen gefühlt, so unvollständig, so verloren! Und dann erschienen die Geister der Nacht. In Form von Schuldgefühlen umzingelten sie sie - leise, schleichend; das letzte bisschen Kraft raubend, das ihnen verblieben war. Klagend stellten sie die Fragen, auf die sie keine Antworten fanden – weder jeder für sich noch gemeinsam. Sie nahmen ihnen den Schlaf und damit die Möglichkeit, nur ein wenig Energie für die Tage zu tanken. Die Verzweiflung umhüllte sie wie eine Nebelfront.
Wie hätten sie es nur verhindern können? Was hätten sie ihm sagen sollen, damit er auf sie hörte? Schon immer war er ein kleiner Dickkopf gewesen – außerdem ein Abenteurer. Unerschrocken war er in der Natur unterwegs, wenn andere Kinder im gleichen Alter noch am Rockzipfel ihrer Mama hingen und nicht einmal darüber nachdachten, allein auf Entdeckungstour zu gehen. Was sollte auch passieren? Rund um ihren Hof gab es nichts Bedrohliches, was ihm zum Verhängnis werden konnte; keine Straßen, keine Autos - gar nichts.
Nur Natur: Bäume, auf die er kletterte; Büsche, in denen er Höhlen baute und Bäche, die seine selbstgebastelten Boote aus Papier davontrugen.
Wie sehr hatten sie sich alle nach einer Schwester für ihn gesehnt, aber dieses Glück war ihnen verwehrt geblieben. Erst nach langer Zeit akzeptierten sie Gottes Wille, wodurch sie schließlich ihre kleine Familie noch besser zu schätzen wussten.
Bis zu diesem verhängnisvollen Tag in der letzten Woche, der ihr Schicksal auf eine Weise besiegelte, wie sie es niemals für möglich gehalten hatten.

Beseelt von dem Wintereinbruch, wollte er am liebsten gar nicht mehr ins Haus kommen. Eines Morgens stand er mit dem Zelt im Türrahmen ihres Schlafzimmers und forderte ernsthaft, es im Garten aufbauen zu dürfen, um die folgende Nacht im Freien zu verbringen - der Schlafsack sei ja warm genug. Natürlich erlaubten sie es ihm nicht. Er gab vor, die Erklärung zu akzeptieren, war aber trotzdem mit ihrer Entscheidung unzufrieden.

War er deshalb aus Trotz auf das Eis gegangen, obwohl sie ihn so oft davor gewarnt hatten? Die Gedanken drehten sich im Kreis, so viele Antworten würden sie nicht mehr erhalten.

Als sie an jenem Tag die Haustür öffnete und die Polizisten mit diesem besonderen Gesichtsausdruck vor der Tür stehen sah, wusste sie, dass ihr Leben nie mehr so sein würde wie bisher.

Torge in SPO | Donnerstag, den 16. Juli

Wie immer um diese Jahreszeit war Torge Trulsen im Stress. Die Ferienanlage *Weiße Düne* war bis auf den letzten Bungalow ausgebucht, was sein Postfach mit Sonderwünschen und kleinen Reparaturaufträgen nahezu platzen ließ. Dazu war es, wie schon in den letzten beiden Sommern, unglaublich heiß, was nicht nur den Hausmeister, sondern auch die meisten Urlauber an ihre Grenzen brachte. Seine bessere Hälfte Annegret hatte ihm geraten, in einer Bermuda-Shorts den Dienst anzutreten, aber das kam für Torge überhaupt nicht in Frage. Sollten sich die Feriengäste in so alberne Klamotten schmeißen, ein echter Nordfriese stand diese Hitze mit Würde in einer langen Hose durch. Solange er mit dem, aus den alten Fahrrädern seiner Großeltern selbst gebauten Lastendreirad, das er mit seinen Enkeln auf den Namen *Henriette* getauft hatte, in dem Urlauberdorf unterwegs sein konnte, war es auszuhalten. Richtig schlimm wurde es erst, wenn er in dem kleinen Kabuff saß, das er als Büro nutzte, um Material zu bestellen oder die Arbeiten in den Bungalows zu protokollieren. Der fensterlose Raum war lediglich sechs Quadratmeter groß, und selbst bei nordischem Schietwetter wurde es schnell stickig. In dieser Hitze war er trotz Ventilator zum Backofen mutiert. Der Schweiß kroch ihm durch die blonden vollen Locken, seine Lesebrille drohte ihm von der Nase zu rutschen, während er am Nachmittag gegen 16 Uhr die letzten Eintragungen am Computer vornahm. Heute plante er, endlich einmal wieder pünktlich in den Feierabend zu gehen. Torge hatte seiner Annegret einen entspannten Grillabend zu zweit versprochen, bevor ihre Enkel am nächsten Tag die Reetkate samt Garten für die kommenden vier Wochen in eine quirlige Familienbehausung verwandelten. Unglaublich, wie groß die beiden mittlerweile waren! Mit seinen sechs Jahren würde Lukas Ende August eingeschult werden. Die kleine Lena war fast vier, einfach ein süßer blonder Engel. Torge freute sich sehr auf die Zeit mit ihnen und hoffte, nicht zu viel arbeiten zu müssen. Annegret hatte sich Urlaub genommen, ihm war das natürlich mitten in der Hochsaison nicht möglich.

Gerade wollte er seinen Computer herunterfahren, da steuerte eine Frau mit einem Buggy auf sein Büro zu. Die Hoffnung, sie würde die schräg gegenüber liegenden Toiletten aufsuchen, wurde schnell zerschlagen als sie, ohne zu klopfen, mit hochrotem Kopf sein Kabuff betrat. Nach ihrem gehetzten Blick zu urteilen, war ihre Gesichtsfarbe nicht nur der sommerlichen Hitze geschuldet.

„Guten Tag Herr Trulsen! Bin ich froh, Sie hier anzutreffen. Ich brauche Ihre Hilfe. Mein kleiner Timo ist verschwunden", sprudelten die Worte aus ihr heraus, bevor sie sich mit einem bereits zerfledderten Taschentuch fahrig über die Stirn wischte. Das Mädchen in der Kinderkarre fing an zu zappeln.

„Mama, ich habe Durst ... und ich muss aufs Klo ...", nörgelte sie unzufrieden.

„Gleich, mein Liebes. Wir müssen erst Timo finden, dann gehen wir zu unserem Ferienhaus", versuchte die Mutter, ihr Kind zu beruhigen, bevor sie sich wieder an Torge wandte. „Können Sie mir helfen?"

Ergeben deutete er auf den unbequemen Besucherstuhl, stellte ihr ein Glas Wasser auf die Schreibtischkante und drückte der Kleinen einen Kirschlolli in die Hand, der ihn an seine eigene Kindheit erinnerte. Er hatte für solche Fälle stets einen Vorrat dieser Süßigkeit auf Lager. Dankbar nahm die Frau Platz.

„Dann erzählen Sie mal, was passiert ist", forderte er sie schließlich auf.

„Es ist alles meine Schuld", begann sie kopfschüttelnd. „Wenn nur diese verdammte Hitze nicht wäre. Wir waren heute in St. Peter-Bad, mein Mann musste nach Hannover zu einem geschäftlichen Termin. Timo wollte so gerne Nudeln zum Mittag essen. Ich dachte, es wäre mal eine Abwechslung, ... aber eigentlich war es Quatsch und auch viel zu heiß. Naja, wir sind danach an den Strand. Da Ebbe herrschte, blieben wir im Schatten der Seebrücke, damit wir nicht in der prallen Sonne sitzen mussten, ... also nicht ganz am Ende, sondern in der Nähe der Treppe. Sie wissen schon, wo ich meine."

Torge fragte sich unwillkürlich, wann sie zum Punkt kommen würde. Unauffällig schielte er zu seiner Uhr.

„Nach einer Weile wurde es Timo langweilig. Er wollte ein Eis essen, aber Lisa war gerade eingeschlafen. Ich hatte außerdem wenig Lust bei der Hitze den langen Weg über die Seebrücke noch einmal hin und zurückzulaufen.

Weil Timo aber nicht aufhörte zu quengeln, ließ ich ihn schließlich alleine gehen."
„Wie alt ist er denn?", fragte Torge, als sie eine Pause einlegte.
„Er ist jetzt sechs und kommt am Ende des Sommers in die Schule. Weil er wirklich schlau ist, habe ich ihm zugetraut, diesen Weg alleine zu meistern. Er kennt ihn eigentlich und es geht ja immer nur geradeaus, aber er ist nicht zurückgekommen. Ich mache mir solche Vorwürfe!"
Torge überlegte, ob er Lukas alleine den Weg über den mehr als einen Kilometer langen Holzsteg, der über die Salzwiesen vom touristischen Zentrum bis zu den Pfahlbauten führte, gehen lassen würde. Ohne zu einem Schluss zu kommen, schaute er die aufgelöste Frau an.
„Wann ist er losgegangen?", fragte der Hausmeister, wobei er dieses Mal einen demonstrativen Blick auf seine Uhr warf.
„Das weiß ich nicht mehr genau. Nach einer Weile habe ich mich gefragt, wo er bleibt. Schließlich habe ich alles zusammengepackt und bin den Weg bis zur Eisdiele ebenfalls gelaufen, aber er blieb verschwunden."
„Haben Sie bei der Eisdiele nachgefragt?" Torge schaltete in den Ermittlermodus, Annegret war vorerst vergessen.
„Ja, aber sie konnten sich nicht erinnern. Es herrschte eine große Hektik dort - mit einer langen Schlange. Ich habe mehrere Passanten gefragt, aber niemand hatte ihn gesehen. Also bin ich zurückgefahren. Bitte helfen Sie mir!"
„Ja, ich helfe Ihnen! Haben Sie ein Foto von Timo?", fragte er.
„Einen Moment." Die Frau kramte in ihrer Strandtasche. Nachdem sie ihr Portemonnaie gefunden hatte, zog sie

ein Foto heraus, um es Torge zu reichen. „Hier, das wurde vor zwei Monaten aufgenommen."
Als er das Bild betrachtete, versetzte es ihm einen Stich. Genau das gleiche Alter wie Lukas, er würde durchdrehen, wenn seinen Enkelkindern etwas zustöße!
„Was wollen wir jetzt unternehmen?", unterbrach Timos Mutter seine Gedanken.
„Am besten informieren wir die Polizei", dachte der Hausmeister laut.
„Nein, keine Polizei!", jammerte sie sofort.
„Keine Polizei? Warum nicht? Damit haben wir die besten Chancen, Ihren Sohn wiederzufinden." Verständnislos raufte sich Torge die blonden Locken, die an den Schläfen bereits etwas angegraut waren.
„Mein Mann darf nichts davon erfahren! Er hat mir schon öfters vorgeworfen, nicht gut genug auf die Kinder aufzupassen."
„Frau ..., ich weiß gar nicht, wie Sie heißen!"
„Oh, Entschuldigung. Vor lauter Aufregung habe ich mich gar nicht vorgestellt. Mein Name ist Simone Hasenfeld. Wir wohnen in Hannover und sind große Sankt-Peter-Ording-Fans. Wir machen jedes Jahr zwei Wochen Urlaub hier. In der *Weißen Düne* sind wir zum ersten Mal."
„Also Frau Hasenfeld, mit der Polizei an unserer Seite haben wir die beste Unterstützung, die wir uns denken können. Kommissar Knud Petersen ist ein guter Freund von mir. Wir kennen die Gegend und finden Timo bestimmt wieder. Wann kommt Ihr Mann denn zurück?"
„Das steht noch nicht fest. Entweder morgen Abend oder Samstag am Vormittag, je nachdem wie lange sein Geschäftstermin dauert", antwortete Frau Hasenfeld.

„Bis dahin wollen wir Timo doch längst gefunden haben. Aber da ist noch etwas: Können Sie ausschließen, dass er in Richtung Watt gelaufen ist?"
Bei dieser Frage wechselte die Gesichtsfarbe von Simone Hasenfeld schlagartig von Rot auf Grau.
„Er ist in Richtung Eisdiele im Bad gegangen. Ich habe dann gelesen. Wir saßen ja im Schatten der Brücke, aber das kann ich mir nicht vorstellen."
In Anbetracht ihrer Aussage stieg Torges Sorge. Es klang nicht so, als könnte sie mit Bestimmtheit ausschließen, Timo sei nach dem Eiskauf in eine andere Richtung weitergestromert. Ein Sechsjähriger war auch alleine schon sehr unternehmungslustig. Nicht einmal allen Erwachsenen war die Gefahr bewusst, die von dem auflaufenden Wasser der Flut ausging. Sie mussten sofort handeln, dafür brauchte er auf jeden Fall die Unterstützung von Knud.
„Frau Hasenfeld", redete er sanft auf die ihm gegenüber sitzende Frau ein. „Es ist jetzt ganz wichtig, umgehend Maßnahmen einzuleiten, damit Timo bald wieder bei Ihnen sein kann. Bitte geben Sie mir Ihre Zustimmung, die örtliche Polizei hinzuzuziehen. Ihr Mann muss nichts davon erfahren, wenn wir Ihren Sohn schnell finden. Sie wollen doch nicht, dass ihm etwas Schlimmes passiert, oder?"
„Nein, natürlich nicht." Ihre Antwort war nur noch ein Flüstern. „Ich mache mir solche Vorwürfe! Wäre ich doch bloß hier in der Anlage geblieben!"
„Gehen Sie jetzt zurück zu Ihrem Ferienhaus, ich spreche mit der Polizei. Danach melde ich mich bei Ihnen, wenn wir etwas Neues wissen. Für Sie ist es am besten, sich ein bisschen auszuruhen und sich um Ihre Tochter zu kümmern. Schreiben Sie mir hier Ihre Handynummer auf,

dann rufe ich Sie später an." Torge schob ihr einen Notizblock mit Kugelschreiber hin, worauf sie folgsam ihre Daten notierte.
„Mein Mann bringt mich um, wenn Timo etwas passiert. Das würde er mir nie verzeihen!"
„Denken Sie nicht an Ihren Mann. Ich werde mein Bestes tun, um Timo zu finden. Nur er ist jetzt wichtig. Sie müssen bei Kräften bleiben. Vergessen Sie nicht, etwas zu trinken, diese Hitze laugt uns aus." Torge nahm nickend den Block an sich und schob Simone Hasenfeld sanft aus seinem Büro, um sich dann an die Arbeit zu machen. Erst einmal wollte er Annegret anrufen, um sie zu informieren, dass es doch wieder später wurde als versprochen. Aber dafür würde sie wie immer Verständnis aufbringen. Ein verschwundenes Kind war einfach ein Albtraum! Nicht auszudenken, wenn ihnen das passierte!
Danach rief er direkt auf Knuds Handy an. Knud Petersen war Kommissar hier in St. Peter-Ording. Der 40-Jährige liebte wie Torge dieses platte Land mit dem rauen Klima. Beide konnten sich nicht vorstellen, woanders als auf Eiderstedt zu leben. Im letzten September, konfrontiert mit einem komplizierten Mordfall, verstärkte sich das Team des Polizeireviers um die Kommissarin Charlotte Wiesinger aus Hamburg. Die temperamentvolle Mittdreißigerin war nur äußerst widerwillig an die Küste gekommen, hatte aber irgendwie keine andere Wahl gehabt. Torge wusste bis heute nicht genau, was dahinter steckte. Er war aber von Anfang an begeistert von ihrer Stärke und ihrem Engagement gewesen. Mittlerweile wohnte sie in St. Peter-Ording und schien angekommen zu sein. Für die Ermittlungen in dem Fall Schwertfeger war ihre Versetzung ein Segen gewesen, zumal Fiete Nissen, das polizeiliche Urgestein, im letzten Jahr gar nicht

fit war. Er war mittlerweile 63 Jahre alt. Da sein Orthopäde und sein Physiotherapeut Fietes Rückenprobleme in einer Gemeinschaftsleistung in den Griff bekommen hatten, war er wieder regelmäßig in der Polizeistation anzutreffen. Er war wild entschlossen, das kleine Team in seinen verbleibenden Dienstjahren, so effektiv wie möglich zu unterstützen.

Torge zog das Mobiltelefon aus der Tasche. Normalerweise war er begeistert, wenn er Teil von polizeilichen Ermittlungen werden durfte. Er mochte seinen Job als Hausmeister der Ferienanlage *Weiße Düne*, doch Polizeiarbeit faszinierte ihn. Im Fall eines verschwundenen Kindes hoffte er allerdings, dass es sich einfach um einen Jungen handelte, der ein kleines Abenteuer erleben wollte oder die Zeit vertrödelt hatte.

Knud nahm gleich beim zweiten Klingeln ab.

„Moin Torge. Was verschafft mir die Ehre? Ich dachte, du wärst schon zu Hause, um deinen romantischen Grillabend mit Annegret zu begehen."

„Moin Knud. Ja, ich war gerade auf dem Sprung, da kam eine aufgelöste Mutter in mein Büro, die ihren sechsjährigen Sohn im touristischen Gewühl verloren hat. Ich brauche Eure Hilfe." Schnell setzte Torge seinen Kumpel über die Fakten ins Bild.

„Ein vermisstes Kind verursacht mir immer eine Gänsehaut", antwortete Knud mit einem leichten Zittern in der Stimme.

„Ich dachte, ich erstelle eben aus dem Foto ein kleines Flugblatt, das wir hier in der *Weißen Düne* und im Bad aufhängen bzw. verteilen können. Frau Hasenfeld will zwar auf keinen Fall, dass ihr Mann etwas von Timos Verschwinden erfährt, aber der ist ja jetzt nicht da."

„Ja, mach das. Ich spreche mit Charlotte … Kommissarin Wiesinger und dann kommen wir zu dir in die Anlage.

Ich will selbst mit der Mutter sprechen, bevor wir richtig loslegen."
„Geht klar! Bis gleich." Ohne weiteren Gruß legte Torge auf, um sich an die Arbeit zu machen. Er informierte Annegret und erstellte im Anschluss mit großem Geschick die Vermisstenanzeige am Computer. Selbstbewusst gab er nicht nur Knuds, sondern ebenfalls seine eigene Handynummer auf dem Zettel an. Am liebsten hätte er nur sich selbst als Kontakt angegeben, aber das würde vermutlich den Unmut der toughen Kommissarin erzeugen. Das wollte der Hausmeister auf keinen Fall riskieren. In den letzten beiden großen Fällen hatte er sich ein erhebliches Stück Akzeptanz bei der Hamburgerin erarbeitet. Auch der Tipp mit dem kleinen Haus, das sie nun in Sankt Peter-Dorf bewohnte, war von ihm gekommen. Ungefähr ein halbes Jahr musste sie in einer Ferienwohnung verbringen, weil es auf Eiderstedt einfach kaum etwas fest zu mieten gab. Nach wie vor hoffte Torge, es würde sich bei Timos Verschwinden nicht um den nächsten Kriminalfall handeln, aber er hätte nichts dagegen als Held aus dieser Geschichte hervorzugehen und Simone Hasenfeld ihren verschwundenen Sohn zurückzubringen.
Zufrieden warf er einen letzten Blick auf das Flugblatt. Ja, das sah prima aus! Da er in seinem kleinen Büro nicht über einen Farblaserdrucker verfügte, musste er die Datei zur Rezeption schicken. Am besten schaute er erst einmal, ob sich die Managerin Marina Lessing dort gerade aufhielt. Er war sich nicht sicher, ob sie von Torges Einsatz in dieser Sache angetan war. Zumindest würde sie ihm vermutlich die Kosten des Drucks vorhalten. In solchen Angelegenheiten war die Lessing manchmal etwas kleinlich. Da die Familie Hasenfeld jedoch zu Gast in der Ferienanlage war, hatte Torge genug Grund, das

kleine Plakat hier auszudrucken. Trotzdem rief er kurz beim Empfang an.

„Torge! Moin, was gibt´s? Wieso bist du immer noch im Dienst?"

Er hatte Glück. Seine Lieblingskollegin Klarissa war da. Schnell erklärte er ihr sein Anliegen.

„Ein verschwundenes Kind? Das ist ja schrecklich! Nein, Frau Lessing hat schon Feierabend gemacht. Du kannst den Druck anstarten. Ich passe auf."

„Noch gibt es keinen Grund zur Sorge, wir wollen nur einfach schnell handeln. Bestimmt hat jemand den kleinen Timo gesehen. Ich komme gleich zu dir, um die Ausdrucke abzuholen. Danke dir!"

Torge stieß den Vorgang an und ließ sich dann für einen Moment in seinem bequemen Bürostuhl nach hinten fallen. Tief durchatmend beschloss er, sich schnell einen Kaffee zu holen. Das gab ihm die Gelegenheit, der stickigen Luft zu entfliehen. Außerdem war völlig unklar, wie lange die Suche heute dauern würde. Der Grill sowie sein geliebtes Bierchen mussten warten. Stattdessen würde er sich ein Franzbrötchen gönnen. Sich aus dem Sessel erhebend griff er in die Hosentasche, um sein Kleingeld zu checken. Auf dem Weg zur Cafeteria kam er an dem großen Brunnen vorbei, der den Empfangsbereich der *Weißen Düne* beherrschte. Obwohl er sich anfangs fast schämte, ihn wie die Touristen mit Centstücken zu füttern, um Fortuna ein wenig Unterstützung abzuringen, hatte sich das in den beiden letzten Kriminalfällen möglicherweise als nützlich erwiesen. Er klaubte sieben einzelne Minimünzen aus seiner Hand, um sie kurz darauf, verbunden mit den innigsten Wünschen, lässig in den Brunnen zu schnippen. Was er beim ersten Mal möglichst unbeobachtet getan hatte, führte er mittlerweile mit großem Selbstbewusstsein aus.

„Na, Trulsen, versuchen Sie, Ihr Karma zu verbessern? Jedes Mal, wenn hier auf Eiderstedt etwas Bedrohliches passiert, sind Sie nicht weit oder sogar direkt involviert!" Kommissarin Charlotte Wiesinger war wie aus dem Nichts hinter ihm erschienen. Nun war er doch ein wenig verlegen; versuchte, dies jedoch zu überspielen, indem er die letzten beiden Münzen demonstrativ im hohen Bogen in den Brunnen warf.

„Moin Kommissarin Wiesinger! So schnell habe ich Sie hier gar nicht erwartet. Nun ja, ich nehme gern jede Unterstützung an, die ich kriegen kann. Meine Frau hat mich davon überzeugt, in alle Richtungen über den Tellerrand zu gucken."

„Sie passen in die Welt, Trulsen. Wollen Sie uns zu dem Bungalow von Simone Hasenfeld begleiten? Es wirkt bestimmt weniger einschüchternd auf die Frau, wenn ihr erster Kontakt dabei ist", antwortete sie bestens gelaunt. Die Hitze schien ihr überhaupt nichts auszumachen. Sie trug ein farbenfrohes Sommerkleid, das ihr ausgezeichnet stand und ihre schlanke Figur betonte. Trotz ihrer lediglich 1,58m Körpergröße steckten ihre nackten Füße in flachen Sandalen. Immer wenn es so heiß war, bändigte sie ihre braunen Locken in einer Hochsteckfrisur. Torge fand, sie sah dadurch jünger aus.

„Natürlich komme ich gerne mit. Wir sollten dabei ihr Einverständnis einholen, die Flyer zu verteilen." Torge war in seinem Element.

„Wirklich? Sie wollen eine Ihrer Aktionen genehmigen lassen? Da sind Sie doch sonst nicht so zimperlich!", brachte sie die Tatsachen auf den Punkt.

„Ich lerne dazu, Frau Kommissarin, sogar in meinem hohen Alter", kokettierte Torge ein wenig und ließ sich gerne auf das ungewohnte Geplänkel mit ihr ein. Meist

bedachten sich die Wiesinger und Knud mit irgendwelchen Sticheleien. Es wunderte ihn, dass es anscheinend kein Techtelmechtel zwischen ihnen gab. Immerhin waren sie jetzt schon fast ein Jahr ein gutes Team.
„Nun rollen Sie mal nicht weg. Sie sind doch erst Mitte fünfzig. Hohes Alter! Dass ich nicht lache. Das meinen Sie bestimmt nicht ernst."
„Wo haben Sie eigentlich Knud gelassen?", wechselte Torge das Thema, weil ihm dazu nichts mehr einfiel.
„Der hat sein Handy im Wagen vergessen und ist auf halbem Weg umgekehrt. Ah, da ist er ja!", antwortete die Kommissarin, ohne das vorherige Thema zu vertiefen.
Mit leichtem Bedauern verabschiedete sich Torge von dem geplanten Franzbrötchen-Snack, was seiner Figur bestimmt guttat. Annegrets Hartnäckigkeit zum Dank hatte er seit dem demütigenden Erlebnis mit der zu engen Anzughose immerhin fünf Kilo abgenommen, auch wenn sich seine Begeisterung für Brokkoli und Co nach wie vor in Grenzen hielt. Er sparte jetzt einen Löffel Zucker pro Pott Kaffee ein. Erstaunlicherweise hatte er sich nach wenigen Tagen daran gewöhnt, nur noch zwei Portionen Süße in den Kaffee zu geben. Es bedeutete lediglich eine geringe Genusseinbuße. Tatsächlich war er ein wenig beweglicher geworden und konnte sich wieder besser bücken, was ihm bei der Arbeit zugutekam.
„Die Flyer müssten längst ausgedruckt sein, ich hole sie eben an der Rezeption ab, dann können wir los." Torge begrüßte seinen Freund, der sich offensichtlich nicht wunderte, den Hausmeister mit von der Partie zu haben.

Knud in SPO | Donnerstag, den 16. Juli

Amüsiert beobachtete Knud den kleinen Schlagabtausch zwischen Torge und Charlotte, der ihn einen Moment lang die Unruhe vergessen ließ, die ihn seit dem Anruf seines langjährigen Freundes erfasst hatte. Wer hätte gedacht, dass sich die beiden so annähern würden? Kurz wanderten Knuds Gedanken zu Charlottes Ankunft auf Eiderstedt zurück. An ihre erste Begegnung denkend hätte er fast laut losgelacht. Statt in dem Empfangsbereich des Ferienparks auf sie zu warten, waren Torge und er in einem der Bungalows damit beschäftigt gewesen, einen Abfluss zu reparieren, als sie plötzlich dastand und mit großem Unverständnis die Szene betrachtete. Mittlerweile schien sie verstanden zu haben, wie es das Leben vereinfachte, sich gegenseitig zu helfen. Weil Fiete im letzten September quasi komplett ausgefallen war, hatte Torge ihn bei der Sicherung des Fundortes des toten Michael Schwertfeger unterstützt. Da war es für Knud selbstverständlich gewesen, dem Hausmeister einmal kurz bei seiner Arbeit zur Hand zu gehen. Charlottes Nerven dagegen vibrierten, während sie sich gegen den Lärm des Gewühls in der metallenen Werkzeugkiste erst einmal bemerkbar machen musste. Als Torge dann mit an den Strand kam, um den Fundort der Leiche zu begehen, war sie nah dran gewesen, gleich wieder in ihr Auto zu steigen und zurück nach Hamburg zu fahren.

Knud fühlte sich vom ersten Tag an zu der neuen Kollegin hingezogen. Ihre Ungeduld, die leicht zu kleinen Wutanfällen führte, bei der ihre braunen Locken wild um ihr herzförmiges Gesicht tanzten, faszinierte den Nordfriesen, der sich in seiner nordisch-pragmatischen Art nicht so leicht aus der Ruhe bringen ließ. Es freute ihn, dass sie nach dem Fall Schwertfeger nicht in den Dienst der Hansestadt zurückgekehrt war, sondern ihr kleines Team hier in St. Peter-Ording verstärkte.

„Knud! Träumen Sie? Kommen Sie, wir holen die Handzettel von der Rezeption ab und sprechen dann mit Simone Hasenfeld." Gewohnt engagiert boxte Charlotte ihm gegen den Oberarm, um ihn zum Mitkommen zu bewegen. Wirklich interessant, wie bereitwillig sie mittlerweile den Hausmeister der *Weißen Düne* mit ins Boot holte, aber genau genommen kamen sie an Torge Trulsen nicht vorbei. Es war wie mit dem Hasen und dem Igel: Torge war grundsätzlich schon da, schon informiert, schon mitten im Fall.

Er schenkte Charlotte ein breites Lächeln, das zu ihm genauso gehörte wie seine sportlich schlanke Figur bei einer Körpergröße von 1,80m. In den letzten Monaten war er jeden Morgen zehn Kilometer gelaufen. Er war dadurch nicht nur topfit, sondern auch braun gebrannt, was seine kurz geschnittenen blonden Haare sowie seine leuchtend blauen Augen bestens zur Geltung brachte. Knud war sich bewusst, dass er sich erst seit Charlottes Anwesenheit auf der Halbinsel, Gedanken um sein Äußeres machte. Aber warum auch nicht? Der Tod seiner Frau war lange genug her, um sich wieder für das andere Geschlecht zu interessieren. Er war sich allerdings nicht sicher, ob es eine gute Idee war, ausgerechnet mit der attraktiven Kollegin anzubandeln. Da er damit keine Eile hatte, ließ er den Dingen einfach seinen Lauf. Wenn es so sein sollte, würde es sich schon entwickeln. Charlotte hatte im letzten Jahr eine große Enttäuschung mit ihrem Ex-Verlobten erlebt, das hatte sie ihm an einem kalten Abend im Winter, den sie nur mit sehr viel Friesengeist überstanden, anvertraut. Er wollte erst einmal ihr vollständiges Vertrauen gewinnen und sich selbst über seine Gefühle klar werden, bevor er sie um ein Rendezvous bat. Genau genommen bremste ihn die Befürchtung, ihr freundschaftliches Verhältnis zu belasten, wenn sie seine Gefühle nicht erwiderte. Komplikationen dieser Art konnten beide nicht gebrauchen.

„Knud! Was ist denn heute los mit Ihnen? Sie träumen doch sonst nicht so vor sich hin! Teilen Sie Ihre Gedanken mit uns?" Charlotte bedachte ihn mit einem ihrer durchdringenden Blicke.

„Auf keinen Fall!", protestierte Knud sofort. Seine Wangen wurden heiß, was ihn befürchten ließ, wie ein Schuljunge zu erröten.

„Sie haben Geheimnisse vor uns?", neckte ihn Charlotte weiter. Sicherlich war ihr nicht bewusst, Torge in dieser Wortwahl mit einzubeziehen.

„Jeder hat seine kleinen Geheimnisse, oder? Vielleicht trauen Sie das einem einfach gestrickten Nordfriesen nicht zu …", versuchte er durch den leichten Ton, von dem Inhalt seiner Gedanken abzulenken.

„Männer, Ihr seid heute beide schräg drauf", verfiel sie in das sonst nicht übliche Duzen. „Ihr fischt nach Komplimenten. Ich schreibe das einmal der unglaublichen Hitze zu. Lassen Sie uns an die Arbeit gehen, dann kommen Sie auf andere Gedanken.", kommandierte sie Knud und Torge wieder in gebührlich sprachlichem Abstand. Auch das mochte er an ihr.

In dem Ferienbungalow trafen sie auf eine aufgelöste Simone Hasenfeld, die sich bislang kein bisschen entspannt hatte, was Knud verstand, ohne selbst Vater zu sein.

„Gibt es schon etwas Neues? Haben Sie ihn gefunden?", empfing sie das Trio atemlos, wobei sie sich wieder mit einem zerknüllten Taschentuch über die Stirn wischte. Ihr Gesicht glühte sowohl von der Aufregung als auch von der Hitze. Knud fragte sich unwillkürlich, warum sie nicht die Klimaanlage eingeschaltet hatte.

„Nein, so schnell geht das leider nicht", ergriff er das Wort. „Herr Trulsen hat einen Handzettel entworfen, den wollen wir im Ortsteil Bad aufhängen und an die Passanten verteilen. Schauen Sie einmal, sind Sie so damit einverstanden?" Nachdem Torge ihr ein Exemplar überreicht hatte, setzte Knud fort: „Darf ich uns kurz vorstellen: Ich bin Kommissar Knud Petersen, das ist meine Kollegin Charlotte Wiesinger. Wir werden alles tun, was in unserer Macht steht, um Ihren Jungen schnell zu finden."

„Guten Tag, ja, Entschuldigung. Ich bin ganz außer mir. Simone Hasenfeld. Mein Sohn heißt Timo, aber das wissen Sie ja schon." Sie warf einen Blick auf die Flyer. „Glauben Sie, das bringt etwas? Ich habe es bereits Herrn Trulsen gesagt: Mein Mann wird mir große Vorwürfe machen, wenn er davon erfährt. Wenn diese Zettel überall verteilt werden, bekommt er sofort mit, was los ist."

„Frau Hasenfeld, beruhigen Sie sich. Wenn Ihr Mann zurückkommt und Timo ist nicht da, weiß er doch sowieso gleich Bescheid. Bitte lassen Sie es uns versuchen. Im Juli ist hier in St. Peter unglaublich viel Trubel, das erhöht im Gegenzuge die Chancen auf hilfreiche Augenzeugen. Jeder Hinweis kann dazu führen, ihn schnell wiederzufinden. Das wollen Sie doch auch." Knud war sich seiner manipulativen Wortwahl bewusst, aber als er der verzweifelten Mutter gegenübersaß, konnte er die Erinnerungen an den Fall vor fünf Jahren nicht weiter ausblenden.

Er erinnerte sich genau an das ebenfalls sonnige Wetter in dem Sommer, der ihnen einen Fall bescherte, welcher ihm nach wie vor unter die Haut ging. Es war längst nicht so heiß gewesen, aber es gab eine ungewohnte Schönwetterperiode in der Hauptsaison Ende Juni, als die Serie der vermissten Kinder begann.

„Timo und Lisa sind mein Ein und Alles", jammerte Simone Hasenfeld in einem leicht weinerlichen Ton. „Mir graut schon vor dem Anruf meines Mannes. Wie soll ich ihm von dem Verschwinden seines einzigen Sohnes erzählen?"

Knud fragte sich unvermittelt, was die aufgelöste Frau mehr belastete: Ihr vermisster Sohn oder die Angst vor dem Ehemann.

„Wir tun was wir können, um Timo so schnell wie möglich wiederzufinden", wiederholte Knud in geduldigem Ton, der ihm keine Mühe bereitete. „Geben Sie uns Ihr Einverständnis die Handzettel zu verteilen?"

„Ja, wenn Sie von dem Nutzen überzeugt sind, meinetwegen." Die junge Mutter war kurz davor, in Tränen auszubrechen. „Ich mache mir so große Vorwürfe! Hätte ich ihn doch bloß nicht alleine zu der Eisdiele gehen lassen!

Ich war mir so sicher, er könnte den Weg ohne meine Begleitung bewältigen."
„Erzählen Sie uns ein wenig mehr von Timo. Wie ist er so?", schaltete sich Charlotte in das Gespräch ein. „Je mehr wir über ihn wissen, desto besser können wir die Lage einschätzen."
„Er ist sehr selbständig, sehr mutig. Das war auch der Grund, warum ich ihn habe allein gehen lassen. Als er erst zwei Jahre alt war, hatte ich eine längere Krankheit, weswegen er bereits so früh in einen Ganztagskindergarten kam. Anfangs habe ich mir darüber große Sorgen gemacht, aber er konnte sich großartig integrieren, fand schnell Freunde und genoss es sichtlich, mit anderen Kindern den Tag zu verbringen. Bereits ein Jahr später wurde er in der Gruppe quasi zum Anführer. Meine zweite Schwangerschaft war zu diesem Zeitpunkt nicht geplant und kostete mich viel Kraft. Also ließen wir Timo in der Kinderbetreuung, als es mir wieder besser ging. Er ist eine selbstbewusste kleine Persönlichkeit und setzt sich gerne für seine Spielkameraden ein, wenn sie Hilfe brauchen. Seine kleine Schwester liebt er abgöttisch."
Nach der langen Rede ließ sie sich erschöpft in den bequemen Sessel sinken und griff nach dem Glas Wasser, das auf dem Tisch stand. In einem Zug trank sie es leer.
„Oh, wie unhöflich von mir. Wollen Sie etwas trinken? Ich habe vorhin eine Limonade gemacht, um mich abzulenken. Sie ist gleichermaßen köstlich wie erfrischend."
Sie versuchte ein kleines Lächeln. „Keine Widerrede, bei diesem Wetter muss man einfach viel trinken. Setzen Sie sich, Sie brauchen ja nicht die ganze Zeit zu stehen. Ich hole eben die Karaffe."
Da es sie offensichtlich beruhigte, über Timo zu reden und sich mit Dingen des täglichen Lebens zu beschäftigen, nahm das ungleiche Trio Platz. Kurz darauf erschien

sie mit reichlich gefüllten Gläsern des angekündigten Getränks. Knud fand es zu süß, aber Torge schien es zu munden. Charlotte konzentrierte sich auf die Beobachtung der Frau, ohne dem Produkt der Gastfreundschaft weitere Beachtung zu schenken.

„Wie ist Timo Fremden gegenüber? Ist er aufgeschlossen und vertrauensselig?", fragte sie, nachdem Simone Hasenfeld wieder Platz genommen hatte.

„Sie glauben, er ist mit einer Person mitgegangen, die ihn angesprochen hat?", stellte die Mutter die Gegenfrage, wobei sie gleich wieder unruhig das bereits recht zerfledderte Taschentuch traktierte. „Natürlich haben wir ihm beigebracht, dass er so etwas nicht tun soll, aber er ist eben sehr neugierig und überhaupt nicht ängstlich. Er mag die Dunkelheit nicht, kommt nur zur Ruhe, wenn sein Nachtlicht eingeschaltet ist, aber vor Fremden hat er keine Angst. Oh Gott, Sie glauben an eine Entführung?"

„Das wissen wir nicht. Beruhigen Sie sich wieder, Frau Hasenfeld. Je mehr wir über Timo erfahren, desto besser können wir unsere Strategie aufbauen", versuchte Charlotte ihr Gegenüber zu beschwichtigen, was jedoch gründlich misslang.

„Ich bin bisher davon ausgegangen, Timo wäre auf eine Entdeckertour gegangen, wobei er sich verlaufen hat oder aber die Zeit vertrödelt. Es gibt ja in St. Peter-Bad so interessante Geschäfte ...! Aber wenn er mitgeschnackt wurde ...! Oh Gott, vielleicht sehe ich ihn nie wieder!" Die mühsam aufrecht erhaltene Fassung verschwand in gleichem Maße, wie die Dämme brachen. Schluchzend saß Simone Hasenfeld wie ein Häufchen Elend in ihrem Sessel und ließ ihren Tränen freien Lauf.

Da die beiden Männer hilflos die Szene betrachteten, stand Charlotte auf, um ihr beruhigend über den Rücken zu streichen und ein wenig Trost zu spenden.

„Frau Hasenfeld, so wie Sie Timo beschrieben haben, ist eine ausgedehnte Entdeckertour eine realistische Option. Wie viel Geld haben Sie ihm denn mitgegeben?" Knud verstand den Versuch seiner Kollegin, die verzweifelte Mutter durch weitere Fragen abzulenken.

„Ich habe ihm nur zwei Euro für das Eis gegeben", antwortete sie schluchzend. „Vielleicht hat er aber ein paar Münzen aus seiner Spardose bei sich. Er bekommt ein kleines Taschengeld, gibt aber nur wenig davon aus. Vielleicht haben ihn die schönen Sachen auf dem Weg zur Eisdiele von seinem ursprünglichen Plan abgebracht oder er ist nach dem Kauf weiter durch die Straße *Im Bad* gelaufen." Je mehr sie sich auf die Erklärungen konzentrierte, desto ruhiger wurde sie wieder. Das Ablenkungsmanöver der Kommissarin fruchtete.

„Ja, das kann sein. Wir werden die Flugblätter in den Läden mit der Bitte verteilen, sie in die Schaufenster sowie in die Verkaufsräume zu hängen, damit sie möglichst viel Aufmerksamkeit erregen. Je mehr Menschen von unserer Suche erfahren, desto größer ist die Wahrscheinlichkeit, einen Augenzeugen zu finden. Vielleicht sieht Timo sogar selbst das kleine Plakat. Halten Sie es für möglich, dass er sich verlaufen hat und nicht mehr zurückfindet?"

„Ich würde gerne daran glauben, Frau Wiesinger, aber ich halte es für unwahrscheinlich. Timo besitzt zwar kein eigenes Handy, aber er kennt meine Nummer. Wenn er tatsächlich nicht mehr weiß, wo er sich befindet, dann bittet er um Hilfe. Er würde sicherlich einen Weg finden, mich anzurufen."

„Vielleicht hat er sich wirklich nur vertrödelt oder über eine neue Errungenschaft die Zeit vergessen. Bleiben Sie hier in der *Weißen Düne*. Wir werden jetzt die Flugblätter verteilen. Sobald wir eine Reaktion darauf erhalten oder etwas anderes in Erfahrung bringen, melden wir

uns bei Ihnen. Versuchen Sie, sich zu entspannen, auch wenn es schwerfällt." Ein letztes Mal strich die Kommissarin tröstend über Simone Hasenfelds Rücken, bevor sie aufstand und den Männern zunickte.
„Gehen wir, es gibt viel zu tun."
„Frau Kommissarin, wie wahrscheinlich ist es Ihrer Meinung nach, dass ich meinen Timo wohlbehalten zurückbekomme?", kam es zaghaft von der erschöpften Mutter.
Charlotte drehte sich noch einmal zu ihr um.
„Wir wollen jetzt nicht über Wahrscheinlichkeiten reden. Lassen Sie uns einfach mit der Suche beginnen. Am besten gucken wir erst einmal optimistisch in die Zukunft, alles andere kostet zu viel unnötige Kraft. Vertrauen Sie uns, unser Bestes zu tun.", antwortete sie in einem beruhigenden Tonfall.
Mehr als ein Nicken brachte Simone Hasenfeld nicht zustande.
Nachdem sie den Bungalow verlassen hatten, warf Charlotte Knud wieder einen ihrer prüfenden Blicke zu, denen er nur schwer standhielt.
„Sie haben doch etwas!", sprach sie ihn direkt an. „Irgendwas geht in Ihrem Kopf vor. Spucken Sie es aus, bevor Sie daran ersticken."
Manchmal fand Knud es geradezu unheimlich, wie Charlotte seine Stimmung erkannte und fragte sich, bei aller Sorge um den vermissten Timo, ob sie bereits von seinen Gefühlen für sie wusste.
„Es gab hier vor fünf Jahren eine Serie mit verschwundenen Kindern", antwortete Torge an seiner Stelle.
„Tatsächlich?" Charlotte war erstaunt, weil sie sich offensichtlich nicht daran erinnerte, obwohl darüber ausführlich in der Presse berichtet worden war.
„Ja, es fing damals ebenfalls im Sommer an. Insgesamt verschwanden dreizehn Kinder. Zwölf tauchten wieder

auf, das Dreizehnte nicht.", fasste Torge die Fakten knapp zusammen, während Knuds Miene erstarrte.
Die Kommissarin blieb abrupt stehen. „Wie meinen Sie das, das Dreizehnte nicht?"
„Es handelte sich um eine Dreijährige. Alle Kinder wurden mit ziemlicher Sicherheit entführt, aber nach einiger Zeit wieder freigelassen – mit Ausnahme dieses Mädchens. Nele Hansen. Sie kam nicht zurück. Trotz großer Suchaktion mit einer Hundertschaft haben wir sie nicht gefunden, weder lebendig noch tot. Der Fall wurde nicht aufgeklärt. Wir konnten den Täter nicht fassen. Nach dem Verschwinden von Nele riss die Serie ab ..." Knud verstummte an diesem Punkt und kämpfte mit seiner Fassung.
„Ich muss alles darüber wissen", antwortete Charlotte hochkonzentriert. „Wir hängen jetzt hier in der Ferienanlage einige der Handzettel auf, dann in St. Peter-Bad. Anschließend fahren wir aufs Revier. Dort erzählen Sie mir alles über den alten Fall."
Knud nickte. „Ich rufe Fiete an, um ihn dazu zu bitten. Wir haben damals gemeinsam ermittelt. Er kann schon die alten Akten heraussuchen und sein Gedächtnis auf Vordermann bringen. Nicht auszudenken, wenn der Entführer wieder aktiv geworden ist!"

Zwei Stunden später waren alle Flyer verteilt. Sie hatten mit zahlreichen Menschen gesprochen, doch niemand erinnerte sich daran, den kleinen Jungen gesehen zu haben. Knuds Unruhe war weiter gewachsen und im Grunde genommen graute ihm davor, sich jetzt wieder mit dem Fall zu beschäftigen, in dem er eindeutig versagt hatte. Manchmal dachte er monatelang nicht an die Geschehnisse dieses Sommers, doch dann gab es wieder Nächte, in denen ihn das engelhafte Gesicht der kleinen

Nele heimsuchte und ihm den Schlaf raubte. Von Zeit zu Zeit holte er die Akten hervor, um sie wieder und wieder zu studieren. Irgendetwas mussten sie doch übersehen haben! Wie konnte ein kleines Mädchen einfach vom Erdboden verschluckt werden? Nach wie vor war er sich sicher, dass es Spuren gegeben hatte, die sie nicht registriert hatten. Er war fest entschlossen, den Fall irgendwann aufzuklären. Vielleicht bekam er jetzt die Chance dafür. Mit diesen, seine Stimmung etwas verbessernden Gedanken, bereitete er nach ihrer Rückkehr auf das Polizeirevier erst einmal Kaffee für alle zu. Das konnte eine lange Nacht werden.

Fiete war eingetroffen und hatte die Akten auf den drei Schreibtischen verteilt, die in dem großen modernen Raum zusammenstanden. Torge begleitete sie wie selbstverständlich. Annegret würde vermutlich nicht begeistert sein, auf den lang geplanten Grillabend zu verzichten, aber in der Regel brachte sie großes Verständnis für ihren Mann auf. Gerade wenn es um Polizeiarbeit ging, musste alles andere zurückstecken. Tatsächlich hatte Torge sein Versprechen gehalten und die Wand neu gestrichen, auf der sie im letzten Mai die Namen aller Beteiligten im Fall des verschwundenen Bräutigams notiert hatten. Vielleicht musste er nach Aufklärung dieses Tatbestandes erneut zur Farbrolle greifen. Knud hoffte sehr, der kleine Timo würde einfach von einer Entdeckungstour auftauchen; doch insgeheim vermutete er einen Zusammenhang mit dem alten Fall. War der gleiche Täter wieder aktiv geworden – nach so langer Zeit? Oder gab es einen Nachahmer? Aber das war fünf Jahre später eher ungewöhnlich. Knud schob die Gedanken beiseite, verteilte die Kaffeepötte, um sich anschließend zu Torge und den Kollegen zu setzen.

„Moin, Ihr seht ein wenig abgekämpft aus", begrüßte Fiete Nissen das Team, das sich leicht erschöpft an den Schreibtischen niedergelassen hatte. „Ihr habt doch bestimmt nichts gegessen; meine Frau hat Euch ein paar Fischbrötchen zubereitet, damit Ihr bei Kräften bleibt."

„Fischbrötchen, das nordische Allheilmittel", gab Charlotte etwas undankbar von sich, worauf Fiete nur amüsiert seine rechte Augenbraue hochzog.

„Kommissarin Wiesinger, Sie sind doch schon fast ein Jahr hier bei uns. Sie müssten unsere kulinarischen Köstlichkeiten eigentlich besser zu schätzen wissen. Ich habe für Sie extra ein Krabbenbrötchen bestellt - mit ein bisschen mehr Remoulade, so wie Sie es gerne mögen."

„Tut mir leid, Nissen. Ein verschwundenes Kind geht mir immer an die Nieren. Jetzt, wo Sie davon reden, merke ich tatsächlich, wie hungrig ich bin. Ich danke Ihnen für Ihre Fürsorglichkeit." Charlotte schenkte Fiete ein versöhnliches Lächeln, womit er sich gerne zufriedengab.

„Okay, bevor wir in den alten Fall einsteigen, solltet Ihr mich erst einmal mit den Geschehnissen des heutigen Tages auf Stand bringen", forderte er seine Kollegen mit einem ernsten Gesichtsausdruck auf, was Knud daraufhin tat.

Er verspürte Hunger, doch der Appetit war ihm vergangen. Vielleicht griff er etwas später bei den schmackhaft aussehenden Brötchen zu. Torge und Charlotte ließen es sich allerdings schmecken. Schließlich legte die Kommissarin die Serviette beiseite.

„Nochmals vielen Dank, Nissen. Das war lecker."

„Ist eben ein nordisches Allheilmittel", antwortete er trocken. „Sie können mich gerne, so wie Sie es bei Knud machen, beim Vornamen nennen. Ich komme mir sonst so alt vor."

„Gern, Fiete. Also, erzählen Sie doch einmal das Wichtigste zu dem Fall von vor fünf Jahren. Ich kann mich beim besten Willen nicht daran erinnern, obwohl die Presse doch bestimmt darüber berichtet hat! Vermutlich gab es bei uns in Hamburg ebenfalls gerade anspruchsvolle Ermittlungen, die mich voll in Beschlag genommen haben", führte Charlotte ergänzend aus.

Fiete und Knud wechselten einen Blick, mit einer Geste forderte der Jüngere seinen Kollegen auf, mit dem Bericht zu beginnen.

„Dieser ungewöhnliche Fall hat uns vor fünf Jahren wirklich in Atem gehalten. Vermutlich haben Sie von Knud gehört, dass wir ihn nicht aufgeklärt haben. Insofern haben wir beide damit noch nicht abgeschlossen. Immer wenn hier gar nichts los ist, holen wir die Akten hervor, um nach Kleinigkeiten zu suchen, die wir möglicherweise übersehen haben. Im letzten Jahr war ich zu sehr mit mir selbst beschäftigt, der Fall trat in den Hintergrund. Aber ich fange mal von vorne an." Fiete nahm einen großen Schluck aus dem Kaffeepott, bevor er seine Ausführungen fortsetzte. „Die Kinder, die verschwanden, waren alle klein; im Alter zwischen drei und sechs. Letztendlich begann es so, wie jetzt mit Timo. Im Gewühl der Hauptsaison verschwand ein Kind. So wie Ihr es gemacht habt, starteten wir eine Suchaktion. Nach großer Aufregung und Sorge tauchte der Junge aber einige Tage später wieder auf. Bemerkenswerterweise ging es ihm oberflächlich betrachtet gut. Er war vernünftig genährt, körperlich gepflegt und absolut entspannt. Allerdings hat er nicht erzählt, wo er gewesen ist. So setzte es sich mit insgesamt zwölf Kindern fort. Es klingt ein wenig makaber, aber es war schon skurril. Die Kleinen verschwanden für eine Weile, kamen aber alle wieder zurück." Fiete legte eine Pause ein, trank einen weiteren

Schluck von dem längst abgekühlten Kaffee und veränderte seine Sitzhaltung auf dem bequemen Stuhl. Kurz verzog er sein Gesicht, als sein Rücken ihn wieder mit einem Schmerz bedachte.

„Schiet! Die beste Krankheit taugt nichts", kommentierte er leicht frustriert sein Leiden, bevor er sich wieder auf den Fall konzentrierte. „Nach dem Wiederauftauchen des zweiten Kindes zogen wir eine Psychologin hinzu, die die Mädchen und Jungen sanft nach ihren Erlebnissen befragte. Mit den Hiesigen verbrachte sie Zeit in den Kindergärten, die sie besuchten. Die Nachbetreuung der Touristen war schwieriger. Insgesamt war es so, dass alle Kinder einen glücklichen Eindruck vermittelten, als hätten sie etwas Besonderes erlebt, was ihnen große Freude bereitete. Sie blieben unterschiedlich lange weg, berichteten aber nie über die Erlebnisse. Die Psychologin Frau Dr. Berg ließ die Kinder daraufhin malen. Mehrere von ihnen brachten Clowns zu Papier, die sich sehr ähnelten."

„Clowns?", unterbrach Charlotte den Bericht ihres Kollegen.

„Ja, Clowns. Warten Sie, ich suche Ihnen eben einige Zeichnungen aus den alten Unterlagen heraus. Wir haben natürlich alle aufgehoben." Etwas mühsam erhob sich Fiete aus dem Bürostuhl, um dann gezielt nach bestimmten Akten zu greifen. Offensichtlich kannte er den jeweiligen Inhalt auswendig.

„Bitte ignoriert meine körperlichen Gebrechen", forderte er sie auf, indem er eine Grimasse schnitt. „Abends kommen die Schmerzen teilweise wieder. Außerdem habe ich wegen Eures Anrufes meine Physio geschwänzt. Das war offenbar keine gute Idee." Nachdem er zwei weitere Zeichnungen hervorgezogen hatte, reichte er sie der

Kommissarin, die sofort einen neugierigen Blick darauf warf.

„Tatsächlich ähneln sich die Darstellungen sehr", kommentierte sie die Bilder, woraufhin die Männer lediglich nickten.

„Seltsam! Die Kinder waren also eine Zeitlang bei jemanden, der sich als Clown verkleidet hat. Er bespaßt sie, ernährt sie gut, pflegt sie und gibt sie dann wieder zurück. Mal von der Tatsache abgesehen, dass es Kindesentführung ist, kann man sagen, er behandelt sie wie Gäste. Es gab also keine Lösegeldforderung?", vergewisserte sie sich bei Knud und Fiete.

„Nein, es gab keine Lösegeldforderung. Die Psychologin konnte bei keinem der Kinder eine posttraumatische Belastungsstörung feststellen. Es klingt wieder etwas seltsam in diesem Zusammenhang, aber sie verhielten sich ganz normal, als wären sie kurz auf Urlaub bei Freunden gewesen. Nach Frau Dr. Bergs Meinung bestimmte sich die Dauer ihres Verschwindens quasi durch die Kinder. Die Kleinsten, die gleichzeitig am ängstlichsten waren, kamen schneller zurück als die mutigen Älteren", mischte sich Knud in das Gespräch ein, was Fiete die Möglichkeit gab, eine Runde durch das Revier zu laufen, um seinem Rücken Entlastung zu bieten.

„Der Entführer war also auf das Wohl der Kinder bedacht", vermutete Charlotte.

„Ja, zu dem Schluss sind wir damals ebenfalls gekommen. Das hat die Ermittlungen allerdings weder erleichtert noch vorangebracht." Wieder verdüsterte sich Knuds Stimmung ein wenig.

„Dann verschwand die kleine Nele Hansen, ohne wieder zurückzukehren", legte sie den Finger in die Wunde.

„So ist es", antwortete Knud knapp.

„Und die Serie riss ab", setzte Charlotte nach.

„Ja, wir haben alle möglichen Vermutungen angestellt, was passiert sein könnte. Sie sind alle dort in den Akten dokumentiert. Letztendlich haben wir Nele nicht gefunden, was für mich persönlich das Schlimmste an der Sache ist – und natürlich für die Eltern." Knud fing Charlottes mitfühlenden Blick auf, was ihm guttat, sein Wohlbefinden aber trotzdem nicht steigerte.

„Okay, Männer, es war ein langer Tag. Heute können wir nichts mehr ausrichten. Ich werde in der Nacht einen Großteil dieser Akten studieren und Sie im Anschluss mit weiteren Fragen löchern. Wir sollten jetzt Schluss machen. Morgen um acht treffen wir uns wieder hier", übernahm die Kommissarin die Führung.

Erst jetzt fiel Knud auf, dass Torge die ganze Zeit schweigend dabei gesessen hatte, was für ihn eher ungewöhnlich war.

Gloria in SPO | Samstag, den 18. Juli

Gloria von Brandenburg war, wie in jedem Jahr, auch diesen Sommer wenig begeistert von der Idee gewesen, ihren Urlaub in Sankt Peter-Ording zu verbringen. Als Society-Reporterin hätte sie ihre Ferien lieber in Miami oder Los Angelos verbracht, zur Not wäre noch Mallorca in Frage gekommen, aber davon wollte ihr Mann Herbert nichts wissen. Urlaub sei Urlaub und einmal im Jahr für zwei Wochen könne sie ja wohl ohne die Jagd auf Promis auskommen. Im Grunde hatte er eben einfach kein Verständnis dafür, wie aufregend ihre Arbeit war. Wozu brauchte sie da Urlaub? Sie war ja ständig unterwegs. Urlaub war schließlich etwas für Leute, die in ihrem Job keine Erfüllung fanden und davon gelegentlich eine Auszeit brauchten. Gloria brauchte keine Auszeit. Nichts war spannender als sich mit anderen Persönlichkeiten auseinanderzusetzen und darüber zu berichten. Die Menschen interessierten sich für die Lebensumstände von Prominenten. Doch die einzige Persönlichkeit mit der sie sich nun auseinandersetzen musste, war Herbert, der diesen Landstrich seit seiner Kindheit liebte und für die beiden Sommerwochen, in denen sie gemeinsam verreisten, keine Kompromisse kannte. Sie hatte versucht, ihn dazu zu bewegen, dieses Jahr Sylt zu buchen, doch er hatte sie nur wissend angegrinst. Erstens sei Sylt nicht Sankt Peter-Ording, nur weil es ebenfalls an der Nordsee lag und zweitens wollte er nicht mit versnobten B-Promis seinen Urlaub verbringen, sondern mit ganz normalen Menschen, die sich mehr für sich selbst als für andere interessierten.

Er war ihr insoweit entgegengekommen, diesen luxuriösen Bungalow in der ersten Wasserlinie in der Ferienanlage *Weiße Düne* zu buchen, die ihr mit dem Wellness- und Poolbereich mehr Abwechslung bot, als ein alleinstehendes Ferienhaus, in dem sie eigenhändig das Frühstück zubereiten oder gar kochen musste. Wenn Gloria etwas hasste, war es Hausarbeit und Kochen gehörte allemal dazu. Sie war eine erfolgreiche berufstätige Frau Ende vierzig, die sich eine Reinigungskraft leistete und lieber auswärts aß. In ihrer Küche prangte ein Emaille-Schild mit der Aufschrift: *Wenn Gott wollte, dass ich koche, warum hat er dann Restaurants erschaffen?* Damit war ja wohl alles gesagt.

Den Bungalow als *in der ersten Wasserlinie* anzupreisen, war selbstredend eine Farce. In der ersten Dünenlinie hätte es besser getroffen, hörte sich aber natürlich nicht so hervorragend an. Das Wasser, wenn es sich denn überhaupt einmal dazu herabließ, die Touristen zu erfreuen, war von dem bequemen Haus ewig weit entfernt, so dass man unwillkürlich vorher eine Wanderung unternehmen musste, wenn man an den Strand und jene besagte Wasserlinie wollte.

Als sei das nicht schon genug Gerenne durch die Pampa, hatte Herbert gestern auf eine Wattwanderung bestanden. So viele Freiheiten er ihr im Alltag ließ – nur selten beschwerte er sich über ihre Reisen, die ihr Job mit sich brachte – desto hartnäckiger hatte er auf den Fußmarsch durch die sagenhafte Landschaft des Wattenmeeres, das seit 2009 Weltnaturerbe war, bestanden.

Drei Stunden war sie in brütender Hitze in einer Gruppe sagenhaft langweiliger Gesellschaft mit dicken Stiefeln durch den Schlamm gewatschelt. Herbert wurde dabei nicht müde von dem Wunder dieses Lebensraumes zu dozieren.

„Weißt du, warum die Priele eine so wichtige Aufgabe im Watt haben?", fragte er sie, als sie ein wenig Mühe hatte, über einen dieser *Bachläufe* hinüberzusteigen, der eindeutig zu tief war, um ihn zu durchwaten. Ohne eine Antwort abzuwarten, setzte er seine Ausführungen fort: „In den Prielen versammeln sich die Tiere, die während der Ebbe unter Wasser bleiben müssen, weil sie sonst austrocknen." Sein Tonfall hatte den eines Lehrers vor einer Klasse Achtjähriger angenommen. Gloria wollte jedoch keinen Streit. Diese Wanderung brachte sie schon an ihre Grenzen, also ließ sie Herbert gewähren und hörte nur mit einem halben Ohr zu.

„Aber wenn die Flut kommt, kann das wirklich gefährlich werden, weil diese Flüsse im Watt nicht nur tief, sondern mit einer Strömung versehen und nicht mehr durchquerbar sind. Nicht wenige Wattwanderer haben die Gefahr unterschätzt, was sie das Leben kostete", setzte Herbert seinen Vortrag fort.

Natürlich hörte Gloria nichts davon zum ersten Mal. Die Geduld verlor sie erst, nachdem er von der Genialität des Wattwurms anfing, der sich beim Eingraben quasi eine Wohnung baute, indem er den Sand in sich aufnahm – außerdem Algen sowie Bakterien als Nahrung – und ihn am Ende wieder ausschied.

„Er liegt dann in der feuchten Röhre, wobei er durch Kiemen atmet wie ein Fisch! Das ist doch einfach großartig!" Herbert war ganz aus dem Häuschen, doch Gloria konnte seine Begeisterung nicht teilen.

„Zieh doch einfach deine Stiefel aus", schlug er gutgelaunt vor, als sie sich über ihre heißen Füße beklagte. „Das Watt ist herrlich und es sorgt für Kühlung. Ist erfrischender als der leichte Wind."

„Es sorgt für zerschnittene Füße, meinst du wohl", gab sie murrend zurück.

„Gundi, du verdirbst mir heute nicht die Laune. Du kannst es hassen oder lieben, das ist deine Wahl. Ich genieße hier gerade in vollen Zügen und ich empfehle dir, es mir gleich zu tun. Probier es einfach einmal aus. Ich trage auch deine Stiefel. Wenn es sein muss, spendiere ich dir außerdem eine Sondersitzung bei der Fußpflege. Die bringt deine zarten Füße wieder in Ordnung. Das Watt ist übrigens eine natürliche Kur, auf die du nicht verzichten solltest."

Hätte er sie nicht Gundi genannt, wäre sie seinen Vorschlägen vielleicht sogar gefolgt, aber so schaltete sie auf stur. Schon während des Journalismusstudiums war ihr klar gewesen, dass sie sich ein Pseudonym zulegen musste. Mit dem Namen Gundula Brathuhn-Münkel konnte Frau beim besten Willen keine Karriere machen, schon gar nicht im Bereich Lifestyle. Bis heute verstand sie ihre Eltern nicht, warum sie sich für diesen Doppel-

namen entschieden hatten - und dazu auch noch Gundula! Seit fünfundzwanzig Jahren hieß sie nun Gloria von Brandenburg. Ihre Rechnung war aufgegangen. Sie war eine angesehene Journalistin, verheiratet mit einem erfolgreichen Unternehmer, der sie in ihrer persönlichen Entfaltung unterstützte und ihr leicht exzentrisches Verhalten akzeptierte.
Nur in Sachen Sommerurlaub kannte er keine Kompromisse. Wenn sie dann anfing, ihm den Spaß zu verderben, nannte er sie Gundi, wohl wissend, dass er sie damit provozierte.
Jetzt lag der arme Mann mit höllischen Kopfschmerzen im Bett, weil er aufgrund des leicht kühlenden Windes die Kraft der Sonne völlig unterschätzt und auf seine sonst gewohnte Kopfbedeckung verzichtet hatte. Sein doch schon recht schütteres Haar war nicht Schutz genug gewesen, der Arzt vermutete einen Sonnenstich und verordnete Medikamente sowie Bettruhe.
So viel zum Thema Weltnaturerbe!
Leicht frustriert verließ sie am Vormittag das Ferienhaus, um sich im Restaurant mit einem Frühstück zu stärken. Die Stunde im Fitnessraum hatte ihre Laune nicht verbessert. Sie war höchst gefährdet, den Versuchungen der süßen Köstlichkeiten zu erliegen, was ihr eine weitere Stunde körperlicher Ertüchtigung einbringen würde. Gloria achtete peinlich auf ihr Äußeres und eine makellos schlanke Figur gehörte für sie einfach zu einem gepflegten Auftreten, wenn man so in der Öffentlichkeit und immer einmal wieder vor der Fernsehkamera stand. Leider war es seit ihrem vierzigsten Lebensjahr zunehmend schwerer geworden, das Gewicht zu halten. Die ständigen Verlockungen an den üppigen Büffets machten die Sache nicht besser. Natürlich war es blöd, sich aufgrund der unbefriedigenden Situation, in der sie

gerade steckte, ein Schokocroissant einzuverleiben, aber manchmal konnten Zucker und Fett einfach tröstend sein!

Im Restaurant angekommen, ließ sie sich erst einmal einen Latte Macchiato bringen und holte sich tapfer eine kleine Schale mit mundgerecht geschnittenem Obstsalat. Lustlos rollte sie die Beeren hin und her, wobei sie immer wieder den Raum scannte, in der Hoffnung, es würde eine bekannte Persönlichkeit auftauchen, die zu einem Interview oder sogar einer *Holiday-Story* bereit war. Leider tobten lediglich ausgelassene Kinder herum, die nicht nur jede Menge Sand, sondern auch Lärm sowie Unruhe verteilten. Warum mussten Herbert und sie auch ausgerechnet in der Hauptferienzeit hierher kommen?

Für Gloria war das einfach zu viel Nostalgie. Natürlich wusste sie, wie sehr Herbert Kinder liebte und es nach wie vor bereute, keine eigenen Sprösslinge bekommen zu haben. In den Wochen hier genoss er es, Zeuge dieses Familienchaos zu sein.

Wenn er nicht gerade mit einem Sonnenstich im Bett lag! Der Arzt hatte eine Genesungszeit von zwei Tagen prognostiziert, wenn Herbert sich an die Bettruhe im abgedunkelten Raum hielt.

Energisch schob Gloria den Teller mit den eigentlich leckeren Früchten beiseite. Heute konnte sie sich für diese gesunde Nahrung nicht begeistern. Vielleicht würden doch ein paar sinnlose Kalorien ihre Stimmung aufhellen und sie außerdem auf eine Idee bringen, was sie in den beiden kommenden Tagen allein hier auf Eiderstedt anfing. Zielgerichtet steuerte sie die süße Ecke des Büffets an, legte neben das Schokocroissant, von dem sie seit drei Stunden träumte, eine anständige Portion Tiramisu, bevor sie zu ihrem hellen Platz am Fenster zurückkehrte. Wenn sie das alles verputzte, würde ihr vermutlich

schlecht werden, aber was sollte es, war dazu Urlaub nicht auch da?
Bereits nach dem Verzehr des süßen Hörnchens spürte sie ein leichtes Gefühl der Übelkeit. Trotzdem schien es sich gelohnt zu haben, an dieser Stelle schwach zu werden, denn sie kam auf die geniale Idee, den Tag für einen Ausflug nach Sylt zu nutzen. Herbert würde sowie schlafen oder zumindest vor sich hin dämmern, da konnte sie sich bestimmt wegstehlen, ohne dass er sie großartig vermissen würde.
Kurz entschlossen nahm sie den Teller mit der verbliebenen italienischen Spezialität, um sie dem Kranken mitzubringen. Am Ausgang des Restaurants bemerkte sie das Schwarze Brett, an dem in erster Linie geführte Touren durch das Watt und andere organisierte Trips in die nähere Umgebung angepriesen wurden. Bisher hatte sie das kleine Plakat nicht wahrgenommen, obwohl es bereits seit Donnerstagabend hier hängen musste.
Ein kleiner Junge war verschwunden! Der sechsjährige Timo strahlte mit einem breiten Lächeln in die Kamera. Sein Blondschopf war ein bisschen verwuschelt, ganz offensichtlich handelte es sich um einen Schnappschuss. Glorias journalistische Spürnase war sofort geweckt. Auch wenn es niemand vermutet hätte: Sie mochte Kinder. Insbesondere natürlich, wenn sie nicht zu laut und dreckig waren. Ein vermisstes Kind war nichts, was hier in das sonnige Urlaubsparadies für Tausende von Familien passte. Vielleicht sollte sie ihre Fahrt nach Sylt überdenken und stattdessen ihre Hilfe in diesem Fall anbieten. Recherchieren gehörte zu ihren großen Stärken, wenn es etwas herauszufinden gab, dann schaffte das Gloria von Brandenburg.
Achtlos stellte sie die Süßspeise auf einen kleinen Beistelltisch, um ihr Handy zu zücken. Auf dem Flyer waren

zwei Telefonnummern angegeben. Die eine gehörte einem Kommissar Knud Petersen, die andere dem Hausmeister der Ferienanlage Torge Trulsen. Schnell entschied sie sich für die zweite Nummer. Den Facility Manager, wie sie ihn heimlich nannte, hatte sie bei ihrem Eintreffen vor drei Tagen bereits kurz kennengelernt. Ein Wasserhahn im Bad war nicht in Ordnung gewesen. Herr Trulsen hatte das schnell repariert. Er war nicht gerade als attraktiv zu bezeichnen, ein bisschen klein und untersetzt. Gloria schätzte ihn auf circa 1,75m, seine blonden, leicht ungezähmten Locken waren voll, aber an den Schläfen etwas angegraut, was bei einem Mann Mitte fünfzig nicht ungewöhnlich war. Er schien jedoch sehr engagiert zu sein und außerdem das Herz auf dem rechten Fleck zu haben.

Interessant, dass er hier als Ansprechpartner angegeben war! Zum einen wollte die Journalistin herausfinden, was dahintersteckte, zum anderen aber hatte sie ja keine Informationen beizutragen. Ihr Ziel war, etwas zu erfahren. Gloria war überzeugt, bei dem Hausmeister ein leichteres Spiel zu haben. Er schien einem Schnack nicht abgeneigt zu sein und sicherlich mit Informationen an eine Schreiberin ihrer Zunft aufgeschlossener als die Polizei.

Nach dem zweiten Klingeln nahm er ab: „Moin, hier schnackt Torge Trulsen", begrüßte er sie scheinbar gut gelaunt.

„Guten Tag Herr Trulsen, ich bin Gloria von Brandenburg. Ich habe gerade das kleine Plakat mit dem verschwundenen Timo entdeckt ...", begann sie einleitend, wurde aber von dem Hausmeister sofort unterbrochen.

„Haben Sie ihn gefunden?", fragte er atemlos.

„Nein, leider nicht, da muss ich Sie enttäuschen. Ich bin Journalistin und hier zu Gast in der *Weißen Düne*. Naja,

es klingt vielleicht ein wenig merkwürdig, aber ich möchte meine Hilfe anbieten", stellte Gloria klar. Als sie eine Pause einlegte, hörte sie, wie ihr Gegenüber geräuschvoll ausatmete.
„Wie stellen Sie sich das vor?", fragte er schließlich.
„Nun ja, mein Anruf war spontan. Ich habe darüber nicht lange nachgedacht. Vielleicht kann ich mich einfach ein wenig umhören – beginnend in St. Peter-Bad, aber auch darüber hinaus in den anderen Ortsteilen und der Umgebung. Die meisten Menschen sind sich gar nicht bewusst, gute Beobachter zu sein. Besonders natürlich die etwas Älteren, die nicht den ganzen Tag auf das kleine Display ihres Smartphones starren."
Weil Gloria sein Lachen hörte, wertete sie es als positives Zeichen. Motiviert setzte sie zum Weiterreden an, doch Torge Trulsen kam ihr zuvor:
„In welchem Ressort sind Sie denn tätig, Frau von Brandenburg?"
„Mein Hauptbetätigungsfeld ist Lifestyle, ich berichte über die Reichen und Schönen – und solche, die es werden wollen", antwortete sie, nicht ohne ein Quäntchen Selbstironie.
„Klatsch und Tratsch also", fasste Trulsen zusammen.
„Wenn Sie so wollen – ja!", gab Gloria ohne Umschweife entwaffnend zu.
„Dann sind Sie auf jeden Fall eine geduldige Beobachterin", stellte der Hausmeister fest, womit er dem Gespräch eine andere Richtung gab, als sie vermutet hatte.
„Klingt vielversprechend! Wir können jede Hilfe gebrauchen. Timo ist jetzt um die vierzig Stunden verschwunden. Die Nervosität steigt sowohl bei den Eltern als auch bei der ermittelnden Polizei."
Diese Aussage nahm die Journalistin zum Stichwort, nach Trulsens Beteiligung in dem Fall zu fragen.

„Kommen Sie doch einfach in mein Büro, Frau von Brandenburg. Es befindet sich in dem kleinen Gang, der von der Lobby abgeht. Dort wo Sie ebenfalls die Toiletten finden, schräg gegenüber. Ich besorge uns einen Kaffee und dann können wir in Ruhe darüber schnacken. Was halten Sie davon?"

„Gern, ich schaue nur kurz bei meinem Mann im Bungalow vorbei. Er liegt mit einem Sonnenstich im Bett. Ich bin dann in zehn Minuten bei Ihnen. Danke, Herr Trulsen!"

Der Tag versprach besser zu werden, als sie morgens gedacht hatte! Was doch ein Schokocroissant alles bewirkte! Herbert schlief tief und fest. Sie stellte das Tiramisu in den Kühlschrank, legte ihm einen Verweis darauf mit einem Gruß auf den Nachttisch und eilte dann zur Eingangshalle mit dem imposanten Brunnen, der es ihr bei ihrer Ankunft auf den ersten Blick angetan hatte. Ob all die Wünsche in Erfüllung gingen, die vermutlich mit den zahlreichen Centstücken verknüpft waren? Kupfern schimmerten sie auf dem Grund des Brunnens. Gloria nahm sich vor, später ebenfalls die kleinen Münzen aus ihrem Portemonnaie hineinzuwerfen. Es schadete nicht, dem Glück ein wenig auf die Sprünge zu helfen.

Ein Blick auf ihre Armbanduhr zeigte ihr, dass es schon später als angekündigt war; vermutlich wartete Trulsen bereits auf sie. Schnell fand sie den kleinen fensterlosen Raum und machte sich mit einem kurzen Klopfen an der offen stehenden Tür bemerkbar.

„Was haben Sie denn verbrochen, in so einer Abstellkammer einquartiert zu sein?", rutschte ihr der abfällige Kommentar statt einer Begrüßung heraus.

„Moin! Frau von Brandenburg nehme ich an. Kommen Sie herein und setzen Sie sich. Mein Hauptarbeitsplatz ist die gesamte Ferienanlage, hier verbringe ich nur wenig Zeit. Ein Fenster wäre schön, aber sonst ist es okay", antwortete er nordisch pragmatisch, ohne pikiert zu sein. Gloria lachte erleichtert, sie wollte es sich nicht schon vor dem ersten Kennenlernen mit ihm verscherzen. Nachdem sie sich auf dem Besucherstuhl niedergelassen hatte, musste sie dazu aber doch noch eine Bemerkung loswerden.

„Diese Sitzgelegenheit ist ja sagenhaft unbequem, die sollten Sie wirklich einmal austauschen", forderte sie ihn auf.

„Auf gar keinen Fall", grinste Trulsen verschmitzt. „Ich habe lange danach gesucht!" Nachdem er ihren irritierten Blick bemerkte, ergänzte er bestens gelaunt: „Die meisten Besucher, die ich hier habe, möchte ich so schnell wie möglich wieder loswerden. Das klappt mit Unterstützung dieses ausgesprochen ungemütlichen Stuhls einfach hervorragend. Da müssen Sie jetzt leider durch, auch wenn Sie vermutlich etwas Besseres gewohnt sind."

Gloria war von der Erklärung amüsiert, also beklagte sie sich nicht weiter. Ihre Besprechung würde ja nicht lange dauern, das hielt sie schon aus.

„Sie wollten mir erzählen, wie es zu Ihrer Beteiligung bei dem verschwundenen Kind kommt", nahm sie den Faden wieder auf.

„Die Mutter des Jungen hat sich, direkt nachdem Timo weg war, an mich gewandt. Sie ist ebenfalls Gast hier in der *Weißen Düne*. Außerdem unterstütze ich gern die Polizei, wenn es notwendig ist. Ich bin hier auf Eiderstedt gut vernetzt, wie man heutzutage so schön sagt. Für die Mutter ist der Kontakt zur Polizei beunruhigender als der zu mir. Es macht die Sache weniger bedrohlich, auch

wenn es natürlich sehr ernst ist." Zwischen Trulsens Augenbrauen war eine Falte entstanden, die seine Sorge zum Ausdruck brachte. „Ich habe einen Enkelsohn in Timos Alter. Seit er verschwunden ist, frage ich mich, wie ich mich fühlen würde, wenn es Lukas beträfe. Das mag ich mir gar nicht vorstellen!"
„Das glaube ich Ihnen. Deshalb möchte ich gerne helfen. Die Eltern müssen sich grässlich fühlen. Haben Sie dieses Faltblatt erstellt? Können Sie mir davon einen Stapel ausdrucken? Dann fahre ich los und spreche mit den Menschen", bot Gloria an.
„Sind Sie nicht auf Urlaub hier? Was sagt Ihr Mann dazu, wenn Sie ihn allein lassen, um einen Entführer zu jagen?", wollte Trulsen dann doch wissen, bevor er sie mit ins Boot nahm.
„Mein Mann schläft sich gesund. Außerdem ist er mit mir Kummer gewohnt. Urlaub ist etwas für Feiglinge. Sie gehen also von einer Entführung aus", wechselte sie das Thema, das sie schon mit Herbert mehr als genug diskutierte. „Ist eine Lösegeldforderung eingegangen?" Ihr Spürsinn war geweckt.
„Nein, es gibt keine Forderung, aber die Polizei geht nach der bereits vergangenen Zeit trotzdem nicht mehr davon aus, dass Timo die Zeit vertrödelt hat. Ein Fremdeinwirken ist überaus wahrscheinlich", antwortete er, wobei sich die Sorgenfalte weiter vertiefte. Kurz erzählte er ihr die Fakten des Verschwindens. „Mehr kann ich Ihnen leider nicht sagen. Ich drucke jetzt die Flugblätter aus. Am besten beginnen Sie mit ihrer Suche in der Nähe der Seebrücke. Meine Mobilnummer haben Sie ja. Sie können mich jederzeit anrufen, wenn Sie etwas herausbekommen. Wirklich Tag und Nacht."
Gloria nickte. „Was sagt Ihre Frau zu Ihrem Engagement in dieser Sache? Ist sie ebenfalls Kummer gewohnt?"

Diese Bemerkung löste Trulsens Spannung und entlockte ihm ein kleines Lachen. „Ja, das trifft den Nagel auf den Kopf. Sie ist nicht immer begeistert, wenn ich mich um alle möglichen Dinge kümmere, weil irgendjemand einmal wieder Hilfe braucht. In diesem Fall steht sie allerdings hundertprozentig hinter mir. Ein verschwundenes Kind ist einfach wichtiger als alles andere – und sie ist nicht nur Großmutter, sondern außerdem ein sehr empathischer Mensch."

Dieses Mal musste sich Torge nicht erst das Okay von Klarissa einholen, den Druckauftrag zu dem Farblaser in der Rezeption zu schicken. Die Managerin der Ferienanlage Marina Lessing war mittlerweile informiert und hatte alle Unterstützung in dem Fall zugesagt, weihte der Hausmeister Gloria in die Interna der Abläufe ein. Gemeinsam verließen sie das stickige Kabuff. In der Eingangshalle überreichte er ihr die Handzettel.

„Melden Sie sich auch gerne bei mir, wenn Sie spontan nicht viel herausbekommen", forderte er sie abschließend auf – wohl damit sie in Kontakt blieben.

„Ich halte Sie auf dem Laufenden, Herr Trulsen. Danke für Ihr Vertrauen!" Gloria hatte keine Ahnung, wie sie Herbert den *neuen Auftrag* beichten sollte, wenn er wieder auf der Höhe war. Vielleicht konnte sie ihn einfach mit einspannen. Das wäre dann die Gelegenheit, unter Beweis zu stellen, wie wichtig ihm Kinder wirklich waren.

Charlie in St. Peter-Dorf | Samstag, den 18. Juli

Als Charlie am Donnerstagabend in ihr kleines Haus im Ortsteil Sankt Peter-Dorf zurückkehrte, fühlte sie sich ausgelaugt wie nach einem Marathonlauf. In ihrer langjährigen Laufbahn bei der Mordkommission war sie mit viel Elend, Bosheit und menschlichem Abschaum konfrontiert worden. Sie konnte nicht behaupten, sich daran gewöhnt zu haben, aber sie kam damit klar. Es war ihr jedoch jedes Mal ein Gräuel, wenn Kinder involviert waren. Vielleicht weil sie bereits während ihres eigenen Aufwachsens mehr als genug Leid selbst erlebt und bei den Nachbarn gesehen hatte, hielt sie genau das nicht mehr aus. Nur selten gestattete sie sich die Erinnerungen an ihre Kindheit im Ghetto des Hamburger Stadtteils Steilshoop, in dem die Hartz-IV-Rate derzeit um die zwanzig Prozent lag. Ihre Familie hatte zu dieser Statistik gehört, auch wenn es damals noch Sozialhilfe hieß. Während ihre Mutter sich immer wieder aufbäumte und wenigstens versuchte, aus der deprimierenden Situation herauszukommen, hatte ihr Vater sich früh dem Alkohol hingegeben, was die finanziellen Umstände zusätzlich verschlechterte. Sie konnten von Glück sagen, dass nicht ständig Geld dafür da war, denn wenn er sich richtig volllaufen ließ, verprügelte er nicht nur ihre Mutter, sondern auch sie und ihren drei Jahre jüngeren Bruder. Nur für ihn hielt sie das Martyrium bis zu ihrem achtzehnten Lebensjahr aus, sonst wäre sie schon viel eher abgehauen.

Und nun stand da dieser Pappkarton auf ihrem Esstisch und schaute sie herausfordernd an. Knud hatte sie kurz in die Organisation der Akten eingeweiht. Zusätzlich zu der Dokumentation des gesamten Falles gab es für jedes einzelne Kind eine eigene Mappe, in der sich neben Fotos und detaillierter Beschreibung des zeitlichen Ablaufs, ebenfalls die Berichte der Psychologin Dr. Anke Berg befanden. Charlie war sich nicht sicher, ob sie die Kraft aufbrachte, sich alleine durch diese Papierberge zu kämpfen. Zumindest nicht, ohne sich einen Tequila zu genehmigen, was letztendlich aber keine gute Idee war, weil es ihre Wahrnehmung schwächte und sie gewöhnlich noch melancholischer werden ließ. Ein Teufelskreis!

Unentschlossen tigerte sie nervös durch das kleine Haus, das sie sich gemütlich eingerichtet hatte. Nicht nur ihre hellen Möbel wirkten heimelig, ihre *Muschelbänke*, wie Knud ihre umfangreiche Sammlung scherzhaft nannte, gaben ihr ein neues Gefühl von Heimat, das sie so in Hamburg nicht verspürt hatte. Sie war angekommen, fühlte sich in dem kleinen Team des Polizeireviers wohl und mochte mittlerweile diese platte Landschaft, die von Wind, Schafen sowie grünen Weiden geprägt war. Sie wanderte nicht nur gerne über die Deiche, sondern sogar

durch das Watt. Natürlich liebte sie allem voran die tosende Nordsee - insbesondere bei nordischem Schietwetter, wenn sich die Touristen in ihren Quartieren verkrochen und sie den Strand für sich alleine hatte.
Kurz überlegte sie, für eine Weile frische Luft zu schnappen, aber jetzt Urlaubern in ausgelassener Stimmung zu begegnen, würde sie schlichtweg überfordern. Sie verwarf den Gedanken und nahm halbherzig den Deckel von dem Karton ab. Am liebsten hätte sie Knud angerufen, um die Akten mit ihm gemeinsam durchzuarbeiten, aber das wäre unfair. Charlie war nicht entgangen, wie sehr er darunter litt, dass es ihnen nicht gelungen war, die kleine Nele zu finden und den Entführer zu fassen. Je nachdem, welchen Verlauf dieser Fall nahm, würden die kommenden Wochen anstrengend für ihn werden. Da konnte sie ihm unmöglich zusätzlich ihre eigene Schwäche aufbürden!
Die oben auf dem Stapel liegende Mappe schien sie zu verhöhnen, als ob sie wüsste, wie schwer es Charlie fiel, sie aus dem Karton zu nehmen, um sie näher zu betrachten. Ärgerlich über sich selbst griff sie schließlich danach und setzte sich in ihren Lieblingssessel, um das belastende Studium zu beginnen. Die erste Seite bestand aus einer Namensliste, ergänzt durch das Alter der dreizehn betroffenen Kinder, dazu Angaben über die jeweiligen Eltern, den genauen Wohnort sowie den Zeitraum ihres Verschwindens. Nachdem sie bei dem Fragezeichen hinter Neles Zeile angekommen war, lief ihr ein Schauer über den Rücken. Eine Gänsehaut breitete sich auf ihren Armen aus, die Charlie trotz des sommerlichen Wetters frösteln ließ. Es hatte sich jetzt am Abend kaum abgekühlt, doch in diesem Moment war sie kurz davor, ihren Kaminofen zu befeuern.

Ohne wenigstens ein oder zwei Gläser mit Hochprozentigem würde sie das Studium der Akten nicht durchstehen. Obwohl sie es als demütigend empfand, schleuderte sie die Mappe leicht frustriert auf den Boden. Sie holte die Flasche Tequila und ein mit einigen Eiswürfeln gefülltes Glas aus der Küche. Langsam ließ sie den Alkohol durch die Kehle rinnen. Er brannte ein wenig in ihrem Magen, verbreitete dann jedoch ein Gefühl der Ruhe. Heute würde sie sich diese Unterstützung genehmigen, doch für die schlimmstenfalls nächsten Wochen musste sie sich etwas anderes einfallen lassen. Nach dem zweiten Glas, das sie großzügig eingeschenkt hatte, fühlte sie sich stark genug, um tiefer in die Fakten des fünf Jahre zurückliegenden Falles einzutauchen. Sie wollte Knud nicht enttäuschen, sondern eine Unterstützung sein. Das war nur möglich, wenn sie sich mit den Informationen vertraut machte, die in diesem Karton auf sie warteten. Charlie war sich sicher, dass es einen Zusammenhang mit dem heutigen Verschwinden des kleinen Timo gab. Je eher sie den Täter verstanden, desto größer waren die Chancen, den Jungen heil nach Hause zu bekommen.
Ergeben hob sie die Akte wieder auf, um die Liste genauer zu betrachten. Vor fünf Jahren hatte die Serie Ende Juni begonnen. Charlie versuchte, aus dem kurzen Überblick der Fakten, Gesetzmäßigkeiten zu erkennen, aber auf den ersten Blick gab es keine. Auffällig war lediglich, dass niemals zwei Kinder gleichzeitig verschwunden waren. Bevor ein weiteres entführt wurde, tauchte das Vorherige erst wieder auf. Es vergingen einige Tage, einmal sogar eine ganze Woche, dann schlug der Täter – oder die Täterin – erneut zu.
Dabei waren sowohl Mädchen und Jungen, Touristen und Einheimische, Jüngere und Ältere betroffen – zwischen drei und sechs Jahren. Charlie war nicht davon

überzeugt, dass die Kinder diese Freiheitsberaubung alle ohne weitere Schäden überstanden hatten, wie die Psychologin behauptet hatte. Sie holte ihr Notizbuch, um zu vermerken, den Ruf von Frau Dr. Anke Berg zu googeln. Wieder starrte sie auf die Liste. Dreizehn Namen von kleinen Opfern. Dreizehn Schicksale, die sie erneut unter die Lupe nehmen musste. Was verband diese dreizehn Kinder? Warum hatte der Täter gerade sie ausgewählt? Und was war bei der kleinen Nele anders gewesen? Warum war sie nicht zurückgekommen? Als sie verschwand, neigte sich der Sommer dem Ende zu. Der lange Zeitraum sprach für einen hiesigen Entführer. Kein normaler Tourist blieb drei Monate. Oder doch? Konnte es sich um einen Langzeiturlauber handeln, der Nele am Ende seiner persönlichen Ferien mit nach Hause genommen hatte? War sie deshalb spurlos verschwunden? Der Kugelschreiber flog über die Seiten des Notizpapiers. Vergessen waren die Skrupel, sich mit dem Fall zu befassen. Nun wollte sie erfahren, welchen Spuren sowie Theorien Knud und Fiete bereits nachgegangen waren – und welche Ergebnisse sie jeweils erzielt hatten.

Die zentrale Frage war für Charlie: Was war mit Nele Hansen passiert und warum war sie nicht zurückgekehrt?

War Timo Hasenfeld das vierzehnte Opfer des gleichen Täters? Hatte er seine Strategie, die Kinder immer wieder freizulassen, geändert? Die Sorge um den kleinen Jungen verstärkte das Gefühl, sich in alle Fakten des Falles einarbeiten zu müssen. Charlie schenkte sich aus der Flasche mit dem Tequila nach und warf den letzten Rest ihrer eigenen Befindlichkeiten über Bord.

Ohne weiteres Zögern holte sie alle Akten aus dem Karton und breitete sie auf dem Esstisch aus. Neles Mappe sah deutlich abgegriffener aus als die anderen. Wie oft hatte Knud sie wohl in seinen Händen gehalten, um sie auf der Suche nach einem kleinen Detail, das er vielleicht übersehen hatte, immer wieder durchzugehen? Vermutlich wusste er auswendig, was sie beinhaltete. Während Charlie danach griff, war sie überzeugt den Schlüssel in den Händen zu halten. Sie mussten herausfinden, warum sich mit Nele das vorherige Tatmuster geändert hatte.

Nele Hansen war erst drei Jahre alt gewesen, als sie am 25. September in einem Supermarkt in St. Peter-Ording verschwand, den sie zusammen mit ihrer hochschwangeren Mutter besuchte. Für Imke Hansen war dieser Einkauf eine große Herausforderung, aber sie wollte ihn nicht auf ihren Mann abwälzen, der als Landwirt von morgens bis abends auf ihrem Hof bei Vollerwiek für die Familie schuftete. Schwerfällig war sie durch die Regalreihen gewatschelt, außerdem geplagt von Schmerzen im unteren Rücken. Ihre Aussage war in so lebendige Worte gefasst; Charlie kam es vor, als wäre sie selbst dabei gewesen. Gelangweilt von dem langsamen Gang durch den Supermarkt ging Nele auf Entdeckungstour, ohne auf das Rufen ihrer Mutter zu achten, die nicht in der Lage war, mit dem Tempo ihrer kleinen Tochter mitzuhalten. Gewöhnlich hielt sie sich kurz vor den Kassen bei den Süßigkeiten auf, also machte sich Imke Hansen erst Sorgen als sie diese Abteilung erreichte und ihre Tochter dort nicht sah. Sie bat die Kassiererin um Hilfe. Nachdem Nele auf den Ausruf nicht reagierte, suchten mehrere Angestellte erst den gesamten Laden und danach den Parkplatz sowie das nähere Umfeld ab, aber sie war nicht aufzufinden. Sofort bat die verzweifelte Mutter um die Mithilfe der Polizei.

Charlie verstand nicht, warum Imke Hansen ihre Tochter überhaupt unbeaufsichtigt gelassen hatte. Immerhin war die Serie der verschwundenen Kinder ein großes Thema nicht nur auf Eiderstedt, sondern über die Grenzen hinweg gewesen. Sicherlich war sie dazu interviewt worden. Neugierig blätterte sie weiter in dem Protokoll der Befragung. Tatsächlich gab es dazu eine Stellungnahme: Es sei an diesem Tag nicht möglich gewesen, Nele bei ihrem Vater auf dem Hof zu lassen, weil er mit der Abholung von Schweinen beschäftigt war. Nele sei eigentlich ein artiges Kind gewesen, das den Ansagen ihrer Eltern folgte. Durch die Schwangerschaft fühlte sie sich vielleicht etwas vernachlässigt, weil die Mutter nicht wie gewohnt mit ihr spielte und tobte. Sie setzte sich über die Bitte, bei dem Einkaufswagen zu bleiben, hinweg. Imke Hansen machte sich im Nachhinein die größten Vorwürfe, aber die Großeltern lebten nicht in der Nähe und konnten nicht mal eben einspringen. Was hätte sie also tun sollen?

An diesem Punkt war sie in Tränen ausgebrochen. Als die damaligen Ermittler Knud Petersen und Fiete Nissen nachhakten, ob sie nichts von den bisher verschwundenen Kindern gehört hatte, brach sie endgültig zusammen. Sie wurde ins Krankenhaus gebracht, eine weitere Befragung war erst Tage später wieder möglich gewesen. Die Kollegen suchten daraufhin Neles Vater Friedrich Hansen auf. Er steckte mitten in der Arbeit auf seinem Hof und war von Anfang an abweisend zu den Polizisten. Grußlos ging er sofort in die Offensive: „Was wollen Sie hier? Ich war nicht dabei und kann Ihnen nicht weiterhelfen. Ich habe meiner Frau immer wieder gesagt, sie soll auf die Kleine besser aufpassen, aber sie ist eben ein neugieriges Kind. Beim Einkauf im Supermarkt ist sie meistens schon zu den Kassen gelaufen, um sich die bunten Süßigkeiten anzuschauen. Ich habe wirklich keine Zeit, jetzt mit Ihnen hier herumzuschnacken. Neben dem

Hof habe ich nun auch noch das Frühstück für unsere Feriengäste an der Backe. Wissen Sie, wann Imke wieder aus dem Krankenhaus kommt?"

Knud hatte ein Gedächtnisprotokoll des Gesprächs erstellt, weil er über die Art und Weise des Mannes so erbost gewesen war. Statt sich Sorgen um seine kleine Tochter zu machen, dachte er lediglich an die Mehrarbeit, die die Abwesenheit seiner Frau auf dem Hof bedeutete. Ihr Wohlergehen und das des Ungeborenen war ihm kaum eine Nachfrage wert.

„Sie vermieten hier an Urlauber?", blieb er vorerst bei dem unverfänglichen Thema, um sein Gegenüber etwas zu beruhigen.

„So isses. Wir haben zwei Ferienwohnungen für Familien, also Urlaub auf dem Bauernhof. Imke wollte als besonderen Service unbedingt Frühstück anbieten, auch wenn wir dadurch noch mehr Arbeit als ohnehin schon haben. Sie meinte, man muss sich von der Konkurrenz abheben, wenn man erfolgreich sein will. Ist das wichtig für Neles Verschwinden?" Sein Ton wurde wieder eine Spur unfreundlicher.

„Das wissen wir noch nicht. Wie war Nele denn so? Wie hat sie sich Fremden gegenüber verhalten? War sie ängstlich?", versuchte Knud mehr über das Kind herauszufinden.

„Glauben Sie wirklich, dass sie von dem gleichen Täter entführt worden ist? Ich habe darüber in der Zeitung gelesen. Die Kinder waren doch alle älter! Nele ist erst drei." Ohne auf Knuds Fragen einzugehen, setzte der burschikose Landwirt sich immerhin mit dem Verschwinden seiner Tochter auseinander.

„Wir können darüber im Moment nur spekulieren, halten es aber für wahrscheinlich. Wenn Sie bitte meine Fragen beantworten, das würde uns sicherlich weiterhelfen."

„Wie denn? Sie ist weg! Wie soll es Ihnen dabei weiterhelfen, ob sie schüchtern oder ängstlich war? Wenn Sie Ihre Arbeit richtig gemacht hätten, würde dieser Bekloppte längst hinter Gittern sitzen! Seit drei Monaten treibt er sein Unwesen hier auf Eiderstedt und versetzt alle Eltern in Angst und Schrecken."

Knud war an dieser Stelle zu dem Schluss gekommen, dass Friedrich Hansen sich doch große Sorgen um die Familie machte, aber nicht in der Lage war, seine Gefühle anders als in diesem Angriff zu zeigen. Ohne darauf einzugehen versuchte er weiter, etwas mehr über Nele herauszufinden, während Fiete still Notizen auf seinen Block kritzelte.

Vorerst schweigend entlockte er dem Bauern wenigstens einige Informationen: „Na gut, ich werde Sie ja doch nicht los. Nele war durch die Ferienwohnungen gewohnt, immer wieder Fremde um sich zu haben. Wir haben versucht, ihr eine gewisse Zurückhaltung anzuerziehen, aber sie war kein ängstliches Kind. Immer neugierig, war sie Fremden gegenüber nicht besonders schüchtern und mit Spielzeug oder Süßigkeiten schnell zu begeistern. Ich kann es nicht ausschließen, dass sie sich hat weglocken lassen. Leider war sie ein großer Fan von Geschichten und dadurch leicht zu beeinflussen. Aber bisher sind doch alle Kinder unversehrt zurückgekommen! Es wird ihr doch nichts passieren!" Mit diesen Worten versuchte er offensichtlich, sich selbst zu beruhigen, bevor er wieder heftiger wurde: „Machen Sie Ihren Job und finden Sie meine kleine Nele, ich habe hier wirklich alle Hände

voll zu tun. Ich muss jetzt arbeiten. Am besten besprechen Sie alles mit meiner Frau." Ohne sich weiter um seinen Besuch zu kümmern, drehte er sich bei diesen Worten auf dem Absatz um und verschwand im Schweinestall.
Ergeben waren die Kommissare erneut ins Krankenhaus zu Imke Hansen gefahren, doch die Ärzte hatten jede Störung verweigert. Zum Wohle des ungeborenen Babys durfte sie sich auf keinen Fall weiter aufregen. Absolute Bettruhe stand an oberster Stelle.

Charlie fragte sich unmittelbar, ob Friedrich Hansen etwas mit der Entführung zu tun gehabt hatte. Sein Verhalten war ausgesprochen verdächtig. Sie blätterte durch die Akte, um herauszufinden, ob dieser Ansatz bei den damaligen Ermittlungen verfolgt worden war. Dabei stieß sie auf ein Foto der Familie, das im Sommer aufgenommen wurde. Nele und ihre Mutter in bunten Kleidern lachten fröhlich in die Kamera. Das Familienoberhaupt dagegen blickte so griesgrämig, wie Charlie ihn sich aufgrund des Protokolls vorstellte. War Friedrich Hansen grundsätzlich so schlecht gelaunt? Sie blätterte weiter. Wie von Knud nicht anders zu erwarten, war ihm das Verhalten des Landwirtes fragwürdig vorgekommen. Allerdings war er zum Zeitpunkt des Verschwindens seiner Tochter zusammen mit dem Viehhändler mit dem Verladen der Schweine beschäftigt gewesen. Außerdem war er mit dem Hof samt Ferienwohnungen eher überlastet, so dass er im Grunde keine Zeit für die Entführungen aufbrachte. Mit Ausnahme seiner Übellaunigkeit gab es kein Motiv. Er ging seiner Arbeit nach, zahlte seine Steuern und sorgte für die Familie.

Der Anfangsverdacht war schnell fallen gelassen worden, aber Charlie nahm sich vor, an dieser Stelle etwas tiefer zu graben.

Die Psychologin Dr. Anke Berg hatte ebenfalls den Versuch unternommen, mehr von ihm zu erfahren, aber je länger das Verschwinden der kleinen Nele dauerte, desto mehr verschloss er sich.

Charlie googelte den Namen der Seelenklempnerin. Nach dem Foto auf ihrer Website schätzte sie sie auf Mitte dreißig. Sie war weder besonders hübsch noch hässlich. Ihre mittelbraunen Haare hatte sie zu einem Knoten nach hinten gebunden, die schwarze Hornbrille sollte ihr vielleicht etwas mehr Seriosität verleihen; Charlie fand sie viel zu streng. Dr. Berg war Diplom-Psychologin und auf Kinder spezialisiert. Ihre Praxis befand sich in Husum. Vor fünf Jahren war sie also recht unerfahren gewesen. Die Kommissarin nahm sich fest vor, ihr kurzfristig einen Besuch abzustatten. Warum hatten Knud und Fiete keine etablierte Psychologin hinzugezogen?

Kam diese Frau als Verdächtige in Frage? Charlie guckte in die Hauptakte des Falles, um mehr Informationen zu ihr und der These zu finden; kam aber nicht weiter. Daraufhin checkte sie die sozialen Medien. Bei Facebook wurde sie fündig. Nach den Angaben in ihrem Profil war Frau Dr. Berg Single, besaß einen Schäferhund und war viel mit der Kamera am Strand unterwegs. Scheinbar hatte sie keine eigenen Kinder, engagierte sich aber auch in ihrer Freizeit für die Sprösslinge anderer Familien. Immer wieder postete sie Fotos sowie Zeitungsartikel, die über Veranstaltungen berichteten, bei denen sie nicht selten im Mittelpunkt stand und für ihren Einsatz gelobt wurde. Auf Charlie machte es einen geltungssüchtigen

Anschein; aber vielleicht wollte die Psychologin damit nur ihre Praxis fördern.

Erschöpft rieb sie sich die Augen. Sie hatte erst einen Bruchteil der Akten gelesen und nicht den Eindruck gewonnen, bereits ein Gefühl für den Fall zu bekommen. Wieder fiel ihr Blick auf die Liste der dreizehn Namen:

1) Kai Rademacher, 6 Jahre aus Köln
2) Isabella Roth, 5 Jahre aus Hamburg
3) Melf Theisen, 4 Jahre aus Osterhever
4) Hauke Bries, 5 Jahre aus Tetenbüll
5) Merle Janns, 6 Jahre aus Tümlauer Koog
6) Gabriele Kramer, 5 Jahre aus Hamburg
7) Paul Hinterhuber, 5 Jahre aus Memmingen
8) Karl Krahnstöver, 4 Jahre aus Hamburg
9) Anna Kaspar, 6 Jahre aus Poppenbüll
10) Maike Wittenberger, 5 Jahre aus Kempten
11) Emil Schwarz, 4 Jahre aus Hamburg
12) Kevin Grosse, 6 Jahre aus Welt
13) Nele Hansen, 3 Jahre aus Vollerwiek

Nele war die Jüngste gewesen. Gab es einen Zusammenhang zwischen ihrem Alter und der Tatsache, dass sie nicht zurückgekehrt war, oder war das einfach Zufall? Oder Schicksal?

Ansonsten war weder bei Geschlecht, Alter noch bei den Orten, aus denen sie stammten, ein Muster zu erkennen. War der Entführer nach einem System vorgegangen oder waren alle diese Begegnungen nur rein willkürlich gewesen?

Der kleine Timo Hasenfeld passte auf jeden Fall in dieses Bild. Charlie hielt es für sehr wahrscheinlich, es hier mit dem gleichen Täter zu tun zu haben. Dieses Mal musste er geschnappt werden! Und plötzlich wusste sie, wer ihnen dabei helfen konnte, den Fall aufzuklären.

Knud in SPO | Montag, den 20. Juli

Knuds Unruhe stieg mit jeder Stunde, die ohne irgendeinen Hinweis auf den Verbleib des kleinen Timo verrann. Anfangs war er froh gewesen, dass Charlotte das Aktenstudium erst einmal allein übernahm. Im Grunde kannte er den Inhalt sowieso auswendig. Daneben hatte er große Hoffnung auf mögliche Augenzeugen gesetzt, aber genauso wie vor fünf Jahren war der Entführer unauffällig vorgegangen. Niemand gab einen Hinweis, der zu einer brauchbaren Spur führte. Als Sebastian Hasenfeld am Samstag zur Mittagszeit aus Hannover zurückkehrte, waren sie mit den Ermittlungen kein Stück weiter gekommen. Entgegen der Vermutung seiner Frau Simone überschüttete er sie nicht mit Vorwürfen, sondern bat die Polizei, das Fernsehen einzuschalten, um einen Appell an den Entführer zu senden.

Knud nutzte seine Kontakte zu dem Reporter Christiansen aus der Sendung *N3 von der Küste*, der eng mit dem

Hamburg Journal zusammenarbeitete. Obwohl der Kommissar davon ausging, dass sich der Täter mit Timo auf Eiderstedt oder zumindest in Schleswig-Holstein aufhielt, konnte er ebenso in der benachbarten Großstadt verschwunden sein.
Samstag am späten Nachmittag traten Simone und Sebastian Hasenfeld in ihrem Ferienbungalow der *Weißen Düne* vor die Kamera. In einem sehr emotionalen Appell wandten sie sich an den vermeintlichen Entführer, wobei sie um die Freilassung ihres kleinen Sohnes baten, den sie über alles liebten und vermissten.
Knud hatte seine Zweifel, ob dieser Auftritt zu etwas führte. Auch vor fünf Jahren waren solche Appelle über das Fernsehen von einigen Eltern eingesetzt worden. Damals hatten sie nicht den Eindruck gewonnen, diese Aufrufe würden die Rückgabe der Kinder beschleunigen – aber natürlich konnten sie nichts unversucht lassen.
Während er die Eltern bei dem Interview durch den engagierten Reporter beobachtete, wanderten seine Gedanken zu dem Beginn des alten Falles zurück. War es Zufall, dass es sich bei dem ersten verschwundenen Kind wieder um einen sechsjährigen Jungen von außerhalb handelte? Würde sich die Serie wiederholen? Spontan prickelte eine Gänsehaut über Knuds Arme und breitete sich über den gesamten Rücken aus. Das mussten sie unbedingt verhindern! Doch wie? Leider war die Psychologin Dr. Anke Berg in puncto Motivanalyse des Täters nicht besonders hilfreich gewesen. Sie war damals schnell verfügbar, aber mittlerweile stellte er ihre Kompetenzen sowie ihren Nutzen, was die Aufklärung betraf, in Frage. Auch ihre optimistische Einschätzung in Bezug auf das Trauma, das die Kinder durch die Entführung angeblich nicht erlitten hatten, teilte Knud nicht. Selbst wenn sie teilweise nur für wenige Tage verschwanden

und alle bei ihrer Rückkehr einen recht entspannten Eindruck vermittelten, so waren sie teilweise zum ersten Mal für mehrere Nächte von ihren Eltern getrennt gewesen – in einer völlig fremden Umgebung.

Der Nordfriese war froh, Charlotte endlich wiederzusehen. Den Freitag hatte sie zum Studium der Akten in ihrem Haus im Dorf genutzt. Am Nachmittag war er kurz davor gewesen, sie anzurufen, um zu fragen, ob er sie unterstützen konnte. Vermutlich hatte sie bemerkt, wie sehr ihm der Fall an die Nieren ging. Es war jedoch keinesfalls zielführend, wenn sie ihn verschone. Sie waren in dem vergangenen Jahr ein eingespieltes Team geworden. Gemeinsam mit Fiete, dem es deutlich besser ging, und der genauso tief in dem Fall steckte, würde es ihnen hoffentlich gelingen, den Entführer zu fassen und damit den alten Fall aufzuklären!

Am Sonntag trafen sie sich bereits morgens um acht Uhr auf dem Polizeirevier in St. Peter-Ording. Charlotte hatte den Karton mit den Akten wieder mitgebracht. Gemeinsam wollten sie Details besprechen und das weitere Vorgehen in dem neuen Fall planen. Leider hatte die Ausstrahlung des Interviews der Hasenfelds keine spontanen Reaktionen zur Folge gehabt. Weder war Timo wieder aufgetaucht, noch hatte es brauchbare Hinweise von Augenzeugen gegeben. Am Nachmittag war die Stimmung auf dem Tiefpunkt. Erschöpft starrten sie schweigend auf die Bürowand, die einmal wieder zum großen Whiteboard umgewandelt war.

„Wir sollten einen Spaziergang am Strand unternehmen, um unsere Gehirne zu lüften und für einen Moment etwas Abstand zu bekommen. Was halten Sie davon?", unterbrach Charlotte nach einer Weile die Stille.

„Nicht im Juli", gab Fiete stöhnend zurück. „Der Strand ist jetzt krachend voll – ohne mich. Ich werde nach Hause fahren, um die letzten Stunden dieses Wochenendes mit meiner Frau zu verbringen. Wir sehen uns morgen früh." Ein wenig schwerfällig erhob sich der altgediente Polizist von seinem Stuhl. „Macht eine Pause, das kann auf keinen Fall schaden, aber wenn Ihr rausgeht, sucht Euch einen ruhigeren Ort als den Ordinger Strand."
„Fiete hat recht. Im Juli und August ist der Aufenthalt dort eher anstrengend als erholsam", schaltete sich Knud in das Gespräch ein.
„Normalerweise würde ich Ihnen zustimmen, aber mit diesem besonderen Fall auf dem Tisch kann uns die Beobachtung des Gewusels am Strand und im Bad vielleicht weiterbringen. Versuchen wir, die Menschenmenge mit den Augen des Entführers zu betrachten ... sind Sie dabei, Knud?" Charlotte warf ihm einen auffordernden Blick zu. „Ich lade Sie auch zu einem Fischbrötchen ein."
„Ich bin dabei, aber Fischbrötchen im Juli geht gar nicht. Die werden schon morgens um fünf produziert, da bekommen Sie jetzt nur einen Gummiadler in die Hand gedrückt", gab der Kommissar lachend zurück. „Ich kenne aber ein kleines Restaurant, in dem wir sogar in der Hochsaison Qualität serviert bekommen, dort können wir eine Kleinigkeit essen, bevor wir uns ins Gewühl stürzen."
„Klingt super. Also dann – gehen wir!" Charlotte nahm den letzten Schluck aus ihrem Kaffeepott, bevor sie sich aus ihrem bequemen Bürostuhl erhob.

Am Montag war Knud wie üblich der Erste, der auf dem Polizeirevier eintraf. So gern er die Arbeit in ihrem kleinen Team mochte, auch die stille Stunde am Morgen genoss er sehr. Ohne Störungen konnte er die Geschehnisse des Vortages Revue passieren lassen. Nicht selten förderte er dabei ein Detail zu Tage, das bislang zu wenig Beachtung erhalten hatte.

An diesem Morgen war ihm jene Ruhe allerdings nicht vergönnt. Bereits zehn Minuten nach seinem eigenen Eintreffen betrat Torge das Büro. Das Wochenende war er durch den Besuch der Enkelkinder überwiegend in die Familie eingespannt gewesen. Annegret hatte wohl darauf bestanden, dass ihr Mann die in der Hauptsaison seltene freie Zeit dieses Mal wirklich so wie geplant verbrachte. Außerdem liebte der Hausmeister Lukas und Lena, die er aufgrund der Entfernung nach Bremen, viel zu selten sah.

Vermutlich hatte es ihn trotzdem die letzten Tage nicht losgelassen, an den Fall zu denken. Nun wollte er schnell von seinem Kumpel auf den neuesten Stand gebracht werden, bevor er die Arbeit in der *Weißen Düne* wieder aufnahm.

„Moin Knud! Gibt es was Neues? Ich habe im Fernsehen das Interview der Hasenfelds verfolgt. Ist der kleine Timo wieder bei seinen Eltern?", begrüßte der Hausmeister seinen Freund.

„Moin Torge. Nein, leider geht es überhaupt nicht voran. Der Junge ist wie vom Erdboden verschluckt. Niemand hat gesehen, wie er mitgeschnackt wurde. Keiner weiß etwas über seinen Verbleib – bis auf den Entführer natürlich und dem scheint der Aufruf der Eltern egal zu sein. Wir waren gestern in den Ortsteilen Bad und Ording unterwegs, aber die Fülle von Touristen macht wirklich alles unübersichtlich."

„Und wie geht es weiter?", wollte Torge wissen.

„Wenn ich das nur wüsste. Wir haben rein gar nichts in der Hand …"

Torge war vor der Wand mit den gesammelten Informationen des Falles vor fünf Jahren stehen geblieben. Interessiert studierte er die Fakten.
„Der erste verschwundene Junge damals hieß Kai Rademacher", murmelte er vor sich hin.
„Ja, seltsamerweise war er ebenfalls sechs Jahre alt und im Urlaub hier auf Eiderstedt", teilte Knud seine Befürchtungen.
„Du glaubst, die Serie wiederholt sich so wie damals? Das halte ich für unwahrscheinlich. Der Entführer wird Timo ja kaum nach seinem Alter befragt haben!" Torge war nicht überzeugt.
„Kann man nicht wissen", gab Knud zurück.
„Damals begann die Serie aber bereits Ende Juni. Das spricht gegen deine Theorie."
„Hmm. Worauf willst du hinaus?", fragte der Kommissar.
„Ich habe mich gerade gefragt, wie lange Kai verschwunden war. Wenn es sich um den gleichen Täter handelt, ist es doch gut möglich, dass Timo bald wieder freigelassen wird", gab Torge zu bedenken.
„Wenn er nicht mit der kleinen Nele sein Muster geändert hat! Das verursacht mir die größten Sorgen. Wir wissen nicht, was mit ihr geschehen ist und ob sie überhaupt noch lebt. Er kann sie getötet haben, er kann sie aber auch bis heute irgendwo gefangen halten oder sie sogar verkauft haben." Knud schüttelte sich bei dieser Vorstellung geradezu.
„Sie verkauft haben, was meinst du damit?", fragte Torge etwas fassungslos.
„Naja, eigentlich möchte ich gar nicht darüber nachdenken, aber auch für so ein Szenario gibt es mehrere Möglichkeiten. Entweder geht es um Kinderhandel für Paare, die selbst keinen eigenen Nachwuchs zeugen können ..."

Knud legte eine Pause ein, weil die Alternative, die er im Kopf hatte, weitaus grausamer war.

Torge verzog das Gesicht. „Du meinst, die ersten Kinder waren den Auftraggebern nicht genehm? Sie wurden wieder freigelassen und er hat weiter entführt, bis er den Geschmack getroffen hat?" Torge schaute sich wieder die Liste der dreizehn Kinder an, die mit Fotos versehen war. „Klingt nicht logisch", kommentierte er dann knapp.

„Warum?", hakte Knud nach.

„Mal angenommen, ich will ein Kind kaufen – auch wenn die Idee wirklich skurril ist, aber es gibt ja genug Bekloppte auf diesem Erdball. Also wenn ich ein Kind quasi illegal adoptieren möchte, dann mache ich doch genaue Vorgaben über Alter, Geschlecht, vielleicht sogar Aussehen. Das ist hier eine bunte Mischung." Torge schüttelte verstärkend den Kopf. „Was sagt die Wiesinger zu dieser Idee?"

„Wir haben bisher nicht darüber gesprochen", antwortete Knud ausweichend.

„Okay, du sagtest vorhin ‚entweder', was ist das ‚oder'?", wollte der Hausmeister wissen.

Knud holte tief Luft. „Die Alternative ist noch schlimmer. Ich hole uns erst einmal einen Kaffee." Bisher hatte er mit niemanden über seine Theorie gesprochen. Auf die Idee war er erst vor Kurzem gekommen. Weil die Serie mit Neles Entführung abriss und sie nicht wieder auftauchte, hielten sie eine dauerhafte Gefangenschaft für genauso wahrscheinlich wie einen Mord oder sogar einen Unfall. Warum hatte der Täter aufgehört? Konnte eine große Zahlung der Grund sein? War das Geld verbraucht, so dass er wieder aktiv wurde?

Knud kehrte mit dem Kaffee zurück in den Arbeitsraum und stellte Torge einen Pott auf den Tisch, an dem dieser mittlerweile Platz genommen hatte.

„Vielleicht ging es um Organhandel", kam er direkt zum Kern seiner Überlegungen.
„Wow, ist das nicht ein bisschen sehr weit hergeholt? Beauftragter Organdiebstahl hier in St. Peter-Ording? Na, ich weiß nicht." Torge nahm einen Schluck Kaffee, wobei er sich prompt die Zunge verbrannte. „Autsch, ist der heiß!"
„Ja, ist eben Qualität", antwortete Knud mechanisch, während er mit seinen Gedanken bei dem Fall war. Das war der Grund, warum er diese Idee bisher mit niemand besprochen hatte. Es klang eher absurd, das war ihm klar, aber war es deshalb unmöglich? Schweigend dachte er weiter darüber nach.
„Du meinst, die Kinder wurden alle entführt, um einen passenden Spender zu finden? Die ersten Zwölf kamen nicht in Frage, deshalb ließ man sie wieder frei. Erst bei Nele gab es eine Übereinstimmung, weswegen sie nicht zurückkehrte", fasste Torge seine Überlegungen zusammen.
„Ja, so ungefähr."
„Warum hat der Entführer die Kinder dann tagelang festgehalten? Und vor allem unterschiedlich lange? Außerdem ist sowas doch bestimmt in der Form organisiert, dass es nicht nur um einen Einzelfall geht. Ist doch viel lukrativer, es im großen Stil aufzuziehen, mit zahlreichen Patienten, die auf ein Organ warten. Dann kommen letztendlich alle Kinder als Spender in Frage. Nein, Knud, du bist ja ein heller Kopf, aber an diese Theorie glaube ich nicht." Torge nahm vorsichtig einen weiteren Schluck aus dem Kaffeebecher.
„Vielleicht hast du recht. Dieser Fall nimmt mich wirklich mit. Es ist einfach furchtbar, dass wir nach knapp

fünf Jahren nicht wissen, was aus der kleinen Nele geworden ist – und nun gibt es wieder ein verschwundenes Kind! Konzentrieren wir uns darauf, Timo zu finden."
„Manchmal führen die abwegigen Ideen zum Ziel. Du solltest deine Überlegungen auf jeden Fall mit Fiete und der Wiesinger besprechen, vielleicht sehen die beiden es anders", räumte Torge ein, weil er wohl sah, wie wichtig Knud die Aufklärung des alten Falles war.
„Mal gucken. Ich denke darüber nach." Knud war selbst hin- und hergerissen.
Schweigend saßen sie daraufhin zusammen, jeder seinen Gedanken nachhängend, als sich die Tür zum Revier öffnete. Knud rechnete mit dem Eintreffen von Charlotte oder Fiete. Stattdessen betrat ein ihm unbekannter Mann den Raum. Er war groß, bestimmt über 1,90m, schlank, durchtrainiert und lässig mit Jeans sowie Lederjacke gekleidet. Letztere wirkte ein wenig unpassend im Juli, auch wenn es morgens am kühlsten war. Interessanterweise brachte er einen Träger mit vier Coffee-to-go-Bechern sowie eine prall gefüllte Brötchentüte mit.
Für einen Moment vergaß Knud den Fall und seine vielleicht abwegige Theorie. Er war gespannt, was der Fremde von ihnen wollte. Die Wenigsten servierten hier ein Frühstück.
„Guten Morgen die Herren! Na, wo ist unsere schöne Großstadtkommissarin?", begrüßte er für diese frühe Uhrzeit ein wenig übertrieben fröhlich gelaunt Knud und Torge, die daraufhin einen kurzen Blick wechselten. „Sie sind wohl die Kommissare Knud Petersen und Fiete Nissen, nehme ich an? Ich bin Martin Goldblum."
„Martin Goldblum?", fragte Knud so überrumpelt wenig geistreich.

„Ja, hat Charlie mich nicht angekündigt? Wo ist sie überhaupt?", gab der Neuankömmling nicht weniger gut gelaunt zur Antwort. „Ich habe Kaffee und Franzbrötchen mitgebracht; die isst sie doch so gerne."

„Moin Herr Goldblum." Knud fand seine Fassung wieder, auch wenn ihn das Auftreten irritierte. Nach dem Verhalten zu urteilen war der Mann mit Charlotte vertraut. Hatte sie ihn erst kürzlich kennengelernt? Sie hatte bisher kein Wort über ihn verloren. Aber vor allem: Was wollte er hier morgens vor acht Uhr auf dem Polizeirevier? Wenn es sich um einen privaten Besuch handelte, wäre er ja wohl eher zu ihrem Haus gefahren. „Was führt Sie zu uns?"

„Nennen Sie mich Martin. Wir werden ja eng zusammenarbeiten, da muss es nicht so förmlich zugehen."

„Wir werden eng zusammenarbeiten? Davon weiß ich ja gar nichts." Die Frage, woher Charlotte diesen attraktiven und anscheinend äußerst selbstbewussten Mann kannte, ließ Knuds Wortgewandtheit weiter sinken. Er betrachtete sein Gegenüber etwas genauer. Goldblum war circa vierzig, hatte dunkle Haare, markante Gesichtszüge mit intelligent blickenden Augen. Insgesamt wirkte er sympathisch und wenn Knud nicht einen Stich der Eifersucht gespürt hätte, wäre er ihm gegenüber sicherlich aufgeschlossener gewesen. Er versuchte, seine Animositäten beiseitezuschieben. Es war ja gar nicht gesagt, dass dieser Typ etwas mit Charlotte hatte.

„Das ist mal wieder typisch Charlie. Kleine Geheimniskrämerin. Sie hat mich angerufen und gefragt, ob ich sie hier unterstützen kann. Ich bin Profiler; wir haben vor ein paar Jahren in Hamburg eng zusammengearbeitet."

Ein Profiler namens Goldblum! In Sankt Peter-Ording! Knud fühlte sich, als sei er gerade in einer amerikanischen Serie aufgewacht. Warum hatte Charlotte ihm nichts davon erzählt? Sie hatten sich doch gestern den ganzen Tag gesehen! Obwohl Knud sich darüber ärgerte, bemühte er sich um ein professionelles Verhalten.

„Na dann: Willkommen in unserem Team! Ich bin Kommissar Knud Petersen, das ist Torge Trulsen", stellte Knud vor.

„Freut mich. Von einem Torge Trulsen hat Charlie gar nichts gesagt. Ich dachte, Sie würden hier zu dritt arbeiten." Für einen Moment wirkte Martin Goldblum irritiert, wodurch Knud wieder ein wenig Oberwasser bekam. Das Gespräch schien nicht so ausführlich gewesen zu sein, wenn Charlotte kein Wort über Torge verloren hatte, der ja immerhin inoffiziell irgendwie schon zu ihrem Team gehörte. In den letzten beiden großen Fällen war er ihnen recht nützlich gewesen.

„Ich stehe nicht auf der Gehaltsliste der Polizei von Sankt Peter-Ording, unterstütze sie aber so gut ich kann, wenn es kompliziert wird. Ich bin hier auf Eiderstedt ausgezeichnet vernetzt, das ist oftmals sehr hilfreich", schaltete sich Torge selbst in das Gespräch ein. „Sind Sie mit Jeff Goldblum verwandt?", fragte er schließlich, vielleicht um von seiner eigenen Person abzulenken.

Das brachte ihren Besucher zum Lachen. „Nein, weder verwandt noch verschwägert, mein Großvater war allerdings Amerikaner. Ich habe schon überlegt, den Namen eindeutschen zu lassen, aber Goldene Blume klingt dann doch etwas feminin." Er lachte wieder. „Tja, wenn Charlie und Ihr Kollege Fiete Nissen auf sich warten lassen ... wollen Sie einen Kaffee oder ein Franzbrötchen? Sie waren noch warm, als ich sie vor einer halben Stunde gekauft habe."

Bevor einer der Männer antworten konnte, stürmte die Kommissarin in das Polizeirevier. Sie hatte ihre wilden

Locken wieder in der momentan üblichen Hochsteckfrisur gebändigt, scheinbar war sie jedoch in Eile gewesen, einige Strähnen hatten sich gelöst.

„Martin! Du bist schon da!", rief sie ein wenig atemlos. Knud fragte sich unmittelbar, ob es an ihrem leicht gehetzten Zustand oder an der Wiedersehensfreude lag.

„Charlie! So schön wie eh und je! Dein Ruf ist mir Befehl! Ich freue mich sehr, einmal wieder mit dir zusammenzuarbeiten! Ist eine Weile her." Goldblum tat einen Schritt auf sie zu und nahm sie tatsächlich in die Arme! Kurz erwiderte sie die Geste, dann löste sie sich, um sich leicht verlegen zu Knud und Torge umzudrehen.

„Moin Männer, bitte entschuldigt mein Zuspätkommen! Eigentlich wollte ich vor Martin hier sein und ihn ankündigen. Nach der halben Nacht über den Akten des alten Falles habe ich heute doch tatsächlich verschlafen." Eine leichte Röte lag auf Charlottes Wangen, die Knuds Unbehagen verstärkte. Ungewohnt spitz antwortete er: „Ja, dazu gab es ja gestern keine Gelegenheit!"

Die Kommissarin horchte auf. „Tut mir leid, wenn ich Sie verärgert habe, Knud."

„Wir sind jetzt schon fast ein Jahr Partner. Ich verstehe nicht, warum Sie so etwas nicht mit mir besprechen. Nein, ich muss mich korrigieren, ich verstehe es sehr wohl. Sie sind davon ausgegangen, dass ich die Unterstützung durch einen Profiler von außerhalb ablehne, deshalb haben Sie ihn im Alleingang angefordert. Vermutlich halten Sie mich für unfähig, diesen Fall ohne Hilfe zu lösen. Immerhin haben wir vor fünf Jahren versagt." In Knuds Ärger mischte sich nicht nur Eifersucht, sondern auch die Verletzung, von Charlotte nicht anerkannt zu sein. Er war wirklich davon ausgegangen, dass sie einander wertschätzten und vertrauten. Was hatte sie sich dabei gedacht, ihn so zu übergehen?

„Knud! Es ist nicht so, wie Sie denken! Ich habe Martin nicht angefordert, weil ich Sie nicht für fähig halte, den Fall aufzuklären. Im Gegenteil! Ich selbst fühle mich mit verschwundenen Kindern überfordert. Es geht mir total an die Nieren – und ich habe die letzten Tage bemerkt, dass es Sie ebenfalls im besonderen Maße herausfordert. Martin ist nicht nur Profiler, sondern ein anerkannter Kinderpsychologe. Er kann uns sowohl mit der Erstellung eines Täterprofils als auch bei der Befragung der Kinder unterstützen. Außerdem verspreche ich mir etwas davon, wenn er die alten Protokolle studiert und interpretiert. Dr. Anke Berg scheint mir nicht gerade eine Koryphäe auf ihrem Gebiet zu sein." Direkt vor Knud stehend hielt sie den Augenkontakt. Ihr durchdringender Blick spiegelte Aufrichtigkeit wider, doch Knud war nicht in der Stimmung, sich schnell versöhnen zu lassen.

„Das ist trotzdem kein Grund, so eine Entscheidung im Alleingang zu treffen. Was haben Sie sich dabei gedacht?", hakte er nach.

„Wie schon gesagt, ich habe mich selbst überfordert gefühlt. Als Alternative zu dem übermäßigen Konsum von Tequila fiel mir nur Martin Goldblum ein."

„Tequila?", fragte Knud irritiert, während sowohl Torge als auch der frisch Eingetroffene sich wohlweislich schweigend im Hintergrund hielten.

„Ich habe früher viele Kinder im Elend gesehen, die Bilder tauchen bei so einem Fall gleich wieder auf. Um mich überhaupt überwinden zu können, die Fakten über Nele zu lesen, habe ich dem Tequila zugesprochen, wohl wissend, dass das eigentlich eine blöde Idee ist", gab Charlotte entwaffnend ehrlich zu.

„Statt mich - Ihren Partner – anzurufen, betrinken Sie sich also und holen sich dann Unterstützung bei einem

Fremden", fasste Knud zusammen, wobei er etwas lauter wurde, weil sein Ärger wieder anschwoll.

Charlotte schien ihn dieses Mal nicht einschätzen zu können. Abwehrend erwiderte sie trotzig: „Nun übertreiben Sie mal nicht. Ich war weder betrunken, noch ist Martin ein Fremder!"

Wütend blitzte sie ihn an. Obwohl Knud es mochte, wenn sie die Haare hochgesteckt trug, vermisste er jetzt den wilden Tanz ihrer braunen Locken. Im Grunde konnten sie professionelle Unterstützung bestens gebrauchen und bezüglich der Psychologin Anke Berg waren sie anscheinend zu dem gleichen Schluss gekommen. Ihm war bewusst, dass sein Ärger in erster Linie auf der Tatsache beruhte, nicht in die Entscheidung mit einbezogen worden zu sein. Außerdem fragte er sich, ehrlich mit sich selbst, ob das Auftauchen des Profilers ihn genauso aufbringen würde, wenn dieser klein, alt und hässlich wäre und keine offensichtliche Vertrautheit mit Charlotte bestünde.

„Tequila!", murmelte er mürrisch vor sich hin. „Sie hätten wenigstens Friesengeist trinken können."

Gloria unterwegs auf Eiderstedt | Dienstag, den 21. Juli

Wie von dem Arzt vorhergesagt, hatte Herbert das gesamte Wochenende praktisch nur geschlafen. Das gab Gloria die Freiheit mit den Flyern und ihrer Kamera unterwegs zu sein, mit Menschen zu sprechen sowie möglichst unauffällig etliche Fotos zu schießen. Wenn sie einen Promi interviewte, wurde sie natürlich von einem Profi-Fotografen begleitet, aber sie konnte durchaus selbst gut mit ihrer digitalen Spiegelreflex umgehen. Welch unerwartete Wende in dem Urlaub! Gerade als sie sich fragte, wie sie die zwei Wochen überstehen sollte, wurde es interessant.

Gloria war eine ausgezeichnete Beobachterin und fest entschlossen, aus den Gesprächen mit den Sankt-Peter-Ording-Fans und den zahlreichen Aufnahmen am Ende eine Reportage zu erstellen. So ergaben ihre ausgiebigen Ausflüge einen doppelten Sinn. Ehrgeizig wie sie war, würde es sie allerdings freuen, den kleinen Timo zu finden, um ihn der Polizei bzw. seinen Eltern zu übergeben – oder wenigstens eine Spur zu entdecken, die zu der Befreiung des Jungen führen würde.

Am Montag ging es ihrem Mann gut genug, um wieder zu frühstücken. Gloria schlug vor, ihm seine Lieblingsspeisen auf einem Tablett im Bett zu servieren, aber davon wollte Herbert nichts wissen.

„Gundi, du weißt doch ganz genau, wie sehr ich es hasse, im Bett zu frühstücken. Vermutlich muss ich heute wieder den Tag darin verbringen. Meinst du wirklich, ich will dann von Krümeln gepiesackt werden?", moserte er in einer Heftigkeit, die Gloria etwas übertrieben fand. Offensichtlich befand er sich auf dem Weg der Besserung.

„Du alter Brummbär, ich habe es doch nur gut gemeint", antwortete sie sanft, weil sie keinen Streit provozieren wollte. Noch wusste er nichts von ihren Aktivitäten; es war also unklar, was er von ihrer Beteiligung an der Suche hielt.

„Du kennst mich lange genug, um mir solche Vorschläge zu ersparen", motzte Herbert weiter, was wohl der Unzufriedenheit mit sich selbst geschuldet war. Schwungvoll stand er aus dem Bett auf, um sofort wieder auf seinem Hintern zu landen.

„Upps, mir ist total schwindelig", kommentierte er die Landung auf dem Allerwertesten, immerhin hatte er damit wieder die Matratze getroffen. Den zweiten Versuch unternahm er wesentlich langsamer, kam aber zu dem gleichen Ergebnis.

„Das ist ja kein Wunder! Du hast in den letzten beiden Tagen kaum etwas gegessen. Komm, ich helfe dir aus dem Bett sowie unter die Dusche. Wenn du langsam gehst und ich dich dabei stütze, wird es schon gehen."

„Bitte entschuldige meine Unfreundlichkeit, Gloria. Ich habe mich mal wieder selbst überschätzt. Bestell uns doch ein Frühstück hier in den Bungalow. Ich fürchte, bis zum Buffet im Restaurant werde ich es heute nicht schaffen."

Eine halbe Stunde später saßen sie gemeinsam bei Kaffee und Brötchen an ihrem Tisch mit einem herrlichen Blick über die Dünen. Obwohl gerade Ebbe war, hatte sich der Strand trotz der relativ frühen Stunde bereits gefüllt. Sogar aus der Entfernung gut sichtbar strahlten die bunten Farben der zahlreichen Strandmuscheln zwischen den weißen Strandkörben Urlaubsstimmung und Leichtigkeit aus. Wenn da nur nicht das verschwundene Kind wäre!

Während Gloria überlegte, wie sie Herbert von dem Fall erzählen sollte, fragte er: „Wie hast du denn eigentlich die letzten beiden Tage verbracht? Es tut mir wirklich leid, dass ich so nachlässig war und mir bei unserer Wattwanderung keinen Hut aufgesetzt habe. Jetzt habe ich dich quasi hier allein gelassen. Hast du dich sehr gelangweilt, oder bist du mal für einen Tag nach Sylt gefahren?", ergänzte er verschmitzt.

„Darüber habe ich tatsächlich nachgedacht, bis ich dann über diesen Flyer hier gestolpert bin." Sie drehte das Papier um, das bisher mit der Rückseite nach oben neben ihrem Teller gelegen hatte, und reichte es ihm.

„Ein verschwundenes Kind! Das hat es hier doch schon einmal gegeben. Erinnerst du dich? Das muss fünf oder sechs Jahre her sein", kommentierte ihr Mann erschüttert.

„Du hast wirklich ein gutes Gedächtnis, die Sonne der letzten Tage scheint dem nicht geschadet zu haben", antwortete Gloria, worauf Herbert eine Grimasse zog.

„Wer den Schaden hat, ... aber mal ernsthaft. Wie ich dich kenne, hast du im Internet recherchiert, was über den alten Fall damals in der Presse stand."

„Ich muss gestehen, ich habe mich nicht so schnell daran erinnert, dass so etwas hier schon einmal vorgekommen ist. Nachdem ich das kleine Plakat am Ausgang des Frühstücksraumes entdeckt hatte, habe ich mit dem Hausmeister dieser Ferienanlage Kontakt aufgenommen, um meine Hilfe anzubieten. Die aufgelöste Mutter des Jungen kam zu ihm, um das Verschwinden zu melden, deshalb ist er in die Suche involviert – oder so. Jedenfalls hat Trulsen mir einen Stapel der Flyer ausgedruckt. Von dem alten Fall hat er mir seltsamerweise nichts erzählt. Das habe ich herausgefunden, als ich mich mit den Menschen auf der Seebrücke unterhalten habe. Du bist nicht der einzige eingefleischte Sankt-Peter-Ording-Fan. Es gibt tatsächlich enorm viele Menschen, die mindestens einmal im Jahr hierher kommen und den Rest des Jahres geradezu auf die nächste Reise hinfiebern." Gloria kam richtig in Fahrt. Als sie einmal kurz Luft holte, nahm Herbert die Chance wahr, wieder zu Wort zu kommen.

„Du schweifst ab, meine Liebe. Was ist denn nun mit dem Kleinen? Heute ist doch schon Montag, oder? Dann ist er bereits seit Donnerstag verschwunden? Hast du etwas herausbekommen?" Herbert war ernsthaft in Sorge um den ihm unbekannten Jungen.

„Nein, leider nichts Konkretes", gab Gloria zu. „Die letzten beiden Tage habe ich mich auf St. Peter konzentriert. Ab heute wollte ich ein wenig durch die Gegend fahren, um abseits der ausgetrampelten Touristenpfade auf Spurensuche zu gehen. Ich weiß, es ist die berühmte Nadel im Heuhaufen, aber mich an den Strand legen und die Augen vor diesem Drama zu verschließen, das kann ich einfach nicht."

Herbert nickte ihr anerkennend zu. „Da kannst du dein Können im Recherchieren und Aufspüren von Neuigkeiten mal für etwas Sinnvolles einsetzen. Das gefällt mir!" Gloria kam aus dem Staunen nicht mehr heraus. Ihr Herbert war doch immer wieder für eine Überraschung gut! Sie hatte sich in den letzten Tagen schon lange Argumentationsstränge einfallen lassen, warum sie ihren Urlaub für die Beschäftigung mit dieser Angelegenheit nutzen wollte. Alles überflüssig!
„Okay, ich würde dich gerne heute begleiten, aber das wird nicht funktionieren. Ich muss mich weiter schonen, sonst komme ich nicht so schnell wieder auf die Beine. Die Kopfschmerzen sind immer noch präsent", teilte er ihr mit. „Wie ich dich kenne, hast du aber alles, was du im Internet über den alten Fall gefunden hast, in einem Ordner gespeichert. Kannst du mir deinen Laptop hierlassen, wenn du losziehst? Dann frische ich mein Gedächtnis auf. Vielleicht schaffe ich es, etwas Hilfreiches beizusteuern." Erschöpft sackte Herbert auf dem komfortablen Stuhl zusammen. „Sei so gut, hol mir eine Schmerztablette mit einem Glas Wasser. Ich bin nicht so fit, wie ich es mir wünsche."

Den ganzen Montag war Gloria kreuz und quer auf Eiderstedt herumgefahren, ohne zu wissen, wonach sie genau suchte. Sie hielt es selbst für unwahrscheinlich, auf diese Weise fündig zu werden, aber einfach nur herumsitzen, kam nicht in Frage. Immer wieder stieg sie aus, wobei sie die Gegend in einem sportlichen Radius um ihr Auto erkundete. Nach wie vor war es heiß. Trotz leichter Kleidung, eines breitkrempigen Hutes sowie einer großen Sonnenbrille schwitzte sie die Unmengen Wasser, die sie trank, gleich wieder aus. Aufgeben war keine Alternative.

Als sie am späten Nachmittag in ihren Bungalow der Ferienanlage zurückkehrte, fühlte sie sich nicht nur erschöpft, sondern auch ein wenig niedergeschlagen. Obwohl sie den ganzen Tag kaum etwas gegessen hatte, hielt sich ihr Hunger in Grenzen, aber sie sehnte sich nach einer Dusche. Ihr eigentlich zitronengelbes Sommerkleid klebte verschmutzt an ihr. Herbert wartete geduldig auf der Terrasse im Schatten eines großen Sonnenschirmes.

„Hallo mein Liebes", grüßte er sie freudig, als sie neben ihn trat. „Schön, dich wieder bei mir zu haben. Wie du siehst, bin ich fast der Alte. Wollen wir uns hier ein Essen servieren lassen? Dann kannst du mir alles berichten, was du heute erlebt und herausgefunden hast."

„So spannend ist das leider nicht, aber gern. Lass mich eben duschen, ich bin gleich bei dir. Ich freue mich sehr, dass du auf dem Wege der Besserung bist. Bestell uns doch eine Fischplatte mit einem leichten Chardonnay. Wasser haben wir im Kühlschrank."

Nach dem köstlichen Essen legte Herbert eine Karte von Eiderstedt auf den Tisch und drückte Gloria einen roten Filzstift in die Hand. Erwartungsvoll bat er sie, ihm aufzumalen, wo sie überall herumgefahren war, um nach Timo zu suchen.

„Ich kann meine Route bestimmt nicht mehr vollständig nachvollziehen, so wirklich habe ich nichts erreicht. Eigentlich wollte ich morgen noch einmal losziehen, aber ehrlich gesagt plagen mich derzeit Zweifel, ob das sinnvoll ist", vertraute sie ihrem Mann an.

„Gloria, so kenne ich dich gar nicht. Sei nicht unzufrieden mit dir. Du hast doch sicherlich heute mit einigen Leuten gesprochen und ihnen den Flyer gezeigt. Das Leben spielt sich ja nicht nur hier in St. Peter-Ording und im Bad ab. Ich finde es großartig, wie ausdauernd du die kleineren Orte aufgesucht hast, um die Information auch dorthin zu tragen. Es gibt keinen Grund ungeduldig zu sein! Mit Glück hat jemand in den abgelegenen Gegenden etwas gesehen."

Einen kühlen Schluck von dem Weißwein nehmend nickte Gloria. So langsam kehrten ihre Lebensgeister wieder zurück. Außerdem tat es ihr gut, von Herbert in ihrem Vorhaben bestärkt zu werden. „Du meinst, ich sollte die Suche morgen weiter fortsetzen?"

„Auf jeden Fall! Zeig mir doch mal, wo du ungefähr gewesen bist, vielleicht habe ich ein paar Tipps für dich. Ich kenne diese Halbinsel wirklich gut. Am liebsten würde ich dich begleiten, aber ich fürchte, das wird zu anstrengend sein. Diese Hitze kann ich ja sowieso nicht ab."

Eine Stunde später hatten sie gemeinschaftlich den Tag nachvollzogen sowie einen Plan für den morgigen Trip ausgearbeitet. Gloria fühlte sich bestärkt und freute sich über das Mitgefühl, dass Herbert für den verschwundenen Jungen aufbrachte.

Am Dienstagmorgen brach Gloria sehr früh auf, um die morgendliche Kühle zu nutzen. Herbert war extra aufgestanden, um ihr eine Thermoskanne mit Kaffee, eine Auswahl Obst sowie etliche Flaschen Wasser in einen Korb zu packen und dafür zu sorgen, dass sie ihn mitnahm.

„Lass dich nicht entmutigen, mein Liebes, selbst wenn es so wirkt, als würdest du nichts erreichen; aber pass auf dich auf. Du hast gesehen, was dabei herauskommt, wenn man es nicht tut. Mein Schädel brummt immer noch ein wenig", gab er ihr besorgt gemeint mit auf den Weg. „Überleg dir mal, ob du nicht in der Mittagszeit eine Pause einlegen solltest. Du könntest sie nutzen, um mit mir zu essen und ein wenig auszuruhen."

„Das ist eine ausgezeichnete Idee! So machen wir es. Bis später." Gloria gab ihm einen Kuss und verschwand daraufhin mit dem Korb in Richtung Rezeption. Kurz überlegte sie, ob sie bei Torge Trulsen vorbeischauen sollte, aber der war vermutlich zu dieser frühen Stunde gar nicht da. Die große Uhr in der Eingangshalle zeigte kurz vor sechs. Neben der angenehmen Kühle genoss Gloria ebenfalls die Ruhe in der *Weißen Düne*, die im Juli hier eher die Ausnahme darstellte.

Für einen Moment übermannten sie wieder die Zweifel an ihrem Unternehmen. Was konnte sie schon damit erreichen? Sie würde weder auf das Kind noch auf den Entführer selbst treffen. Und was sollte sie dann tun? Er würde kaum für ein Interview bereitstehen, um sie in seine skurrilen Gedanken einzuweihen. Vermutlich würde ihr das auch eine Heidenangst einjagen und etwas anderes als die Polizei zu rufen, könnte sie nicht machen. Sollte sie lieber umkehren, sich zu Herbert ins Bett legen, den Kommissaren die Arbeit überlassen und sich doch endlich auf den Urlaub konzentrieren? Allerdings fände sie das vermutlich schon vor dem Mittagessen langweilig.

Unschlüssig war sie an dem imposanten Brunnen im Foyer stehengeblieben. Erst nach einer Weile wurde ihr bewusst, dass sie gedankenverloren auf die Münzen blickte, die am Boden des Beckens schimmerten. Zahlreiche damit verknüpfte Wünsche ... was würde sie dafür geben, zu wissen wie viele davon in Erfüllung gegangen waren. Kurz entschlossen nahm sie ihr Portemonnaie aus der Tasche und schnippte selbst einige Taler hinein. Während sie sich auf das Gesicht von Timo konzentrierte schickte sie ihre Botschaft zu Fortuna. Als sich der aufmunternde Blick ihres Gatten davorschob, entschied sie,

mindestens diesen weiteren Tag in ihre Suche zu investieren. Vielleicht war sie ja doch erfolgreich!
An ihrem Wagen angekommen verstaute Gloria den Korb, bevor sie ihren Vorrat an Visitenkarten prüfte. In den letzten Tagen hatte sie davon reichlich verteilt – verknüpft mit dem Hinweis sich doch bitte bei ihr zu melden, wenn demjenigen im Nachhinein etwas ein- oder auffiele. So wie Trulsen ging sie ebenfalls davon aus, dass sich die Menschen lieber an eine Journalistin als an die Polizei wandten.

Nachdem sie etliche Stunden unterwegs gewesen war, entschloss sie sich erschöpft zu einer Pause im Schatten einer großen Pappel. Die von Herbert vorgeschlagenen Orte hatte sie ohne Ergebnis aufgesucht. Sie war nicht nur auf landwirtschaftlichen Wegen gefahren, sondern über Weiden und sogar Privatgrundstücke gelaufen, hatte gelauscht sowie in den einen oder anderen Stall und Schuppen geschaut – ohne Ergebnis. Keine Spur von dem kleinen Timo. Ihr Mobiltelefon hatte den gesamten Vormittag geschwiegen. Schon überlegte sie, ob sie die Mittagspause vorziehen sollte, um sich erneut mit ihrem Mann über das weitere Vorgehen zu beraten, als eine SMS eintraf. Ein Lächeln zog über ihr angespanntes Gesicht. Bestimmt wollte Herbert sie auch dazu überreden. Immerhin war es bereits nach halb zwölf.
Die Nachricht kam jedoch von einer ihr unbekannten Handynummer. Erfasst von einem Kribbeln öffnete sie sie und las:
SIE FINDEN DEN KLEINEN JUNGEN AUF EINEM FELDWEG ZWISCHEN POPPENBÜLL UND AUGUSTENKOOG. DANKE FÜR IHRE UNTERSTÜTZUNG.

Gloria begann so sehr zu zittern, dass ihr das Telefon aus der Hand rutschte. Ihre Gedanken rasten. Sie hatte Kontakt zu dem Entführer gehabt! Er besaß eine ihrer Visitenkarten und hatte ihr geschrieben, wo sie Timo finden würde.

In die spontane Freude mischte sich schnell ein wenig Furcht. War das eine Falle, weil sich der Täter über ihre Einmischung ärgerte? Wollte er sie zu einem einsamen Ort locken, um sie ebenfalls zu entführen? Oder sie endgültig aus dem Weg räumen?

Sie hob das Handy auf, um die Nachricht noch einmal zu lesen. Ein erneutes Piepen kündigte das Eintreffen einer weiteren Mitteilung an, wobei es sich um einen Kartenausschnitt sowie eine kurze Wegbeschreibung handelte. Der Entführer wollte sicher gehen, dass sie den abgelegenen Punkt fand. Das Kribbeln durchlief ihren gesamten Körper.

Was sollte sie nur tun? Sicherer wäre es auf jeden Fall, die Polizei einzuschalten, um ihr alles Weitere zu überlassen. Kurz überlegte Gloria, Herbert anzurufen, um ihn nach seiner Meinung zu fragen, aber er würde auf genau diese Vorgehensweise drängen. Schon bei dem Gedanken merkte die Journalistin, dass sie nach der tagelangen Suche nicht einfach die Ernte der Früchte abgeben wollte. Sollte sie den Hausmeister der Ferienanlage um Hilfe bitten? Trulsen hatte einen patenten Eindruck hinterlassen, allerdings würde er vermutlich ebenfalls versuchen, den Ruhm für sich zu beanspruchen.

Hin- und hergerissen starrte Gloria die Nachricht an. Sie musste eine Entscheidung treffen! Wenn der Junge dort allein in der Pampa saß, sollte sie ihn bald finden, um ihn aus seiner Lage zu befreien. Die Temperaturen waren bereits wieder gestiegen und niemand wusste, was er durchgemacht hatte und in welchem Zustand er war.

Die Wissbegierde der Journalistin ließ die Bedenken in den Hintergrund treten. Jemand, der kleine Kinder entführte, würde keine erwachsene Frau töten! In der ersten Serie waren die Mädchen und Jungen jeweils nach ein paar Tagen wieder aufgetaucht. Jetzt war es für Timo soweit und der Täter spannte sie in diese Rückgabe ein. Das war sicherlich alles!

Das kurze Aufblitzen von Neles ungeklärtem Schicksal blendete sie energisch aus. Sie war eine gestandene Frau! Ihr würde schon nichts passieren!

Einer plötzlichen Eingebung folgend wählte sie die Nummer, von der sie vor wenigen Minuten die Nachrichten erhalten hatte. Wie erwartet war sie nicht erreichbar. Also konzentrierte sich Gloria auf die kleine Karte, die ihr geschickt worden war. Zusammen mit der kurzen Wegbeschreibung war sie kurz darauf sicher, die beschriebene Stelle zu finden. Es schien gar nicht weit entfernt zu sein.

Auf dem Weg spürte sie, wie das Adrenalin durch ihren Körper strömte. Seit sie sich entschlossen hatte, allein zu dem Punkt zu fahren, konnte sie es gar nicht mehr abwarten, ihn schnell zu erreichen. Welche Freude würde es bei den Eltern auslösen, ihren Sohn wieder in ihre Arme zu schließen! Gloria ging fest davon aus, dass es Timo gutging. Warum schickte der Entführer sie sonst zu diesem Ort? Anscheinend war er wie vor fünf Jahren besorgt um das Wohl der Kinder. Wie raffiniert, sie in sein Vorhaben einzuspannen! So konnte er den Jungen an einem einsamen Ort freilassen und musste sich nicht in das touristische Gewühl begeben, wo eine Entdeckung viel wahrscheinlicher war.

An einer Weggabelung war sich Gloria nicht sicher, welche Richtung sie einschlagen sollte. Sie hielt kurz an, um die Karte auf ihrem Mobiltelefon zu vergrößern. Der rote

Punkt übte mittlerweile eine magische Anziehungskraft aus. Gloria entschied sich für den Weg, der nach Osten führte und fuhr weiter. Auf der linken Seite befand sich ein Maisfeld, das ihr komplett die Sicht versperrte. Das Getreidefeld rechts der Schotterpiste war bereits abgeerntet. Lediglich die dicken runden Strohballen lagen scheinbar strukturlos auf dem Feld herum.
Es konnte nicht mehr weit sein! Die Aufregung nahm ihr den Atem. Wenn sie ganz ehrlich war, mischte sich ein wenig Angst hinein, was sie am Ziel erwarten würde. Noch konnte sie einen Rückzieher machen und einfach die Polizei anrufen – doch wenn Timo in der Zwischenzeit etwas passierte? Nein, sie würde das jetzt durchziehen. Sie war ja schon fast da!
Der Weg wurde immer holpriger. Tiefe Löcher und Mulden zwangen sie, bei hoher Konzentration langsam zu fahren, wenn sie nicht Gefahr laufen wollte, sich den Auspuff abzureißen. Sie wagte es kaum, den Blick von der Piste zu nehmen. Bei dem einkalkulierten Restrisiko doch in eine Falle zu tappen, sollte wenigstens ihr Auto funktionstüchtig bleiben; auch wenn sie sich eingestehen musste, hier nicht schnell fliehen zu können. War es besser, zu Fuß weiterzugehen? Oder erhöhte sich damit ihr Risiko?
Gloria schwitzte, obwohl die Klimaanlage auf vollen Touren lief. Ihr Mund fühlte sich trocken an, ihr Gesicht glühte. Zum wiederholten Male warf sie einen Blick auf die Karte, die ihr der Unbekannte geschickt hatte, um sie mit dem Navi abzugleichen. Als ihr dabei auffiel, in einem Funkloch gelandet zu sein, wurde ihr schlagartig eiskalt. Seit wann hatte sie kein Netz mehr? In der letzten Viertelstunde war sie so auf die Karte sowie die miserab-

len Verhältnisse des Weges fixiert gewesen, dass sie darauf gar nicht mehr geachtet hatte. Aber es gab kein Zurück mehr, sie würde es schon schaffen!
Als der Wagen kurz darauf mit einem durchdringenden Knirschen aufsetzte, war ihre Fahrt abrupt beendet. Leichte Panik stieg in Gloria hoch, als sie mit butterweichen Knien versuchte, aus dem Auto auszusteigen, um ihren Weg zu Fuß fortzusetzen. Nach wie vor hatte sie kein Netz.

Torge in Augustenkoog | Dienstag, den 21. Juli

Weil der heutige Tag eine lange Liste von Aufgaben bereithielt, hatte Torge besonders früh angefangen zu arbeiten. Durch das fast freie Wochenende war einiges liegengeblieben, um das er sich jetzt dringend kümmern musste, sonst würde es sowohl Unzufriedenheit bei den Gästen als auch Ärger mit der Managerin Marina Lessing geben. Viel lieber hätte Torge die Kommissare bei der Suche nach dem kleinen Timo unterstützt, von dem es anscheinend immer noch nichts Neues gab, aber dafür blieb überhaupt keine Zeit. Die Journalistin Gloria von Brandenburg hatte sich nicht bei ihm gemeldet. Naja, vielleicht war sie an der Sache gar nicht mehr interessiert. Wenn sie üblicherweise Promis interviewte, stellte so eine mühsame Kleinarbeit vermutlich eine zu große Herausforderung dar. Von Knud und der Wiesinger hatte er leider ebenfalls nichts mehr gehört, was wohl bedeutete, dass der Fernsehappell ins Leere gelaufen war.

Ob er doch einmal bei seinem Kumpel anrief? Er war wirklich neugierig, wie sich der neue Profiler in das Team einfügte. Allerdings war Knud ganz offensichtlich nicht begeistert gewesen. Wenn er sich noch nicht abreagiert hatte, würde er – Torge – zum Ziel der schlechten Laune werden. Dies hielt er für sehr wahrscheinlich, denn die Anforderung von Martin Goldblum schien eine spontane Idee der Kommissarin gewesen zu sein. Außerdem lieferte die Unterbringungsfrage bestimmt den nächsten Zündstoff: Auf ganz Eiderstedt gab es sicherlich nur ein freies Bett, wenn dem ein kurzfristiger Storno vorausgegangen war. Da blieb am Ende lediglich, dass Charlotte Wiesinger ihrem alten Kollegen ihr eigenes Gästezimmer anbot. Immerhin war er ja auf ihre Bitte hergekommen. Doch das würde Knud nicht gefallen, da war sich Torge absolut sicher!

Da er sowieso keine Zeit hatte, lange zu schnacken, schrieb der Hausmeister seinem Freund nur eine kurze SMS, worin er fragte, ob es schon etwas Neues von Timo gäbe. Danach kümmerte er sich wieder um die vorliegende Aufgabenliste, die ihn den gesamten Vormittag in Atem hielt. Je mehr er schaffte, desto besser. Er hatte Annegret versprochen spätestens um 15 Uhr Feierabend zu machen, damit sie am Nachmittag mit Lena und Lukas einen Ausflug in den Westküstenpark unternehmen konnten. Dieser bot nicht nur einen ansehnlichen Tierpark, sondern außerdem einen Spielplatz mit Hüpfburg, den die Kinder liebten, seit sie ihn erstmals kennengelernt hatten. Es wäre für die beiden eine große Enttäuschung, wenn Torge gerade heute Überstunden machte. Also hielt er sich ran!

Als sein Handy endlich den Eingang einer SMS signalisierte, rechnete er mit einer Antwort von Knud. Es ging schon auf halb eins zu. Torge hatte statt eines zeitaufwendigen Mittagessens nur schnell ein Fischbrötchen gegessen, er konnte ja später im Park einen zusätzlichen Snack zu sich nehmen. Während er sein Telefon aus der Hosentasche angelte, folgten zwei weitere Mitteilungen. Mit einem Blick auf das Display stellte er fest, dass sie alle drei von der Reporterin kamen, an die er an diesem Morgen gedacht hatte. Stirnrunzelnd betrachtete er den Nachrichtenverlauf. Sie hatte ihm eine Karte geschickt. Das war ja seltsam. Er scrollte weiter nach oben. Direkt darüber stand eine Wegbeschreibung. Was hatte denn das zu bedeuten? Endlich kam er bei der eigentlichen Information an:

„Moin Herr Trulsen, ich habe Timo gefunden. Leider ist das Netz hier schwankend, es baut sich kein Telefongespräch auf. Hoffe, die SMS wird gesendet. Habe mich festgefahren. Können Sie schnell herkommen? Am besten mit einem Geländewagen? Gruß Gloria von Brandenburg".

Da hatte er ihr ja gründlich Unrecht getan! Sie hatte tatsächlich Timo gefunden! Wie ihr das wohl gelungen war? Mal gucken, ob er sie jetzt erreichen konnte. Die Nummer wurde angewählt, aber er hörte kein Freizeichen.

Torge brauchte lediglich einen kurzen Blick auf den Kartenausschnitt zu werfen. Zusammen mit der Beschreibung wusste er schnell, wo sich der angegebene Punkt befand. Dort gab es in der Tat häufig ein Funkloch, aber immerhin waren ihre Nachrichten durchgekommen. Torge bestätigte den Empfang, indem er ihr mitteilte, er würde sich beeilen.

Außerdem kannte er die Wege in diesem Gebiet: Reine landwirtschaftliche Nutzwege, auf denen man sich mit einem PKW leicht festfuhr. Die Felder gehörten einem befreundeten Landwirt, der ihn sicherlich gerne mit dem

Trecker von seinem Hof aus, zu der Stelle kutschierte. Schnell brachte Torge mit einem kurzen Telefonat in Erfahrung, dass sich Heinrich Langer auf einer Einkaufstour in Husum befand. Bis zu seinem Hof in einsamer Lage nördlich von Augustenkoog würde er mindestens eine halbe Stunde brauchen, doch er versprach, sich zu sputen.

Torge überlegte, Knud dazu zu rufen, aber im Grunde brachte das nichts, weil der Polizeiwagen nicht geländefähig war. Am besten holten sie erst einmal Gloria und Timo ab, den Rest konnten sie später in Ruhe klären. Leider hatte die Journalistin überhaupt nichts zu dem Zustand des Jungen geschrieben, was Torge im hohen Maße beunruhigte. Ging es ihm gut? Über die Möglichkeit, ihn tot gefunden zu haben, wollte er gar nicht nachdenken. Immerhin war es ihr ja wichtig, dass er schnell kam.

Torge schob sein Handy zurück in die Tasche, versorgte sich aus der Mitarbeiterkantine mit zwei Flaschen Wasser sowie einigen Bananen und eilte zu seinem alten Kombi auf dem Parkplatz der *Weißen Düne*. Da er bis zu dem Hof circa zwanzig Minuten brauchte, fuhr er besser sofort los. Gott sei Dank war Heinrich gleich erreichbar gewesen. Die beiden verband eine lange Freundschaft, die schon in ihrer Kindheit begann. Bereits ihre Eltern waren befreundet gewesen. Heinrich war zwei Jahre jünger als Torge und der gutmütigste Mensch, den man sich vorstellen konnte. Beide hatten eine Tochter bekommen, nur ein Jahr auseinander. Sie verbrachten viel Zeit miteinander. Wann immer Heinrich und Ingrid in der Lage waren, sich von dem Hof loszueisen, fuhren sie an den Strand oder erkundeten die Umgebung. Nun erwachsen, hatten ihre Töchter selbst Familie. Beide waren von Eiderstedt weggezogen. Heinrichs Deern wohnte mit ihrem

Mann und drei Kindern in Berlin. Seit Ingrid vor ein paar Jahren gestorben war, hatte sich der Landwirt sehr zurückgezogen – sogar Torge traf ihn nur selten. Umso mehr freute er sich, ihn heute wiederzusehen.

Erwartungsgemäß traf er als Erster auf dem Hof ein. Wie in letzter Zeit üblich, herrschte auch an diesem Tag eine leichte Unordnung. Offensichtlich war Heinrich ohne Frau im Haus mit dem landwirtschaftlichen Betrieb ein wenig überfordert. Torge stieg aus dem Wagen und schaute sich um. Einige Reparatur- sowie Pflegearbeiten an den Gebäuden waren überfällig. Spätestens nach der Hochsaison sollte er Heinrich seine Hilfe anbieten, einiges davon in Ordnung zu bringen.

Am Rand des Hofes lag ein bunter Gegenstand auf einer kleinen Rasenfläche, die dringend einmal wieder gemäht werden musste. Als Torge näher kam, erkannte er, dass es sich um ein Kinderfahrrad handelte. War Heinrichs Tochter mit ihren Sprösslingen vor Kurzem hier gewesen? Schon wollte er es aufheben, um es in den Schuppen zu stellen, dessen Tür sperrangelweit aufstand, da hielt er mitten in der Bewegung inne. War Heinrich etwa an dem Verschwinden von Timo beteiligt? Im Grunde genommen klang das völlig absurd, aber in den letzten beiden großen Fällen hier auf Eiderstedt musste er lernen, wie oft der schöne Schein trog! Er wollte sich auf keinen Fall einen Schnitzer leisten. Das Fahrrad liegenlassend betrat er den Schuppen, in dem es trotz des gleißenden Lichts draußen eher düster war. Torge tastete nach dem Lichtschalter. Heinrich hatte für hervorragende Beleuchtung gesorgt. Neben Gartenmöbeln und -geräten, einem Grill sowie einer stattlichen Werkstatt fand der Hausmeister ebenfalls ein umfangreiches Sortiment an Spielzeug für den Außenbereich.

Erneut fragte sich Torge, ob er lieber Knud anrufen sollte, um ihn in die Neuigkeiten des Falles einzuweihen, aber im Grunde wusste er ja nicht viel. In seinem eigenen Gartenhaus befanden sich ebenfalls Spielsachen von Lena und Lukas. Dass Heinrich etwas mit dem Verschwinden des Jungen zu tun haben könnte, war einfach zu weit hergeholt. Die polizeiliche Arbeit ließ ihn schon Gespenster sehen! Es wurde Zeit sich zusammenzureißen. Wenn er anfing, seine eigenen Freunde zu verdächtigen, wurde es kritisch. Er verwarf die Idee, Knud anzurufen und versuchte es stattdessen erneut bei Gloria von Brandenburg, erreichte aber wieder nur die Mailbox. Naja, Heinrich müsste gleich eintreffen. Von hier aus war es nicht mehr weit bis zu der Stelle, an der die Journalistin mit dem kleinen Timo hoffentlich nach wie vor wartete. Torge war versucht, einen Blick in das Wohnhaus des Bauern zu werfen, fand das aber dann doch zu übergriffig. Nachdem er eine weitere Runde über den Hof gedreht hatte, traf der Eigentümer ein.

„Moin Torge! Mann, wie lange haben wir uns nicht gesehen! Wird Zeit, mal wieder gemeinsam im *Lütt Matten* einen Klaren zu heben."

„Moin Heinrich, da sagste was! Danke, dass du gleich gekommen bist. Ich mache mir große Sorgen. Lass uns sofort losfahren. Wir können auf dem Weg schnacken", begrüßte Torge seinen langjährigen Freund.

„Na, dann komm. Der Trecker steht hinter der Scheune, damit kommen wir am besten hin und können den Wagen der Reporterin freiziehen."

Trotz der besonderen Situation war Torge einmal wieder von dem gewaltigen Fahrzeug beeindruckt. Allein die Größe der hinteren Reifen war wirklich imposant! Heinrich kletterte an das Steuer, Torge nahm auf dem unbe-

quemen Seitensitz Platz. Er war gespannt, was sie vorfinden würden, und was Gloria von Brandenburg zu berichten hatte. Als das Auto der Journalistin in Sicht kam, konnte er es kaum noch abwarten. Am liebsten wäre er von dem Traktor gesprungen, gestand sich jedoch ein, zu Fuß nicht schneller zu sein.
Als sie endlich anhielten, kamen ihnen die beiden schon entgegen. Timo schien benommen, aber ansonsten unversehrt zu sein.
„Gloria, Sie sind meine Heldin! Wie haben Sie das nur geschafft? Geht es dem Kleinen gut?" Torge war plötzlich über das glimpfliche Ende von Timos Verschwinden außer sich vor Freude.
„Herr Trulsen! Wie ich mich freue, Sie zu sehen. Ich erzähle Ihnen alles in Ruhe, aber erst einmal sollten wir hier verschwinden. Trotz des Schattens des Maisfeldes sowie des Sonnenschirmes wird es schon wieder sehr warm. Wir sind beide verschwitzt und ziemlich erschöpft, aber ansonsten okay. Timo scheint ein Beruhigungsmittel bekommen zu haben, er ist extrem wackelig auf den Beinen. Außerdem habe ich ein ungutes Gefühl - als wenn sich der Entführer nach wie vor in der Nähe aufhält."
Schnell war Torge bei ihr und hob den Jungen kurzerhand auf, um ihn zum Auto zu tragen. Währenddessen zog Heinrich den Wagen von dem Buckel in der Piste. Anscheinend hatte er es ohne nachhaltigen Schaden überstanden. Der Hausmeister wunderte sich ein wenig über Heinrichs Eile, zu seiner Arbeit zurückzukehren. Er nahm sich nicht einmal die Zeit, die glückliche Finderin zu begrüßen oder Torges Dank entgegenzunehmen. Seit Ingrids Tod war er sehr menschenscheu geworden, aber dieses Verhalten fand er doch ein wenig merkwürdig. Da es aber Wichtigeres zu tun gab, konzentrierte Torge sich

darauf. Vorsichtig legte er Timo auf die komfortable Rückbank des großen Autos, bevor er sich wieder an Gloria wandte:

„Ich nehme an, Sie haben keine Rolle mit rot-weißen Absperrband im Kofferraum, um die Stelle hier für die Spurensicherung zu markieren?"

„Nein, das leider nicht, aber vielleicht habe ich ein Tuch oder eine Kappe von meinem Mann." Einen Blick hineinwerfend hob sie schließlich den roten Einkaufskorb aus Nylon heraus. „Was halten Sie davon?", fragte sie.

„Der ist prima. Stellen Sie ihn zusammen mit einer Wasserflasche an den Rand des Maisfeldes, etwa auf der Höhe, wo Sie Timo gefunden haben. Liegt dort etwas, wodurch die Techniker die Stelle wiedererkennen können?" Torge wollte nichts vermasseln.

„Ja, eine Isomatte, Wasser sowie ein Sonnenschirm", antwortete Gloria, woraufhin er lediglich nickte.

Auf dem Rückweg erklärte Torge Gloria seinen Plan. Da sie einerseits durcheinander war und sich andererseits während der Fahrt um Timo kümmern sollte, nahm er auf dem Fahrersitz Platz. Eigentlich brannte er darauf, die Einzelheiten ihrer Geschichte zu hören, doch das musste warten.

„Wir fahren Timo jetzt erst einmal zu dem Kinderarzt in St. Peter. Sobald wir wieder ein Netz haben, kündigen wir uns an, damit er uns dazwischen schiebt", teilte er Gloria mit.

„Wollen Sie nicht erst die Eltern benachrichtigen?"

„Die Eltern können in die Praxis kommen und Timo dann von dort aus mit in die *Weiße Düne* nehmen." Torge wollte das Wohlbefinden des Jungen auf jeden Fall sicherstellen. „Im Anschluss informiere ich Kommissar

Knud Petersen. Er kann sich um die Spusi kümmern. Sicherlich braucht er danach eine Aussage von Ihnen auf dem Revier."
Gloria nickte. „Kein Problem. Ich komme mit, wenn ich meinen Mann informiert habe. Was war denn mit dem Bauern los? Warum ist der so schnell wieder verschwunden? Es war mir ja nicht einmal möglich, mich für die Rettung zu bedanken."
„Hmm, er hatte es wohl eilig, weil er mitten aus der Arbeit geholt wurde", gab Torge wenig geistreich zurück. „Eigentlich müssten wir hier wieder ein Netz haben, schauen Sie bitte einmal nach", wechselte er das Thema, um von Heinrich abzulenken. Als Gloria es bestätigte, tätigte er die angekündigten Anrufe. Außer sich vor Freude versprachen Simone und Sebastian Hasenfeld sofort zu dem Arzt zu kommen. Torge fühlte sich durch die positive Energie des Telefonates gestärkt für das Gespräch mit Knud. Sein Freund würde über den Alleingang nicht begeistert sein – und erst die Kommissarin! Im Geiste sah Torge ihre Locken tanzen, wenn sie ihm eine Standpauke hielt, auch wenn sie ihre Haare in letzter Zeit häufig hochgesteckt trug. Aber Timo war anscheinend wohlbehalten wieder da. Das war ja wohl das Wichtigste!
Knud zeigte sich darüber extrem erleichtert, forderte Torge jedoch auf, nach dem Arztbesuch umgehend zusammen mit Gloria von Brandenburg zum Polizeirevier zu kommen, wofür er natürlich im Grunde gar keine Zeit hatte. Hoffentlich bekam die Lessing nichts von seinem frühen Feierabend mit. Morgen würde er noch zeitiger anfangen müssen.

Es war bereits nach 14 Uhr als Gloria und Torge endlich auf der Polizeistation in St. Peter-Ording eintrafen. Er hatte seiner Frau Annegret von der frohen Botschaft sowie der Besprechung berichtet, weswegen er sich vermutlich verspäten würde.

„Du sollst teilnehmen? Du meinst wohl eher, du willst unbedingt dabei sein", maulte sie, was sonst gar nicht ihre Art war. „Du hast den Kindern fest versprochen, den Ausflug heute gemeinsam zu unternehmen. Sie freuen sich doch so sehr auf dich!", fügte sie hinzu, um ihn umzustimmen.

„Ich komme zu Euch. Fest versprochen! Es wird vermutlich nur ein kleines bisschen später. Ich melde mich auf dem Handy bei dir, wenn ich wieder losfahre." Erst nach dem Telefonat fiel Torge ein: Sein Kombi stand bei Heinrich auf dem Hof – aber das würde sich alles regeln lassen. Eine Stunde oder so fanden Lena und Lukas es sicherlich allein mit ihrer Oma toll.

Torge konnte es gar nicht mehr abwarten, die Einzelheiten von Glorias erfolgreicher Suche zu erfahren, aber auf dem Revier angekommen, hagelte es erst einmal Kritik über seinen Alleingang. Damit hatte er ja gerechnet, aber im Beisein der Journalistin fand er es doch peinlich.

Der auf den ersten Blick so sympathisch wirkende Martin Goldblum zeigte sich wenig begeistert von Torges Teilnahme an der Besprechung, wollte ihn sogar davon ausschließen.

„Er ist ein Zivilist! Was hat der Hausmeister einer Ferienanlage bei den polizeilichen Ermittlungen zu suchen? Außerdem hätte er uns über den Hilferuf der Reporterin informieren müssen. Nicht auszudenken, wenn es eine Falle des Entführers gewesen wäre! Schon schlimm genug, dass Frau von Brandenburg sich nicht direkt an uns gewendet hat. Was sollte das eigentlich?", fuhr der Profiler sie an, wodurch Torge kurz etwas aus der Schusslinie geriet. Aber der Neue im Team war noch nicht fertig:

„Sie wollten wohl beide die Lorbeeren für die Rückgabe des Kindes einheimsen, aber das war im höchsten Maße dumm", wetterte er weiter. „Sie haben die Gefahr völlig unterschätzt. Seien Sie froh, dass nichts Schlimmeres passiert ist!"

„Das haben wir ja eben schon deutlich gemacht", ergriff Knud das Wort. Es schien seinem Freund gar nicht zu passen, wie Goldblum mit ihnen beiden umsprang. „Ich denke, sowohl Frau von Brandenburg als auch Herr Trulsen haben das jetzt verstanden. Es bringt uns bestimmt weiter, wenn wir zu den Fakten übergehen. Lassen Sie uns endlich anhören, wie es zu der gesamten Situation kam", versuchte Knud die Gemüter zu beruhigen.

„Aber Trulsen braucht nicht dabei zu sein. Was er hat er damit zu schaffen? Muss er nicht arbeiten?", motzte der Profiler, wodurch seine Sympathiewerte weiter fielen.

Knud warf der Kommissarin Wiesinger einen Blick zu, doch die hielt sich in der Diskussion zurück, was Torge ein wenig enttäuschte. Er hatte gedacht, bei ihr mittlerweile einen Stein im Brett zu haben, aber sie wollte scheinbar vor Goldblum zu dem Thema keine Stellung beziehen – oder es an dieser Stelle ihren alteingesessenen, männlichen Kollegen überlassen.

„Trulsen ist ein Teil des Teams", stellte Knud mit einem herausfordernden Blick stattdessen klar. Vielleicht bereitete es ihm sogar Vergnügen, dem Neuling die Stirn zu bieten. „Er hat uns hier unterstützt, als wir extrem unterbesetzt waren. Er kennt hier auf Eiderstedt jeden und kann uns auch in diesem Fall wieder nützlich sein ..."

„Ja, das haben wir gesehen. Die heutige Aktion war wohl eher Behinderung als Nutzen!", blaffte Goldblum weiter. Insgeheim wunderte sich Torge allmählich über das ungeschickte Verhalten.

„Wir haben Ihre Meinung jetzt zur Kenntnis genommen", schaltete sich Fiete Nissen in die Diskussion ein. Der sonst so ausgeglichene Nordfriese verlor die Geduld: „Wir freuen uns, wenn Sie uns bei der Aufklärung des Falles unterstützen wollen, aber das ist unser Revier. Da Sie die Ermittlungen nicht leiten, treffen Sie keine Personalentscheidungen. Wir handhaben die Dinge hier etwas anders. Im Mittelpunkt steht der Erfolg. Torge Trulsen wird jetzt bei der Befragung von Frau von Brandenburg anwesend sein. Wenn Ihnen das nicht passt, müssen wir leider auf Sie verzichten. Und jetzt endlich los. Wir haben schon genug Zeit mit diesem Gesabbel vertüdelt."

Um seinen Worten Nachdruck zu verleihen, war Fiete zwischendurch aufgestanden, jetzt setzte er sich wieder und nickte Knud zu. Torge musste sich beherrschen, nicht von einem Ohr zum anderen breit zu grinsen. Auch Knud bot einen zufriedenen Eindruck.

Endlich kam Gloria von Brandenburg zu Wort. Kurz fasste sie die Geschehnisse von der Entdeckung des Flyers über die Kontaktaufnahme bei Torge sowie ihre eigene Suche in den letzten Tagen zusammen. Als sie von den am Vormittag erhaltenen SMS berichtete, wurde sie wieder von dem Profiler unterbrochen: „Woher wusste der Entführer denn Ihre Nummer?"

„Ich habe zahlreiche Visitenkarten an die Menschen verteilt, mit denen ich ins Gespräch gekommen bin", antwortete sie gelassen.

Torge konnte sehen, wie Goldblums Blutdruck stieg. An seiner Schläfe trat pochend eine Ader hervor.

„Das ist ja wirklich unglaublich! Sie machen sich auf eigene Faust auf die Suche und geben sich selbst als Kontaktperson an! Das alles ist Aufgabe der Polizei!", polterte er weiter.

„Ich dachte, die Hemmschwelle bei der Polizei anzurufen, wäre höher als mir etwas mitzuteilen. Auf dem Flyer steht ja auch die Nummer von Herrn Trulsen", antwortete die Journalistin mit selbstbewusstem Tonfall.

Torge zog automatisch den Kopf ein. Das nächste Donnerwetter war ihm gewiss!

Stattdessen hob Fiete wieder die Stimme: „Ich dachte, ich hätte mich vor wenigen Minuten klar ausgedrückt. Ich möchte jetzt die Geschehnisse von Frau von Brandenburg hören. Im Anschluss werden wir die Situation analysieren sowie das weitere Vorgehen besprechen. Diese ständigen Vorwürfe bringen uns nichts – und wir wollen nicht vergessen: Timo ist wohlbehalten zurück bei seinen Eltern." Er warf dem Störenfried einen warnenden Blick zu. „Bitte Frau von Brandenburg, fahren Sie fort."

„Ich habe schon überlegt, die Unterstützung der Polizei anzufordern, als die Nachricht eintraf. Naja, ich dachte, ich schaffe das alleine. Vermutlich wollte ich die Lorbeeren der Rückgabe für mich einheimsen", fügte sie hinzu, worauf Goldblum ein Schnaufen hören ließ. Ohne ihn weiter zu beachten, setzte Gloria ihre Ausführungen fort: „Mulmig wurde mir allerdings, als mein Wagen aufsetzte und ich bemerkte, dass ich dort kein Netz hatte. Die Angst, in eine Falle getappt zu sein, verstärkte sich. In der Hoffnung auf einen sich sporadisch aufbauenden Funkkontakt sendete ich die Nachrichten an Herrn Trulsen, worin ich ihn bat, mir zu Hilfe zu eilen." Ein kleines Lächeln umspielte ihren Mund. „So wie ich ihn kurz kennengelernt hatte, bin ich davon ausgegangen, er würde sowohl mit der Gegend vertraut sein als auch eine Lösung finden, mich dort zu befreien." Danach wurde sie wieder ernst. „Mit leicht weichen Knien bin ich dann zu Fuß ein Stück weiter auf dem Weg gegangen, bis ich im

Maisfeld etwas rot leuchten sah. All meinen Mut zusammennehmend fand ich den schlafenden Timo auf einer Isomatte liegend. Über ihn war ein Sonnenschirm gespannt. Das war alles. Nachdem ich ihn behutsam geweckt hatte, habe ich ihm Wasser zu trinken gegeben. Ein paar kleine Schlucke hat er getrunken, aber um zu sprechen, war er zu benommen. Ich habe mich einfach zu ihm gesetzt, um ihn in meinen Armen zu halten. Nach einer Weile kam die Antwort von Herrn Trulsen. Da konnte ich mich wieder entspannen."

Knud ergriff das Wort: „Wir danken Ihnen für den mutigen Einsatz, Frau von Brandenburg. Trotzdem möchte ich Sie ebenfalls bitten: Sollten Sie einmal wieder in so einen Vorfall verwickelt sein, nehmen Sie die Unterstützung der Polizei in Anspruch. Das hätte sowohl für Sie als auch für den kleinen Timo schlimm ausgehen können. Wir wissen viel zu wenig über den Entführer, mit dem Sie möglicherweise einen kurzen direkten Kontakt hatten. Erinnern Sie sich, wie viele Ihrer Visitenkarten Sie verteilt haben?"

„Schwer zu sagen, mindestens zweihundert. Während der drei Tage, die ich unterwegs war, habe mit sehr vielen Leuten gesprochen", antwortete die Journalistin.

„Es muss nicht zwingend zu einem direkten Kontakt gekommen sein. Der Entführer kann eine der Karten gefunden haben", gab Fiete zu bedenken.

„Aber woher wusste er dann, dass Frau von Brandenburg auf der Suche nach dem kleinen Timo ist?", schaltete sich Kommissarin Wiesinger erstmals in die Überlegungen ein.

„Das könnte er beobachtet haben." So schnell war Fiete nicht von seiner Idee abzubringen.

„Das ist letztendlich unerheblich", versuchte Gloria zu schlichten. „Ich kann mich unmöglich an alle erinnern, mit denen ich gesprochen habe."

„Ich würde trotzdem gerne auf Sie zurückkommen, wenn ich mich weiter in die Akten des alten Falles eingearbeitet habe. Wie lange bleiben Sie hier in St. Peter?" Goldblum hatte sich offensichtlich beruhigt. Nachdem er schweigend dem Gespräch gefolgt war, wurde er kooperativer.

„Fest gebucht haben wir noch eine Woche, aber ich wäre bereit, länger zu bleiben, wenn es der Aufklärung des Falles dient."

„Das ist sehr freundlich, aber da werden Sie wohl kein Quartier finden. Egal, eine Woche ist okay. Bitte lassen Sie mir ebenfalls eine Ihrer Karten hier." Einen kleinen spitzen Unterton konnte er sich an dieser Stelle nicht verkneifen. Am liebsten hätte Torge mit den Augen gerollt.

Das Gespräch schien sich dem Ende zu neigen. Vermutlich würden sich die Kommissare mit dem Profiler weiter beraten, aber er musste sich schweren Herzens verabschieden. Annegret war schon eine Weile mit den Kindern im Park unterwegs. Er sollte Gloria bitten, mit ihm den Kombi bei Heinrich abzuholen und sich dann beeilen, zu seiner Familie zu kommen. Gerade als er sie fragen wollte, klingelte sein Handy – Annegret.

„Moin min seute Deern, ich weiß, ich bin schon wieder spät dran ..."

„Torge! Es ist etwas Schlimmes passiert! Lena ist verschwunden!" Er konnte sich nicht erinnern, Annegrets Stimme schon einmal so schrill gehört zu haben. Kalt griff die Angst nach seinem Herz.

Knud in SPO | Dienstag, den 21. Juli

Seit dieser Profiler Martin Goldblum gestern so überraschend in ihr Büro geschneit war, hatte es für Knud keine Gelegenheit gegeben, einmal alleine mit Charlotte zu reden. Die ungewohnte Spannung zwischen ihnen beiden machte ihm zu schaffen, gestritten hatten sie sich bislang nie. Knud hätte gerne ein klärendes Gespräch geführt, doch Goldblum wich nicht mehr von ihrer Seite.
Am liebsten wäre er am heutigen Morgen direkt zu ihrem Haus ins Dorf gefahren, wie er es manchmal machte, wenn es schon früh am Tage etwas Neues gab oder die Kommissarin sich verspätete. Doch es gab an diesem Morgen nichts Neues. Außerdem fürchtete er sich vor dem Anblick, wie Goldblum gerade aus Charlottes Dusche kam, womöglich nur mit einem Handtuch um die schmalen Hüften geschlungen. Hatte der Profiler wirklich bei seiner Kollegin Quartier bezogen? Im Juli eine freie Wohnung oder nur ein Zimmer zu finden, war im

Grunde ein aussichtsloses Unterfangen. Gab es eine Ausnahme, eine unerwartete Stornierung oder wohnte Goldblum jetzt bei ihr?
Knud wusste von Charlottes Gästezimmer, aber auch das würde ihm nicht wirklich gefallen. Der Weg zu ihrem Bett war einfach zu kurz. Der Profiler hatte von enger Zusammenarbeit gesprochen, dabei mit keiner Silbe angedeutet, dass mehr zwischen ihnen war, aber das sollte nach Möglichkeit auch hier nicht passieren. Selbst wenn Knud und seine Kollegin nicht für mehr bereit waren, für eine kurze Affäre mit dem war sie allemal zu schade.
Nach der ersten überfreundlichen Sonnyboy-Begrüßung hatte er ja heute schon gezeigt, wie unkooperativ er wirklich war. Auf jeden Fall würde Knud zu verhindern wissen, dass der sogenannte Profiler das Kommando auf dem Revier an sich riss. Es tat dabei sehr gut, sich Fietes Unterstützung sicher zu sein. Im Übrigen sollte Goldblum erst einmal zeigen, was er konnte.
Doch wo stand Charlotte? Untypischerweise hatte sie sich bei dem Streitgespräch völlig herausgehalten. Da es Knud seltsam vorkam, brachte es wieder die Vision der morgendlichen Dusch- und Handtuchszene vor sein geistiges Auge. Ging Charlotte ihm bewusst aus dem Weg? Kam zu dem schlechten Gewissen, ihn bei der Anforderung des Profilers übergangen zu haben, jetzt schon mehr dazu? Am liebsten hätte er sie konkret darauf angesprochen, doch vor all den Kollegen samt Torge und Gloria von Brandenburg wollte er sich keine Blöße geben. Das gestrige Streitgespräch war schon überflüssig gewesen, da hatte er sich nicht im Griff gehabt, was er im Nachhinein sehr bedauerte.
Die Besprechung schien für heute beendet zu sein. Timo war wohlbehalten wieder bei seinen Eltern. Dort sollte er jetzt erst einmal zur Ruhe kommen, bevor er von ihnen

befragt wurde. Torge würde sich mit der Journalistin gleich vom Acker machen, da ergab sich hoffentlich die Chance mit Charlotte unter vier Augen zu sprechen.

Das Klingeln von Torges Telefon holte Knud aus seinen Gedanken. Das war bestimmt Annegret, die ihren Mann zum Aufbruch mahnen wollte, bevor der Nachmittag sich ganz dem Ende neigte. Unwillkürlich musste er lächeln. Diese Frau schien nie die Geduld mit Torge zu verlieren, auch wenn er sie mit seiner Hilfsbereitschaft allen anderen gegenüber, immer wieder warten ließ. Kurz nachdem der Hausmeister sie begrüßt hatte, wich ihm jedoch alle Farbe aus dem Gesicht. Er versuchte, etwas zu sagen, bekam aber kein Wort über die Lippen. Hilfesuchend nahm er mit seinem Freund Blickkontakt auf, der sofort zu ihm eilte. So hatte Knud Torge noch nie erlebt.

„Lena!" Mehr brachte er nicht heraus.

„Lena? Was ist mit ihr?", fragte Knud.

Statt einer Antwort reichte Torge ihm das Handy, bevor er im nächsten Moment kraftlos in sich zusammensackte.

„Sie ist verschwunden", flüsterte er, worauf sich eine Gänsehaut von Knuds Armen über seinen ganzen Körper ausbreitete. Mit zitternden Händen hielt er das Handy an sein Ohr. „Annegret, hier ist Knud. Was ist passiert?"

„Knud, sie ist weg. Ich habe einen Moment nicht aufgepasst ... oh Gott, hätte ich doch besser auf sie geachtet. Es ist alles meine Schuld. Was soll ich denn jetzt bloß machen? Oh mein Gott, wenn sie das nächste entführte Kind ist ... das stehe ich nicht durch!"

Knud überlegte fieberhaft, wie er sie beruhigen konnte, aber ihm fiel nichts ein. Er selbst wäre ebenso außer sich.

„Annegret, beruhige dich. Wir werden sie finden. Bitte setz dich irgendwo hin und nimm Lukas an die Hand. Ich muss dir jetzt ein paar Fragen stellen, danach kommen

wir sofort zu dir. Ist das in Ordnung?", fragte er sie, während er versuchte, seine Stimme so entspannt wie möglich klingen zu lassen, obwohl es ihm schwerfiel.
„Okay", kam es leise von der anderen Seite der Leitung.
„Wo bist du jetzt genau?"
„Wir sind bei dem Eisstand am Rande des Spielplatzes", flüsterte Annegret.
„Und wie lange ist Lena schon weg?"
„Ich weiß nicht genau. Die Schlange an dem Eiswagen war ziemlich lang. Den Kindern war langweilig, außerdem mussten wir in der Sonne stehen." Die Konzentration auf die Beantwortung von Knuds Fragen schien Annegret zu beruhigen. „Die beiden wollten auf den Spielplatz gehen, die Schaukeln waren gerade frei geworden. Ich dachte, ich hätte sie ja im Blick. Dann kam ich dran. Lukas hat geschaukelt, während Lena ein Stück weiter zu der Sandkiste gegangen ist. Als ich mich wieder umdrehte, war sie verschwunden. Ich mache mir solche Vorwürfe! Aber sollte ich sie in der prallen Sonne stehen lassen? Ich dachte, wir sind sicher in dem Park." An dem Punkt brach sie in Tränen aus.
„Bleib, wo du bist! Wir sind gleich bei dir. Schaffst du das?" Knud war wirklich besorgt.
„Ja, ich warte. Bitte beeilt Euch!" Dann legte sie auf.
Erst jetzt nahm er die auf ihn gerichteten Blicke wahr. Schnell setzte er die anderen über die Geschehnisse ins Bild.
„Ich rufe bei der Parksicherheit an, damit sie sofort alle Ein- und Ausgänge abriegeln", übernahm er das Kommando. „Torge hast du ein Foto von Lena dabei?"
Mit einer Aufgabe konfrontiert kam wieder Leben in den Hausmeister. Nickend holte er es aus seinem Portemonnaie.

„Mach Kopien und verteil sie an die Kollegen. Wir müssen so schnell wie möglich los, um Annegret zu unterstützen und den Park zu durchkämmen. Charlotte, fordern Sie ein Team aus Heide an. Frau von Brandenburg, können Sie Torge mitnehmen? Seinen Kombi holen wir später von dem Hof."

„Gern. Ich stehe auch Frau Trulsen bei, während Sie die Umgebung absuchen", antwortete die Journalistin hilfsbereit.

Am liebsten wäre Knud die kurze Strecke allein mit Charlotte gefahren, um endlich mit ihr zu reden. Doch das war jetzt zweitrangig, denn sicher würde sie gleich zusammen mit Goldblum aufbrechen. Er sah, wie sie neben Torge an den Farbkopierer trat. Bevor sie einen Stapel der vervielfältigten Bilder von Lena an sich nahm, legte sie ihm kurz die Hand auf die Schulter und redete beruhigend auf ihn ein. Vermutlich versicherte sie ihm, alles in ihrer Macht stehende zu tun, um seine Enkelin so schnell wie möglich wiederzufinden. Sie wechselten einen kurzen Blick, in dem sogar aus der Entfernung die gewachsene Vertrautheit zu erkennen war. Torge schaffte es immer wieder, die Kommissarin mit seinen unorthodoxen Methoden zu verärgern, aber heute würde sie alles tun, um seine Pein zu verringern.

Der Entführer hatte ihnen nicht einmal einen Tag Pause gegönnt. Erst am heutigen Morgen war Timo freigelassen geworden und schon verschwand das nächste Kind. Was bedeutete diese Eile? War es einfach die Gelegenheit gewesen? Oder steckte etwas anderes dahinter? Knud mochte gar nicht über die Parallelen zu dem Fall von damals nachdenken.

Sowohl Nele als auch Lena waren Mädchen – außerdem erst drei Jahre alt. Sicherlich war Torge diese Übereinstimmung ebenfalls aufgefallen. Nicht auszudenken, wenn die Enkeltochter seines besten Freundes das gleiche Schicksal wie Nele erwartete. Das galt es unbedingt zu verhindern!

„Das Team aus Heide ist unterwegs", unterbrach Charlotte seine Gedanken. „Wir fahren jetzt los. Kommen Sie mit Fiete hinterher?"

„Fiete wird hier auf dem Revier die Stellung halten, um alles zu koordinieren. Fahren Sie los, wir treffen uns vor Ort", antwortete Knud in der Vorstellung, gleich allein zu folgen, aber in dem Moment kam Torge auf ihn zu.

„Kann ich bei dir mitfahren? Ich muss kurz mit dir reden. Gloria kann uns folgen und sich um Annegret kümmern."

„Frau von Brandenburg, brechen Sie am besten schon auf. Wenn Sie den Weg nicht kennen, folgen Sie Kommissarin Wiesinger. Torge braucht einen Moment mit mir", instruierte Knud die Journalistin, die sich nickend dem anderen Team anschloss.

„Torge, mach dir keine zu großen Sorgen, wir werden Lena finden. Ihr wird nichts passieren!", wandte er sich an seinen Freund, während der Kopierer weitere Fotos in das Ausgabefach schob.

„Das kannst du nicht wissen, Knud!" Die Besorgnis stand ihm ins Gesicht geschrieben. „Es ist alles meine Schuld. Wäre ich doch bloß gleich nach dem Arztbesuch von dem kleinen Timo zu Annegret in den Westküstenpark gefahren! Dann wäre das nicht passiert!"

Knud fiel nichts ein, womit er seinen Freund beruhigen konnte, also schwieg er.

„Das einzige Kind, das vor fünf Jahren nicht wieder zurückkam, war ein dreijähriges Mädchen – so wie Lena", sagte Torge in diesem Moment.

„Ich weiß", flüsterte Knud. „Aber das muss nicht unbedingt etwas bedeuten."

„Ich habe Angst!" So hatte Knud seinen sonst so starken Freund noch nie erlebt. „Angst um die kleine Lena und ... wie soll ich denn meiner Tochter wieder unter die Augen treten, wenn wir sie nicht finden, wenn sie nicht mehr auftaucht?" Torges Verzweiflung wurde mit jedem Wort deutlicher.
„Wir finden sie. Komm, schnapp dir die Ausdrucke und lass uns losfahren."
Torge war nicht so leicht zu beruhigen. „Ja, du hast recht. Den Kopf in den Sand zu stecken hilft uns nicht weiter – aber schon Annegret gegenüber habe ich ein dermaßen schlechtes Gewissen. Sie wird sich große Vorwürfe machen, obwohl es meine Schuld ist!"
„Versuch, jetzt nicht darüber nachzudenken, sondern guck nach vorne. Ihr müsst Euch gegenseitig Kraft geben." Knud selbst erschienen die Worte irgendwie leer, aber Torge nickte, nahm den Stapel Papier aus dem Kopierer und sagte knapp: „Recht hast du. Gehen wir!"

In dem Areal, das eigentlich für Vergnügen der gesamten Familie sorgen sollte, trafen sie die völlig aufgelöste Annegret, die Lukas am liebsten gar nicht mehr loslassen wollte. Gloria von Brandenburg hatte Wasser besorgt und versuchte beruhigend auf die beiden einzuwirken, was lediglich mäßig gelang. Selbst der erst Sechsjährige verstand den Ernst der Situation.
Trotz der angespannten Lage verloren sich Torge und Annegret nicht in gegenseitigen Vorwürfen. Knud fand das bemerkenswert. Ein wenig beneidete er die Eheleute für so viel Vertrauen und Einverständnis. Trotz dieser Krise würden sie sich Kraft geben, statt sich in einem Kleinkrieg von Beschuldigungen zu verlieren, in dem nur sinnlose Energien vergeudet wurden. Knud hoffte sehr,

eines Tages noch einmal so eine Seelenverwandte zu finden, mit der er sein Leben teilen konnte.
Erst einmal galt es allerdings den Entführer der kleinen Lena dingfest zu machen. Charlotte und Goldblum durchkämmten bereits zusammen mit der parkeigenen Security das Areal, Torge und er selbst sollten sich jetzt der Suche anschließen.
„Frau von Brandenburg, können Sie bitte Frau Trulsen mit ihrem Enkel nach Hause fahren? Sie wohnen in Tating. Ich weiß, es ist viel verlangt, würde jetzt aber sehr helfen", wandte sich Knud an die Journalistin.
„Gern, das ist überhaupt kein Problem. Ich kann bei ihnen bleiben, bis Herr Trulsen ebenfalls zurückkehrt", antwortete sie freundlich. Knud fand sie überaus sympathisch. Nur selten traf er auf so unkomplizierte, selbstlose Menschen.
Der Kommissar sah, wie hin- und hergerissen Torge war, ob er seine Frau begleiten oder aber die Suche verstärken sollte.
„Du kannst gleich mit nach Hause fahren, die Kollegen aus Heide werden in Kürze eintreffen, dann haben wir hier wirklich ein starkes Team. Annegret braucht dich jetzt an ihrer Seite. Ich informiere Euch sofort, wenn wir Lena oder nur die kleinste Spur von ihr finden", versuchte Knud, Torge die Entscheidung zu erleichtern, während sein Freund einen inneren Kampf austrug. Der Polizist konnte sich nicht erinnern, ihn schon einmal so wenig entscheidungsfreudig gesehen zu haben. Deshalb sprach er schließlich ein Machtwort: „Ach, ich sehe ja, wie du dich quälst. Bleib bei Annegret und Lukas. Frau von Brandenburg ist bestimmt so freundlich den Umweg über Heinrichs Hof zu fahren, dann bekommst du gleich deinen Kombi zurück. Annegrets Auto bringen wir Euch später. Einverstanden?"

Die Erleichterung der ihm abgenommenen Entscheidung blitzte kurz in Torges Augen auf. Dankbar nickend klopfte er seinem Kumpel kurz auf die Schulter, bevor er sich den Frauen zuwandte. „Ist das für Sie in Ordnung, Gloria?"
„Natürlich, Sie haben mich gerettet, jetzt kümmere ich mich um Sie. Gehen wir. Ich glaube, Ihre Frau hat keine Kraft mehr, sie muss sich dringend ein wenig hinlegen."
Kurz sah Knud ihnen hinterher, dann nahm er Kontakt zu Charlotte auf, um in Erfahrung zu bringen, wo sie sich befanden und wie sie die Suche strukturiert hatten.
Anfangs war er optimistisch gewesen, den Entführer dieses Mal vielleicht sogar zu fassen, weil Annegret das Verschwinden ihrer Enkelin unmittelbar entdeckt und gleich Alarm geschlagen hatte. Doch mit jeder Minute, die ergebnislos verstrich, sank ihm wieder der Mut. War es dem Täter so schnell gelungen, das Areal unbemerkt zu verlassen, oder hatte er in dem weitläufigen Park ein Versteck gefunden, in dem er geduldig abwartete, bis er wieder alleine war? Knud hielt die Alternative für unwahrscheinlich, nicht zusammen mit einer Dreijährigen – es sei denn, sie war betäubt worden.
Solche Gedanken waren unerträglich, trotzdem motivierten sie ihn, die Suche fortzusetzen, nichts unversucht zu lassen. Ihm graute vor einem erneuten Misserfolg. Dass die Familie seines besten Freundes betroffen war, machte die Sache nur noch schlimmer.

Trotz stundenlanger, intensiver Suche kehrten die Kommissare mit dem Profiler schließlich unverrichteter Dinge zurück auf das Revier. Knud fühlte sich ausgelaugt und niedergeschlagen, Charlotte schien es ähnlich zu gehen. Lediglich Goldblum strahlte weiterhin Energie aus.

„Ich schlage vor, wir bestellen Pizza, um uns zu stärken", ergriff er in diesem Moment das Wort. „Uns steht eine lange Nacht bevor. Wir müssen die alten Akten analysieren, damit ich endlich ein Täterprofil erstellen kann. Nicht nur die Arbeit der Psychologin weist erhebliche Schwächen auf, auch die Ermittlungen scheinen mir an einigen Stellen unzureichend gewesen zu sein."

Automatisch fühlte sich Knud angegriffen, schluckte aber eine entsprechende Erwiderung erst einmal herunter. Hier ging es jetzt nicht um persönliche Befindlichkeiten, sondern um den Durchbruch in dem Fall. Trotzdem fiel es ihm extrem schwer, nicht auf Konfrontation zu gehen. Für einen Psychologen war Goldblums Gesprächsführung allemal als ungeschickt zu bezeichnen. Daneben brodelte nach wie vor seine Eifersucht in Bezug auf Charlotte. Während der gesamten Suche war sie mit dem Neuzugang ihres Teams zusammen gewesen, sodass Knud wieder nicht mit ihr unter vier Augen schnacken konnte.

„Können Sie das genauer ausführen?", fragte er betont ruhig.

„Gern. Wenn ich es richtig interpretiere, hat Dr. Berg sich hauptsächlich auf die Opferbetreuung konzentriert. Das ist ein wichtiger Aspekt der Arbeit, ohne Frage. Allerdings vermisse ich die Schlussfolgerungen. Sie hat ja nicht einmal den Versuch unternommen, ein Täterprofil aufzustellen – jedenfalls geht aus den Akten, die mir hier vorliegen, nichts dergleichen hervor. Gibt es mehr als das?" Sein Tonfall war forsch. Der Blick aus seinen dunklen Augen schien Knud zu durchbohren.

„Ich bin davon ausgegangen, dass sie uns alles zur Verfügung gestellt hat", antwortete Knud etwas lahm. Er fühlte sich in der Defensive.

„Sie soll herkommen! Ich muss mit ihr reden", stellte Goldblum klar. In Knuds Ohren hörte es sich nach einem Befehl an. Die Zusammenarbeit versprach anstrengend zu werden. Wieder hielt sich Charlotte komplett aus dem Gespräch heraus. Das war auf der einen Seite verständlich, da sie an den Ermittlungen vor fünf Jahren nicht beteiligt gewesen war; auf der anderen Seite fühlte sich Knud trotzdem allein gelassen. Immerhin war sie seit Monaten seine Partnerin.

Schließlich ergriff sie doch das Wort: „Okay, ich bestelle Pizza, danach rufe ich Frau Dr. Berg an. Wir sollten sie jedoch erst morgen befragen. Die Akten bieten meines Erachtens eine gute Grundlage, um das weitere Vorgehen zu planen. Lasst uns alle Fakten, Spuren sowie offene Fragen zusammentragen, um darauf unsere Strategie aufzubauen."

„Ich stimme Charlotte zu", mischte sich Fiete ein. „Außerdem sollten wir auf einen freundlichen, wertschätzenden Tonfall achten, so wie das hier üblich ist. Ich möchte die gute Stimmung im Team behalten. Wir können nur erfolgreich sein, wenn wir an einem Strang ziehen. Es geht uns sicherlich allen an die Nieren, dass es sich in diesem Fall um Kinder handelt. Erschwerend kommt nun die persönliche Betroffenheit durch das Verschwinden von Torges Enkelin hinzu."

Kurz nickte Goldblum, strafte die Geste mit seinen Worten jedoch wieder Lügen. „Wir sollten uns trotzdem nicht in Animositäten verlieren. Natürlich nagt es an ihnen, den Fall nicht aufgeklärt zu haben. Sie konnten ihn zu den Akten legen, weil die Serie abriss, aber der Entführer ist wieder aktiv. Ihre persönliche Betroffenheit, weil ein Freund involviert ist, stellt einen weiteren Nachteil dar. Genau genommen müssten Sie von dem Fall abgezogen werden."

Knud spürte, wie ihm der Blutdruck stieg. Nur mit Mühe gelang es dem sonst so pragmatischen Nordfriesen, ruhig zu bleiben. Ein kurzer Blick zu Fiete zeigte ihm, wie dieser ebenfalls mit der Fassung rang.

„Wir haben den Fall nie zu den Akten gelegt, sondern immer wieder nach Spuren gesucht, die wir vielleicht übersehen haben ..."

„Da reicht ein Studium der Protokolle nicht aus, so lösen Sie keinen *cold case*", belehrte ihn der Profiler von oben herab. Am liebsten hätte Knud ihm seine Faust mitten ins Gesicht gerammt. Er war gleichfalls erschrocken über Goldblums Art als auch über die ungewohnten Bedürfnisse, die sie in ihm auslösten.

„Das reicht!", fuhr Charlotte dazwischen. „So lösen wir den Fall nicht! Erste Priorität hat jetzt die kleine Lena. Konzentrieren wir uns auf unsere Arbeit." Sie holte einmal tief Luft, bevor sie in ruhigerem Ton weitersprach: „Martin, ich habe dich hergebeten, damit wir das Team verstärken und unsere Kompetenz ausweiten. Knud und Fiete können gar nicht abgezogen werden. Wir sind hier sowieso unterbesetzt, außerdem kennen die beiden die Fakten von damals am besten. Im Grunde müsstest du dann alleine weiterarbeiten. Trulsen ist sowas wie unser inoffizieller Hilfssheriff; es lässt auch mich nicht kalt, dass ausgerechnet seine Enkelin das nächste Opfer ist", fügte sie mit dem Anflug eines Lächelns hinzu, bevor sie wieder ernst wurde. „Bringen wir eine Struktur hinein! Was ist die zentrale Frage, die uns zu dem Entführer bringen kann?"

„Das Motiv!" Goldblums Antwort kam schnell.

„Okay, das Motiv. Was kannst du anhand des bisherigen Aktenstudiums dazu sagen?" Charlotte versuchte über die sachliche Moderation wieder Ruhe in die Gruppe zu bekommen, was ihr Knuds stille Anerkennung einbrachte.

„Schwer zu sagen." Nach der forschen Ansage vor einigen Minuten war Knud enttäuscht über die lapidare Antwort. Auf etwas Konkreteres hoffend hielt er sich erst einmal zurück, dachte währenddessen darüber nach, ob er seine Gedanken, die er am vorherigen Tag mit Torge besprochen hatte, mit den Kollegen teilen sollte.

„Interessant ist natürlich, dass nicht einmal eine Lösegeldforderung gestellt wurde. Damit weicht das Schema des Täters klar von der Norm ab. Von Nele einmal abgesehen, sind alle Kinder anscheinend wohlbehalten wieder aufgetaucht. Die Dokumentation der angeblichen Psychologin ist leider sehr dünn." Wieder wurde Goldblum überheblich.

Knud fragte sich unwillkürlich, ob der Profiler selbst merkte, dass er hinter der freundlichen Maske im Grunde ein Kotzbrocken war.

„Die Trennung von den Eltern bedeutet in diesem Alter grundsätzlich ein Trauma, auch wenn die Kinder sich oberflächlich betrachtet nach der Rückkehr normal verhalten haben. Was mir ebenfalls fehlt, ist die Dokumentation des Backgrounds der Familien. In den Akten habe ich lediglich Alter und Beruf der Eltern sowie eine grobe Beschreibung der häuslichen Situation gefunden. Das reicht natürlich nicht aus. Selbst die Umstände an dem jeweiligen Tag der Entführung sind nicht immer ausführlich beschrieben. Neben den genauen zeitlichen Angaben müssen diese aufgearbeitet sowie lückenlos erfasst werden. Nur so lässt sich ein Profil des Täters erstellen, das uns dann das Motiv liefern wird. Dort wo Informationen fehlen, müssen wir nochmals mit den Eltern der damals entführten Kinder sprechen, vielleicht sogar mit den Kindern selbst."

„Das halte ich für keine gute Idee", widersprach Knud Goldblum spontan. „Es ist für uns schon belastend genug, den alten Fall wieder aufzurollen. Die Kleinen sollten das nicht alles noch einmal durchleben müssen."

„Da stimme ich Ihnen ausnahmsweise zu", antwortete der Profiler mit einem leicht ironischen Lächeln auf den Lippen. „Das sollten wir wirklich nur in Angriff nehmen, wenn wir mit der Elternbefragung nicht zum Ziel kommen und uns im entsprechenden Einzelfall viel davon versprechen."

„Im ersten Schritt sollten wir alle Informationen zusammentragen, die für die Erstellung des Täterprofils hilfreich sind. Wir müssen wohl den Rest der frisch gestrichenen Wand auch noch opfern", stellte Charlotte fest, was ihr einen verständnislosen Blick von Goldblum einbrachte. Knud genoss den kurzen Moment, in dem der arrogante Neuling ausgeschlossen war.

„Schon bei unserem letzten Fall haben wir die Wand in ein riesiges Whiteboard verwandelt, um den Überblick zu behalten. Danach musste Trulsen sie renovieren, weil er sie auch vollgekritzelt hatte", erklärte Charlotte dem Profiler.

„Aha", kommentierte dieser humorlos, was seine Sympathiewerte weiter sinken ließ. Integration in ein neues Team sah anders aus. Knud war über jede Unterstützung in diesem an den Nerven zerrenden Fall dankbar, aber er hoffte sehr, nicht wochenlang mit Goldblum zusammenarbeiten zu müssen.

„Wenn das Motiv die zentrale Frage ist, sollten wir dazu mit einem Brainstorming beginnen", brachte Charlotte unbeirrt weiter Struktur in die Ermittlung. Immerhin ließ sie sich nicht durch Goldblums arrogantes Verhalten einschüchtern. Knud wollte zu gern wissen, wie gut sich die beiden kannten. Ob zwischen ihnen schon einmal etwas gelaufen war? Wie niedrig war die Hemmschwelle, so eine Affäre wieder aufleben zu lassen? Ihm wurde bewusst, dass er so gut wie gar nichts aus Charlottes altem Leben wusste. Vermutlich wurde es Zeit, mehr darüber zu erfahren, doch jetzt hatte er erst einmal diesen Rivalen an der Backe. Hatte er die Gelegenheit verpasst, ihr näher zu kommen?

„Knud! Wo sind Sie denn mit Ihren Gedanken?" Er erntete einen von Charlottes durchdringenden Blicken aus ihren schönen braunen Augen.

„Äh, ja ... Brainstorming zu dem Motiv, finde ich gut. Was haben wir bis jetzt?", stotterte er ertappt und war sich sicher, dabei rot zu werden. „Was sagt unser Psychologe dazu?" Nachdem er sich wieder gefasst hatte, warf er den Ball weiter. Sollte Mr. Neunmalklug doch seine Theorien äußern, bevor er sich mit den eigenen Überlegungen in die Nesseln setzte.

Alle Blicke wanderten zu dem Profiler, der trotz seines selbstbewussten Auftretens wenig Konkretes zu bieten hatte.

„Ich halte wilde Spekulationen nicht für den richtigen Weg, sich der Lösung zu nähern", wich er einer klaren Aussage aus. „Ich brauche weitere Informationen – wie eben bereits ausgeführt."

Gerade als Knud beschloss, selbst ebenfalls schweigend abzuwarten, wurde er wieder von seiner aufmerksamen Kollegin direkt angesprochen: „Knud, Sie brüten doch was aus! Heraus damit! Lassen wenigstens Sie mich nicht im Stich."

Auf diese Weise herausgefordert musste er antworten. „Ja, also ... ich frage mich, ob es mit Kinder- oder Organhandel im kleinen Stil zu tun haben könnte."

Charlie in Husum | Mittwoch, den 22. Juli

Seit Charlie am Freitagabend – zugegebenermaßen unter dem Einfluss einer nicht unerheblichen Menge Tequila – bei Martin Goldblum angerufen hatte, war sie ständig hin- und hergerissen gewesen, ob dieses Vorgehen zu ihren besten Ideen gehörte. Im Vordergrund hatte die Überzeugung gestanden, unbedingt Unterstützung in dem Fall zu bekommen, der das kleine Team in St. Peter-Ording vermutlich an seine Grenzen brachte. Die Zusammenarbeit in Hamburg war nicht nur konstruktiv, sondern erfolgreich gewesen. Erst während des Telefonats erinnerte sich die Kommissarin an die Annäherungsversuche, die sie damals zwar abgewehrt, aber doch als anstrengend empfunden hatte. Dass sie aufgrund ihrer glücklichen Beziehung nicht an einer Affäre interessiert gewesen war, konnte der Profiler einfach nicht gelten lassen. Immer wieder baggerte er sie an. Als der Fall endlich

abgeschlossen war, und Goldblum einen Einsatz in einer anderen Stadt bekam, fühlte sie sich regelrecht befreit.
Wie hatte sie das so komplett verdrängen können?
Wieder nüchtern überlegte sie das gesamte Wochenende hin und her, ob sie lieber einen Rückzieher machen sollte. Doch mit welcher Begründung? Vermutlich würde Goldblum sie durchschauen und auslachen. Diese Blöße wollte sie sich auf keinen Fall geben. Wie stand sie da, wenn er hier schließlich doch auftauchte? Außerdem: Seine Unterstützung in dem Fall konnten sie unbedingt gut gebrauchen!
Charlie verfluchte den Tequila, der ihr diese Schwäche beschert hatte. Sich auf den Fall konzentrierend schob sie die endgültige Entscheidung, Goldblum abzusagen, immer weiter vor sich her – ohne Knud in ihre Aktion einzuweihen. Schließlich überwog die Überzeugung, mit ihm im Team die größeren Aufklärungschancen zu haben. Es ging um ein verschwundenes Kind! Sollte sich Goldblum wieder an sie heranmachen, würde sie das schon abwehren. Es war ihr ja in Hamburg ebenfalls gelungen – hier hatte sie sogar ihren Beschützer Knud zur Seite, der gerade in solchen Angelegenheiten sehr energisch wurde.
Bei dem Gedanken an ihren Kollegen lächelte Charlie unwillkürlich. Am besten rief sie ihn an, um ihn über das Eintreffen des Profilers zu informieren. Ihr Handy schon in der Hand, überlegte sie es sich im letzten Moment anders. Den ganzen Tag war sie nicht in der Lage gewesen, ihre eigenmächtige Aktion zu beichten. Es jetzt am Telefon nachzuholen, fühlte sich nicht richtig an. Ein persönliches Gespräch wäre angemessener, Knud würde von der Idee bestimmt nicht begeistert sein und argumentieren, sie hätte das vor dem Anruf bei Goldblum mit ihm besprechen sollen. Sie selbst würde genauso reagieren.

Sie sollte Knud also lieber mit einem kleinen Frühstück auf dem Revier überraschen, bevor der Profiler eintraf und dann von Angesicht zu Angesicht mit ihm sprechen. Die Chancen, ihn mit ihrem Charme zu besänftigen, waren dabei größer. Außerdem war sie ihm das schuldig.

Doch ausgerechnet am Montagmorgen verschlief Charlie! Goldblum traf früher ein als erwartet und vor allen Dingen früher als sie selbst. Knuds Verärgerung war nicht weiter verwunderlich, trotzdem war sie genervt als er ihr nicht nur vor Trulsen, sondern außerdem vor Martin eine Szene machte. So die Kontrolle zu verlieren, passte überhaupt nicht zu dem sonst so besonnenen Nordfriesen. Sie musste ihn mit ihrem Verhalten ernsthaft enttäuscht haben, was ungeachtet dessen kein Grund war, sie vor versammelter Mannschaft anzugreifen.
Den ganzen Montag wich der frisch eingetroffene Martin nicht von ihrer Seite, was ihr eine Aussprache mit Knud vorerst ersparte. Vormittags arbeiteten sie sich mittels der Akten in den Fall ein; mittags drängte der Profiler darauf den Ort zu besichtigen, an dem der kleine Timo verschwunden war. Der Tidekalender zeigte Hochwasser und die Stimmung auf dem Revier war nach wie vor angespannt. Also war Charlie froh an den Strand zu fahren, auch wenn eindeutig zu viele Touristen unterwegs waren, um den Kopf einmal richtig frei zu bekommen. Knud gab vor, etwas anderes Wichtiges erledigen zu müssen; was sie kindisch fand, aber sie brauchten sowieso ein Vier-Augen-Gespräch, um die Wogen wieder zu glätten.
Als sie die Wasserkante erreichten, brachten die tosenden Wellen trotz des gut gefüllten Strandes mit Kindergeschrei und buntem Treiben das lieb gewonnene Gefühl der Freiheit zurück. Am liebsten wäre sie allein gewesen.

Nach wie vor fragte sie sich, ob es ein Fehler war, Goldblum hierher zu bitten. Streit mit Knud war eine neue Erfahrung, auf die sie gerne verzichtet hätte. Hoffentlich brachte es sie wenigstens in dem Fall weiter, damit es nicht völlig umsonst war.

Als sie auf das Revier zurückkehrten, waren Knud und Fiete verschwunden, ohne eine Nachricht zu hinterlassen. So etwas war hier noch nie vorgekommen, seit sie im letzten September ihren Dienst in der Nordseegemeinde aufgenommen hatte. Sie war kurz davor, Knud auf seinem Handy anzurufen, ließ es dann aber bleiben. Martin hing nach wie vor wie eine Klette an ihr, da war ein klärendes Telefonat unmöglich. Das musste also bis zum nächsten Tag warten.

Worüber Charlie vor ihrem mit Tequila vernebelten Anruf bei dem Profiler überhaupt nicht nachgedacht hatte, war die Frage der Unterbringung des alten Kollegen. Natürlich war sie sich der Hochsaison bewusst, das konnte man nicht übersehen, aber über die Buchungssituation der Gästebetten hatte sie sich keine Gedanken gemacht – bis zum Nachmittag am überfüllten Strand. Sie wagte es nicht, ihn danach zu fragen, denn wenn er kein Quartier gefunden hatte, blieb ihr nichts anderes übrig als ihm ihr Gästezimmer anzubieten, was den neuen Konflikt mit Knud garantiert verschärfen würde.

Was für ein Schlamassel!

Nach dem gemeinsamen Essen, bei dem Martin sich zurückhaltend charmant gezeigt hatte, sie aber wenigstens nicht bedrängte, schlug er einen Absacker im *Old Night Owl* vor. Er kannte die Bar aus einem Kurzurlaub und wollte dort weiter über ihre alten Geschichten plaudern. Davon ausgehend, ihn über Nacht als Gast in ihrem Haus beherbergen zu müssen, stimmte Charlie zu. Sie genoss es, an diesem Abend weder an den aktuellen Fall zu denken, noch darüber zu sprechen. Zwei Bierchen weiter winkte er plötzlich dem Kellner.

„So, meine schöne Kommissarin, ich werde den Abend mit dir jetzt schweren Herzens beenden, aber ich brauche ein paar Stunden Schlaf, um morgen fit zu sein. Wir haben eine Menge Arbeit vor uns. Bitte gib mir noch die Kopien, die ich bei dir im Wagen gelassen habe, vielleicht schaue ich heute Nacht da einmal drüber."

Verdutzt über die unerwartete Wende, die der Abend nahm, war Charlie ausnahmsweise sprachlos. Vermutlich gab ihr Gesichtsausdruck die Stimmung exakt wieder, denn Martin begann zu lachen.

„Du hast den halben Tag Angst gehabt, mich heute Nacht nicht loszuwerden, oder? Bitte entschuldige, aber ich musste dich zappeln lassen, sonst wärst du bestimmt nicht mehr mit mir hergekommen. Ich habe ein Zimmer hier im *Beach Motel* ergattert, erst einmal nur für drei Nächte, mal schauen, was danach kommt."

Eigentlich hätte sie einfach nur erleichtert sein müssen, aber es mischte sich eine Spur Enttäuschung hinein, die sie spontan verunsicherte. Froh über den Kellner, der gerade an ihren Tisch trat, sammelte sie sich wieder.

„Das nächste Mal kommst du mir aber nicht mit Mineralwasser davon, dann trinken wir etwas Anständiges", kommentierte Goldblum das Bezahlen der Rechnung. „Den Tequila von Freitag hast du ja mittlerweile verdaut."

Da sich das Gefühlschaos des Abends am Dienstagmorgen fortsetzte, erschien Charlie etwas später als sonst auf dem Revier. Sie überließ den Männern die Zusammenfassung der bisherigen Fakten sowie die Planung des weiteren Vorgehens. Da es weder ein Lebenszeichen von

Timo gab, noch die Situation zwischen dem Trio geklärt war, herrschte eine angespannte Atmosphäre. Dann überschlugen sich die Ereignisse mit dem Anruf von Trulsen auf Knuds Handy. Ausgerechnet die Journalistin Gloria von Brandenburg hatte den Jungen gefunden. Als nur Stunden später die Enkelin des Hausmeisters verschwand, war endgültig kein Raum mehr vorhanden, um sich mit persönlichen Konflikten zu beschäftigen. Die Angst wieder ein kleines Mädchen zu verlieren, ließ alles andere erst einmal in den Hintergrund treten, auch wenn sie sich mittags sehr über Goldblums Verhalten – insbesondere Trulsen gegenüber – geärgert hatte. War er damals genauso borniert gewesen? Im Grunde konnte sie diese Frage nicht beantworten, weil die Situation hier in St. Peter-Ording einfach ganz anders war. In Hamburg hatten sie nicht mit einem inoffiziellen Hilfssheriff gearbeitet. Charlie gestand sich ein, dass sie es bei der Mordkommission der Hansestadt ebenfalls nicht geduldet hätte, insofern war Goldblums Verhalten nachvollziehbar. Aber musste er deshalb im Team den Kotzbrocken geben?

Vordergründig betrachtet war die Gesamtsituation durch Martins Auftauchen anstrengender geworden, insofern hoffte sie zum wiederholten Male inständig, er würde für die Ermittlungen wenigstens hilfreich sein. Das war mit dem Verschwinden der kleinen Lena noch dringlicher geworden.

Dienstagabend waren alle zu erschöpft für irgendwas, also beschlossen sie, sich am Mittwochmorgen wieder auf dem Revier zu treffen.

Goldblum wollte unbedingt mit Simone und Sebastian Hasenfeld sprechen - sowie den kleinen Timo befragen, aber die Eltern lehnten ab. Sie versicherten ihr Verständnis für den neuen Entführungsfall, zitierten jedoch den

behandelnden Arzt, der dem Jungen absolute Ruhe verordnet hatte. Mithilfe eines leichten Medikaments schlief er sich aus. Ein Treffen wäre frühestens in ein paar Tagen möglich, nachdem sie erneut den Mediziner konsultierten.
Martin war genervt. Es stieß bei ihm auf komplettes Unverständnis, warum das Paar den Ermittlern die Unterstützung verweigerte, obwohl er ihnen mehrfach versicherte, ein erfahrener Kinderpsychologe zu sein, der äußerst behutsam vorging.
Also fuhr er mit Charlie nach Husum, um Frau Dr. Berg in ihrer Praxis einen Besuch abzustatten. Schon während der Fahrt vermisste sie Knud. Wieder wurde ihr bewusst, was sie bereits für ein eingespieltes Team waren, aber es war wichtig, sich einen eigenen Eindruck von der Psychologin zu verschafften – für Goldblum, so wie für sie selbst. Knud war nach einer kurzen gemeinsamen Besprechung nach Tating aufgebrochen, um mit Trulsen sowie seiner Frau zu sprechen. Fiete hielt wieder die Stellung auf dem Revier.
Die Praxis befand sich in einem ansprechenden Gebäude zwischen Hafen und Schloss, in dessen Park die über vier Millionen lilafarbenen Krokusse im März ein großartiges Naturschauspiel boten. Als Charlie es sich in diesem Jahr angeschaut hatte, war sie begeistert gewesen.
Die Räume von Frau Dr. Berg präsentierten sich in warmen Tönen. Die Einrichtung war hell, hochwertig und geschmackvoll, ohne dabei protzig zu sein. Entweder war sie erfolgreich oder hier war altes Geld investiert worden. Charlie nahm sich vor, das herauszufinden. Am Empfang saß eine Frau vom Typ graue Maus. Auf einen ersten kurzen Blick wirkte sie wie Anfang vierzig, bei näherer Betrachtung schien sie jedoch jünger zu sein. Alles an ihr

war unscheinbar: Mit grauen Klamotten und völlig ungeschminkt hinterließ sie so wenig Eindruck, dass man sich am Tag nach einer Party unwillkürlich fragte, ob sie überhaupt dabei gewesen war. Sie begrüßte die Polizisten mit leicht eingezogenem Kopf und einem schüchternen Blick.

„Moin, was kann ich für Sie tun?", fragte sie mit leiser Stimme, die Charlie schon spontan reizte. Warum gaben sich manche Frauen so unterwürfig?

„Moin, wir sind von der Polizei aus St. Peter-Ording", übernahm sie die Vorstellung. „Kommissarin Charlotte Wiesinger und das ist mein Kollege Martin Goldblum." Bewusst stellte sie ihn ohne die Nennung seiner Berufsbezeichnung vor. „Wir müssen uns dringend mit Frau Dr. Anke Berg unterhalten."

„Worum geht es denn?", fragte die graue Maus nach. „Frau Dr. Berg ist sehr beschäftigt."

„Ja, das sind wir alle! Es geht um ein verschwundenes Kind. Wir haben Grund zu der Annahme, dass der Täter wieder aktiv geworden ist, der bereits vor fünf Jahren für etliche Entführungen verantwortlich war. Damals war Frau Berg die betreuende Psychologin. Wir benötigen die Akten und haben Fragen, die dringend beantwortet werden müssen." Charlie versuchte, sich die Ungeduld nicht anmerken zu lassen, am liebsten wäre sie einfach in das dahinterliegende Büro der Psychologin gestürmt. Lediglich die Vorstellung, in die Sitzung mit einem Kind zu platzen, hielt sie davon ab.

„Wir haben damals alle Akten an die Polizei in St. Peter-Ording übergeben. Haben Sie in Ihrem Archiv nachgeschaut?", fragte die Unscheinbare in einem Tonfall, den die Kommissarin ihr nicht zugetraut hätte. Trotzdem bereitete es ihr Mühe, nicht die Beherrschung zu verlieren.

„Sie sind nicht vollständig", kam ihr Goldblum zur Hilfe. „Wir benötigen weit mehr Informationen. Offensichtlich waren Sie vor fünf Jahren auch schon hier tätig. Was wissen Sie über den Fall?"
Die graue Maus sah aus, als würde sie am liebsten aus dem Büro fliehen. „Ich ... äh ... ich weiß nichts. Sie müssen mit Anke ... äh, Frau Dr. Berg sprechen." Hektische Flecken wurden auf ihren Wangen sichtbar, außerdem fing sie an zu schwitzen, obwohl die Räume wohl klimatisiert waren.
„Frau ... ich weiß Ihren Namen gar nicht", sagte der Profiler lächelnd.
„Sommer, ich heiße Saskia Sommer", antwortete die Gefragte, während sie nervös einen Kugelschreiber zwischen den Finger drehte.
„Saskia Sommer", wiederholte Goldblum mit einem breiter werdenden Lächeln. „Das ist ein sehr schöner Name. Sie leisten sicherlich wertvolle Arbeit hier in diesem behaglichen Büro." Seine sanfte Stimme verfehlte ihre Wirkung nicht. Die Vorzimmerdame entspannte sich ein wenig. „Und nun brauchen wir Ihre Unterstützung. Sie wollen doch bestimmt sehr gerne der Polizei helfen, das verschwundene Mädchen wiederzufinden, oder? Die Kleine heißt Lena und ist erst drei Jahre alt."
Am liebsten hätte Charlie zu Beginn der Charme-Offensive einen stöhnenden Laut von sich gegeben. Die graue Maus würde ja wohl auf so eine plumpe Vorgehensweise nicht hereinfallen! Doch es schien tatsächlich zu funktionieren. Als Martin die entführte Enkelin von Trulsen erwähnte, zuckte sie merklich zusammen. Schweißperlen traten auf ihre Stirn, ihre Augenlider flackerten. Charlie war sich sicher, dass sie etwas zu verbergen hatte. Wusste sie über die Entführung Bescheid? War sie vielleicht sogar involviert? Und was war dann mit Dr. Anke

Berg? Steckten die beiden Frauen gemeinsam dahinter? Oder deckte sie ihre Chefin? Das klang ja einfach absurd! War es genau deshalb die Lösung?

Sie warf ihrem neuen Kollegen einen Blick zu, den er kurz erwiderte. Auch in ihm schien ein Verdacht zu keimen.

„Frau Sommer ... Saskia." Seine Stimme wurde noch sanfter. „Soll ich Ihnen ein Glas Wasser bringen oder wollen Sie sich eine Weile hinlegen? Ruhen Sie sich am besten ein wenig aus. Wir können reden, wenn es Ihnen wieder besser geht." Doch seine Worte verfehlten ihre Wirkung.

„Ich kann Ihnen nichts sagen. Sie müssen mit Dr. Berg sprechen, doch sie ist nicht da. Kommen Sie in einer Stunde wieder." Fast flehend schaute sie ihm einen Moment lang in die Augen, bevor sie ihren Blick senkte, und erneut nach dem Kugelschreiber griff, mit dem sie dann nervös Kringel auf ihre Schreibtischunterlage aus Papier kritzelte.

„Saskia", versuchte Goldblum es erneut mit beruhigender Stimmlage. „Was bringt Sie denn so aus der Fassung? Es wird Sie erleichtern, wenn Sie mit uns reden." Er zog das Bild von Lena aus der Tasche, das Trulsen ihnen überlassen hatte. „Schauen Sie sich diesen süßen kleinen Engel an. Sie wollen doch sicherlich auch, dass sie so schnell wie möglich unbeschadet zu ihrer Familie zurückkehren kann. Sie können uns ganz bestimmt weiterhelfen. Sagen Sie uns, was Sie wissen, Saskia. Sagen Sie es uns hier in dieser schönen Umgebung, in der Sie sich sicher fühlen. Sonst müssen wir Sie mit auf das Revier nach St. Peter-Ording nehmen und dort befragen." Mit dem letzten Satz wurde seine Tonlage ein wenig härter, was die graue Maus sofort aufblicken ließ. Ihr Gesicht hatte mittlerweile die gleiche Farbe wie ihr langweiliges

Kostüm angenommen. Charlie war gespannt, ob Goldblums Taktik aufging. Obwohl Saskia Sommer offensichtlich unter Stress stand – weder hatte das Schwitzen nachgelassen, noch konnte sie ihre Hände ruhig halten – wechselte ihr Gesichtsausdruck von furchtsam auf trotzig.

„Mit welcher Berechtigung denn?", fauchte sie Goldblum plötzlich an. „Sie kommen hier hereinspaziert und stressen mich, weil Anke einen ähnlichen Fall vor fünf Jahren betreut hat? Was habe ich damit zu tun? Sie haben alle Akten bekommen. Gehen Sie jetzt!" Herausfordernd blickte sie ihn an.

Charlie war von dem plötzlichen Ausbruch überrascht, scheinbar war die Sprechstundenhilfe selbst erstaunt, welchen Mut sie aufbrachte. Doch Goldblum gab nicht so schnell auf.

„Saskia ..."

„Nennen Sie mich gefälligst nicht Saskia!", mokierte sie sich. „Ich durchschaue Ihre Masche. Für Sie immer noch Frau Sommer!"

„Also gut, Frau Sommer. Sie scheinen den Ernst der Lage nicht begriffen zu haben." Goldblum verlor die Geduld. „Es geht hier nicht um einen ähnlichen Fall, sondern mit großer Wahrscheinlichkeit um den gleichen Täter. Wir wollen jetzt alle Akten des alten Falles haben. Die packen wir dann ein und nehmen sie mit auf unser Revier in Sankt Peter-Ording." Der Profiler sprach mit ihr wie mit einer minderbemittelten Jugendlichen, was sie weiter aufbrachte. „Und Sie werden uns begleiten!"

„Haben Sie einen Durchsuchungsbefehl?" Die graue Maus hob die Stimme.

„Nein, aber wir können uns innerhalb einer halben Stunde einen besorgen. Der Richter hat seinen Sitz hier in Husum." Zum ersten Mal schaltete sich Charlie in das

Gespräch ein. Die Maus schien einen Moment verunsichert, doch dann ging sie erneut zum Angriff über.

„Fein, dann sehen wir uns in einer halben Stunde wieder. Möglicherweise ist Frau Dr. Berg dann zurück und Sie können sich direkt mit ihr unterhalten."

Goldblum setzte zu einer Entgegnung an, aber Charlie winkte ab. Nach ihrer Erfahrung kamen sie hier nicht weiter. Saskia Sommer wusste etwas, was sie nicht preisgab, soviel war sicher. Mehr Druck auszuüben würde sie aber an diesem Punkt nicht voranbringen. Also verabschiedete sie sich nickend mit den Worten: „Gut, wir sehen uns in Kürze wieder."

Als sie die Praxis verließen, kam ihnen eine schlanke, hoch gewachsene Frau entgegen. Obwohl sie ihren Stil seit der Aufnahme des Fotos, das auf ihrer Website zu finden war, erheblich geändert hatte, erkannte Charlie sie sofort. Sowohl die Brille als auch der strenge Knoten, der die Haare straff nach hinten gezogen hatte, waren verschwunden. In langen Wellen umschmeichelten sie das dezent geschminkte Gesicht, aus dem kluge Augen sie anschauten.

„Moin, wollten Sie zu mir?", begrüßte sie die Polizisten freundlich.

„Kommissarin Charlotte Wiesinger, das ist mein Kollege Martin Goldblum. Wir kommen von der Polizei aus Sankt Peter-Ording und würden uns gerne mit Ihnen unterhalten."

„Es geht vermutlich um den neuen Entführungsfall – wie hieß der Junge? Timo Hasenfeld? Ich habe den Aufruf der Eltern im TV gesehen. Furchtbar! Gehen Sie von demselben Täter wie damals aus? Im Grunde habe ich bereits direkt nach dem Fernsehappell mit dem Eintreffen der Polizei gerechnet, allerdings mit Knud Petersen und Fiete Nissen. Sind die beiden nicht mehr in St. Peter tätig?" Im Gegensatz zu ihrer Assistentin wirkte Dr. Anke Berg absolut souverän.

Charlie fragte sich unwillkürlich, wie viel davon eine zur Schau getragene Maske war. Der Gegensatz zum Verhalten von Saskia Sommer war ziemlich extrem.

„Kommen Sie mit in mein Büro, dort können wir uns in Ruhe unterhalten", forderte sie Charlie und Goldblum auf, ohne eine Antwort abzuwarten.

Dort angekommen bat sie ihre Besucher, Platz zu nehmen, um dann noch einmal den Raum zu verlassen. Vermutlich sprach sie kurz mit ihrer Empfangsdame. Die Kommissarin fragte sich, ob ihr der aufgelöste Zustand aufgefallen war. Wollte sie Trost spenden oder sie lediglich ermahnen, sich zusammenzureißen? Wie gerne hätte Charlie Mäuschen gespielt. Sie nahm sich fest vor, das Verhältnis der beiden Frauen zueinander zu hinterfragen.

Kurz darauf erschien Frau Dr. Berg wieder lächelnd und setzte sich hinter ihren Schreibtisch, was ihr eine gewisse Autorität verlieh.

„Bitte entschuldigen Sie, ich habe uns Kaffee bestellt, Sie trinken doch bestimmt gerne eine Tasse? Wie kann ich Ihnen weiterhelfen?"

„Wir haben die alten Akten studiert und sie scheinen uns unvollständig zu sein", übernahm Goldblum das Antworten.

„Was meinen Sie damit?" Nach wie vor ließ sich die Psychologin nicht aus der Ruhe bringen.

„Sie haben die Kinder nach deren Rückkehr begleitet, es gibt einige Zeichnungen von Clowns, aber das Umfeld der Familien ist nicht dokumentiert worden, ebenfalls scheinen Sie sich nicht die Mühe gemacht zu haben, ein Täterprofil aufzustellen", antwortete Goldblum in einem

Tonfall, den Charlie als provozierend bezeichnet hätte, aber Dr. Berg blieb weiterhin gelassen.
„Ja, das ist richtig. Dafür wurde ich nicht engagiert. Ich habe damals vermutet, dass es mir aufgrund meines Alters nicht zugetraut wurde, diese Analyse ebenfalls zu übernehmen. Natürlich habe ich mir eigene Gedanken gemacht und diese versucht kundzutun. Als es darauf keine Reaktion gab, habe ich mich auf die Kleinen konzentriert. Im Grunde waren sie mir sowieso am wichtigsten. Natürlich wäre es begrüßenswert gewesen, wenn Sie den Täter verhaftet hätten", fügte sie hinzu.
„Und zu welchen Schlüssen sind Sie bezüglich des Entführers gekommen?", fragte Goldblum nach.
„Du meine Güte! Das alles ist fünf Jahre her, da muss ich mich erst einmal wieder in die Akten einarbeiten. So aus der Hüfte schießen kann ich das nicht!"
Charlie fragte sich, was hier faul war. Die Psychologin war offensichtlich gereift und nicht mehr das unerfahrene Hascherl. Trotzdem klingelten die Alarmglocken der Kommissarin. Die Empfangsdame war bei Erwähnung des alten Falles mit den Nerven am Ende, die Chefin des Hauses präsentierte sich aalglatt, lächelte viel zu entspannt. Charlie beschloss, sie auf die Probe zu stellen: „Timo Hasenfeld ist seit gestern wieder zurück bei seinen Eltern." Sie legte eine Pause ein, um zu gucken, welche Reaktion diese Information auslöste.
„Tatsächlich? Ich verstehe trotzdem nicht, welches Ziel Sie mit dem Besuch bei mir verfolgen." Ohne eine Gefühlsregung zu zeigen, hielt sie dem stechenden Blick der Kommissarin stand. „Wie kann ich Ihnen helfen? Möchten Sie, dass ich wieder die Nachbetreuung übernehme?"
„Nein, das wird nicht nötig sein", kommentierte Charlie, ohne ihre Aussage zu begründen. „Wir brauchen so schnell wie möglich ein Täterprofil und haben auf Ihre

Unterstützung gehofft. Es ist wieder ein dreijähriges Mädchen entführt worden." Charlie schwieg, um der Information mehr Gewicht zu verleihen. Dieses Mal verfehlte sie nicht die gewünschte Wirkung. Zum ersten Mal zeigte sich Dr. Berg erschüttert.

„Es ist erneut ein so kleines Mädchen verschwunden? So schnell nach der Rückgabe des Jungen?"

„Ja", antwortete Charlie, ohne weitere Erläuterungen hinzuzufügen.

„Davon habe ich gar nichts gehört", bemerkte die Psychologin.

„Es gab bisher keinen Appell in den Medien", stellte Goldblum knapp fest. „Wir wissen nicht, ob die Familie es veröffentlichen will. Sehen Sie nun die Dringlichkeit? Haben Sie tiefergehende Aufzeichnungen als die, die Sie der Polizei bereits übergeben haben?"

„Ich schaue mal, wo der Kaffee bleibt", wich Frau Dr. Berg der Frage aus, bevor sie das Büro verließ. Charlie war sich sicher, dass die beiden Frauen etwas verbargen. Sie nahm sich fest vor, herauszufinden, worum es sich dabei handelte. Ihre Überzeugung wuchs jedoch, hier und heute nichts erreichen zu können – dafür war das Auftreten der Psychologin zu glatt, wogegen ihre Assistentin vor lauter Angst keine Aussage machen würde.

Torge in Tating | Mittwoch, den 22. Juli

Nach einer mehr als unruhigen Nacht saß Torge am Mittwoch alleine an dem Tisch der gemütlichen Friesenküche, für die er an diesem Morgen keinen Blick hatte. Annegret hatte seinen Überredungskünsten am Ende des Vorabends nachgegeben und sich mit einer Schlaftablette ins Bett gelegt. Beiden war bewusst, wie sehr sie ihre Kräfte für Lena brauchten – außerdem natürlich für Lukas. Ein kleines Lächeln huschte über Torges Gesicht als er sich an das Gespräch erinnerte, welches er mit seinem Enkel geführt hatte, nachdem seine bessere Hälfte in ihre Kemenate verschwunden war.
Obwohl Lukas ja erst sechs Jahre alt war, redeten die beiden quasi von Mann zu Mann. Wie vernünftig er doch schon war! Ohne Mühe verstand er, dass sein Opa trotz allem in den nächsten Tagen die Arbeit in der *Weißen Düne* fortsetzen musste. Im Juli war in der Ferienanlage einfach zu viel Betrieb, um sich ganz frei zu nehmen,

auch wenn die Managerin Marina Lessing es ihm vermutlich anbieten würde. Einen Teil seiner Aufgaben konnte er an den Kollegen Hansen delegieren, aber komplett den Dienst zu quittieren, war für den Hausmeister keine Option. Daneben brauchte Annegret ihn jetzt mehr als sonst, das war Torge bewusst.

Trotzdem: Nur hier in Tating in seinem Haus herumzusitzen, um zu warten, ob etwas passierte, das war einfach keine Option. Für die Suche nach Lena wollte er ebenfalls Zeit abknapsen – in der Hoffnung, seine Energie würde dafür ausreichen. Aus diesem Grund übertrug er Lukas die Aufgabe, sich über den Tag um seine Großmutter zu kümmern. Natürlich konnte der Junge das nicht allein bewältigen. Er würde Gloria um Hilfe bitten, außerdem war Annegret bei den Landfrauen sehr aktiv. Einige der Deerns waren für sie zu guten Freundinnen geworden, die ihr in dieser Situation bestimmt gerne zur Seite standen. Vielleicht war die weibliche Unterstützung für eine Frau sogar hilfreicher als Torges Anwesenheit, wenn er ständig mit den Gedanken bei der Arbeit sowie der Suche nach seiner Enkelin war.

Er selbst hatte nicht gut geschlafen, wollte sich aber nicht mit einer Tablette den Verstand vernebeln. So saß er an diesem Morgen allein bei seinem ersten Pott Kaffee. Die Dusche hatte ihn erfrischt, aber müde war er trotzdem. Mechanisch verrührte er seinen obligatorischen Zucker, wobei er überlegte, was an diesem Tag alles zu erledigen war, und in welcher Reihenfolge er am besten vorging. Nach dem Frühstück mit seiner Familie würde er erst einmal zu der Ferienanlage fahren, um die wichtigsten Aufgaben zu erledigen. Trotz des persönlichen Dramas durfte es jetzt in der Hochsaison keine Unzufriedenheit bei den Gästen geben.

Im Grunde war alles auf einem guten Stand. Die Generalüberholung im Mai, als die Inhaber die Hochzeit ihrer Tochter dort feiern wollten, wirkte nach. In zwei Monaten schafften es nicht einmal wild gewordene Feriengäste, die schönen Bungalows wieder zu verwüsten. Naja, Ausnahmen bestätigten die Regel. Aber das war für Torge alles Routine.
Viel wichtiger war es, einen Plan aufzustellen, wie er die Polizei bei der Suche nach seiner kleinen Lena unterstützen konnte. Auf jeden Fall würde er nachher erst einmal den Reporter Christiansen von *N3 von der Küste* anrufen, um ebenfalls einen Fernsehappell vorzubereiten. Auch wenn er sich nicht viel davon versprach, einen Versuch war es allemal wert. Timo war sehr schnell zurückgekehrt. Keiner konnte sagen, ob der Aufruf von Simone und Sebastian Hasenfeld nicht doch einen positiven Einfluss ausgeübt hatte.
Insofern war es wenigstens eine glückliche Fügung, dass seine Tochter und sein Schwiegersohn heute zu ihrem lang ersehnten Urlaub in die USA abgeflogen waren. Direkt nach der Eheschließung hatten sie auf ihre Flitterwochen verzichtet. Die wollten sie nun drei Wochen lang mit einem Wohnmobil per Roadtrip zu den schönsten Flecken des Landes nachholen. Einen Appell im deutschen Regionalfernsehen würden sie nicht bemerken. Torge hoffte inständig, ihnen ihre Tochter nach ihrer Rückkehr bzw. am Ende der Ferien wohlbehalten zurückgeben zu können. Wie sollte er ihr sonst je wieder in die Augen schauen?
Wenn Annegret aufgestanden war, konnten sie die Details dazu besprechen. Am liebsten würde er mit ihr zusammen vor die Kamera treten. Er traute sich zwar zu, die richtigen Worte zu finden, aber von einer Frau, die

ihre kleine Enkelin vermisste, ging eine größere Emotionalität aus. Wenn jemand Einfluss auf das Handeln des Entführers nahm, dann war das seine Annegret. Oder handelte es sich vielleicht um eine Entführerin – oder ein Paar? Torge war nicht in der Lage, solche Gedanken weiterzuverfolgen. Sicherlich würde er später Knud in der *Weißen Düne* oder auf dem Polizeirevier treffen. Dann könnten sie über diese Varianten sprechen. Im Grunde zog ihn im Moment nichts zu dem Arbeitsplatz seines Kumpels. Wie groß war die Wahrscheinlichkeit, dass er dabei auf Goldblum traf! Sich jetzt mit diesem Wichtigtuer auseinanderzusetzen, dazu fehlte ihm die Energie. Warum hatte Kommissarin Wiesinger ihn bloß in das Team geholt? Torge hoffte inständig, dass er wenigstens fachlich kompetent war und damit die Ermittlungen voranbrachte.

Solange er auf Annegret und Lukas wartete, überlegte er, was er selbst nach der Arbeit in der *Weißen Düne* zu der Suche nach Lena beizutragen vermochte. Eine Option war natürlich Gloria von Brandenburg. Vor seinem geistigen Auge sah er die Journalistin im Gespräch mit dem Täter bzw. der Täterin – ohne ihr Wissen über diese außergewöhnliche Situation. Sicherlich zermarterte sie sich das Hirn und stöberte in ihrem Gedächtnis, ob es bei ihren Begegnungen etwas Verdächtiges gegeben hatte. Spätestens am Nachmittag würde er sich bei ihr melden. Vielleicht rief sie ihn ja auch an, wenn ihr etwas einfiel. Ihr Engagement, das sie bei Timo gezeigt hatte, beeindruckte Torge sehr. Diese Frau hatte es wirklich drauf! Wenn es irgendetwas zu bemerken gab, dann würde sie sich erinnern. Davon war der Hausmeister überzeugt.

Daneben wollte er unbedingt mit dem kleinen Timo sprechen. Auf dem Weg zum Arzt - nach der Rettung aus dem Maisfeld - war der Junge komplett benommen gewesen. Da sie zu dem Zeitpunkt noch nichts über seinen Zustand wussten, war eine Befragung nicht möglich. Bestimmt war er in der Lage, den Ermittlern wertvolle Informationen zu liefern, auch wenn ihm das gar nicht bewusst war. Leider stand ihm dabei der Profiler und Kinderpsychologe eindeutig im Weg. Goldblum würde auf jeden Fall selbst mit Timo sprechen wollen - und so, wie anfangs sogar die Kommissarin – auf keinen Fall Torge mit ins Boot nehmen.

Das musste er auf seine Weise lösen und er hatte dazu schon eine Idee! Um Annegret zwischendurch zu entlasten war es sinnvoll, wenn er sich selbst am Tage mal um Lukas kümmerte. Er plante, ihm vorzuschlagen, seinen Opa in die *Weiße Düne* zu begleiten. Zum einen konnte er ihn mit kleinen Arbeitsaufträgen beschäftigen. Es würde seinem Enkel bestimmt Spaß machen, mit *Henriette* ein wenig in der Ferienanlage unterwegs zu sein. Zum anderen trafen sie dabei vielleicht ganz zufällig auf Timo. Die beiden Jungs freundeten sich ein wenig an, um im Anschluss gemeinsam zu malen. Torge war gerne mit Kindern zusammen und gewann durch seine freundliche, empathische Art stets schnell ihr Vertrauen. Er erinnerte sich genau an die Ermittlungen vor fünf Jahren. Knud war bei etlichen Gesprächen der Psychologin im Hintergrund dabei gewesen. Immer wieder klagte er Torge sein Leid über das einträchtige Schweigen der Kinder. Es war nach wie vor ein Rätsel, wie der Entführer das erreicht hatte. Trotzdem traute sich Torge zu, Timo zum Reden zu bringen. Er war eben nicht der professionelle Seelenklempner, sondern einfach der nette Opa mit einem interessanten Dreirad, Kirschlollis sowie einer Menge lustiger Geschichten, die er mit ganzem Körpereinsatz zu erzählen wusste.

„Moin Torge! Du bist ja früh auf den Beinen! Ich war gegen fünf einmal wach, aber viel zu erschöpft, um schon aufzustehen. Hast du überhaupt geschlafen?" Annegret war im Bademantel und mit verwuschelten Haaren in die Küche gekommen. Das war selbst für Torge ein ungewohnter Anblick, aber er fand sie einfach süß. Eben seine seute Deern.

„Moin mein Liebes. Ich war so unruhig. Weil ich dich nicht stören wollte, habe ich mich aufs Sofa gelegt - dort allerdings mehr herumgekugelt als geschlafen. Wie geht es dir?" Torge wollte gerne zuversichtlich klingen, konnte seine Besorgnis jedoch nicht kaschieren.

„Hhm, ich fühle mich benommen. Am liebsten würde ich mit der nächsten Tablette wieder ins Bett kriechen - in der Hoffnung, schließlich aus diesem Albtraum aufzuwachen."

Torge hatte seine Annegret selten so niedergeschlagen erlebt, aber das war natürlich kein Wunder. Wenn er doch mit einem Fingerschnippen diese Last von ihr nehmen könnte!

„Wo ist Lukas?", fragte sie, während sie sich einen Becher mit Kaffee füllte. Im Gegensatz zu Torge trank sie ihn lieber schwarz.

„Er schläft. Ich glaube, es hat auch bei ihm gedauert, bis er zur Ruhe gekommen ist", antwortete Torge. „Komm, setz dich zu mir. Wir haben ein paar Dinge zu besprechen", forderte er seine Frau auf. Schnell wurden sie sich einig, es mit einem Fernsehappell zu versuchen. Torge hätte es am liebsten direkt vor seiner Reetkate in Szene gesetzt, um dem Ganzen eine persönliche Note zu geben, aber Annegret widersprach vehement. Weder wollte sie ein Fernsehteam auf dem Grundstück haben, noch ihr Haus im Fernsehen präsentieren.

„Auf keinen Fall, Torge. Das ist hier unser Schutzraum, den werden wir nicht öffentlich zur Schau stellen. Dann nutzen wir als Kulisse lieber einen Bungalow der *Weißen Düne*."

„Find ich nicht so toll. Hast du andere Ideen?", insistierte er.

„Ich bin noch nicht auf dem Höhepunkt meiner Kreativität angekommen, lass mich erst einmal den Kaffee trinken, dann wird es vielleicht besser", versuchte Annegret zu scherzen, weil Trübsal sie ihrem Ziel nicht näher brachte. Torge kannte sie nach all den gemeinsamen Jahren gut. Vielleicht sollten sie wirklich einmal verreisen, wenn sie diesen Albtraum heil überstanden. Die Kreuzfahrt durch die Ägäis, von der seine Frau träumte und die durch die Prämie im Mai nun möglich war, hatten sie bisher nicht gebucht.

„Erzähl mal, was hast du denn sonst so ausgebrütet, während du hier allein bei deinem Morgenkaffee gesessen hast", forderte sie ihn auf, wobei sie erst einmal geschickt das Thema wechselte. Torge konnte grundsätzlich nicht widerstehen, sie in seine Pläne einzuweihen. Nicht selten bereicherte Annegret die Ideen mit wertvollen Aspekten, genauso oft bremste sie ihn allerdings aus – oder versuchte es zumindest.

Als sie von der Überlegung der Zusammenführung der beiden gleichaltrigen Jungen hörte, war sie jedoch spontan angetan.

„Es ist außerdem gut möglich, dass Timo einem neuen Freund etwas anvertraut, was er einem Erwachsenen nicht erzählen würde", fügte sie hinzu. Daran hatte Torge bisher gar nicht gedacht! Das war wirklich ein sehr guter Gedanke. Aber seine Frau hatte noch mehr auf Lager: „Warum rufst du nicht Bernie Fischer an? Der zeichnet doch so großartig. Vielleicht kann er mit den beiden Jungen eine Art Malkurs veranstalten. Dabei könnte etwas Hilfreiches herauskommen. Die Kinder, die vor fünf Jahren verschwanden, haben sich zum Teil über ihre Bilder mitgeteilt."

„Annegret, du bist genial. Was ein Becher Kaffee doch alles bewirken kann! Komm, ich schenke dir nach." Torge war ganz aufgeregt. Bernie Fischer war ein sehr alter Freund von ihm, der im Tümlauer Koog direkt hinterm Deich, in einer urigen Fischerkate wohnte. Im Mai, bei dem letzten großen Fall, unterstützte er sie mit der Anfertigung zweier Phantombilder. Als Polizeizeichner hatte er seinen Lebensunterhalt verdient, bis die Computer Einzug in das Revier hielten. Doch sein Handwerk beherrschte er nach wie vor! Er war ein gemütlicher Kerl, der gerne allein lebte und die damit verbundene Ruhe genoss. Für einen kleinen Zeichenkurs mit zwei Jungen, der möglicherweise zu dem Entführer von Lena führte, war er bestimmt offen.

„Ich ruf ihn gleich nachher an. Vielleicht können wir das für morgen einplanen. Timo muss sich ja von den Strapazen ein wenig ausruhen. Ich befürchte nur, dass die Familie vorzeitig abreist. Dann platzt der schöne Plan wie eine Seifenblase." Torge runzelte die Stirn, er hatte keine Ahnung, wie er das verhindern konnte. Doch Annegret war anderer Meinung.

„Das glaube ich nicht. Nach dem Stress haben sie den Urlaub doch erst recht nötig. Warum sollen sie den abbrechen? Hier kann man sich nun wirklich besser erholen als in Hannover!" Die Vorstellung empörte sie geradezu. Ihre wirren Haare tanzten dabei fast so heftig, wie die Locken der Kommissarin, wenn sie nicht in der Hochsteckfrisur gebändigt wurden.

„Ja, das ist natürlich richtig. So gesehen werde ich versuchen, für morgen ein Beisammensein zu organisieren. Hast du eine Idee, wie Lukas und ich ganz zufällig auf Timo treffen können?" Torge raufte sich seine blonde Mähne.

„Für Zufälle dieser Art bist du zuständig. Da wird dir schon das Richtige einfallen", antwortete Annegret mit einem leichten Lächeln. Offensichtlich war sie trotz der Erschöpfung zuversichtlich, Lena bald wieder in ihre Arme zu schließen. „Ich gehe erst einmal duschen. Bereite bitte derweil das Frühstück zu. Lukas wird ja bald aufstehen. Wir müssen alle etwas essen, auch wenn wir nur wenig Appetit haben."

Torge nutzte die Zeit außerdem, um Knud anzurufen. Sein Kumpel war ein ausgesprochener Frühaufsteher und jetzt bestimmt schon aktiv.

„Torge! Moin, wie geht es Euch? Konntet Ihr wenigstens ein bisschen zur Ruhe kommen?", wurde er herzlich begrüßt. Knuds Stimme klang äußerst besorgt.

„Geht so. Nein, eigentlich nicht. Gibt es etwas Neues?", lenkte er von der Frage nach seiner Befindlichkeit ab.

„Leider noch nicht. Ich habe ein großes Team aus Heide angefordert. Wir sind schon seit den frühen Morgenstunden dabei, Eiderstedt zu durchkämmen. Wenn sie hier in der Gegend irgendwo festgehalten wird, finden wir sie, Torge."

Purer Zweckoptimismus! Es gab so viele Gehöfte, Scheunen sowie Schuppen – und auch wenn die meisten Häuser hier nicht unterkellert waren, einige eben doch. Wie sollten sie dazu ohne konkrete Verdachtsmomente Zugang bekommen? Aber natürlich lag es dem Hausmeister fern, seinen Freund zu demotivieren.

„Klingt vielversprechend!", antwortete er knapp. „Ist die Kommissarin ebenfalls dabei?"

„Nein, sie ist mit Goldblum nach Husum gefahren, um die Psychologin zu interviewen. Keine Ahnung, ob das zu etwas führt. Eigentlich wollte sie erst einmal mit Timo reden, aber die Eltern haben eine Befragung für heute verweigert. Vielleicht klappt es morgen. Er soll sich erst erholen und etwas Abstand zu dem unfreiwilligen Ausflug bekommen", weihte Knud seinen Freund in die Fakten ein.

„Die Familie will also nicht auf die Schnelle abreisen?" Torge schöpfte Hoffnung, seinen Plan in die Tat umsetzen zu können.

„Nein, das hörte sich nicht so an. Heckst du schon wieder etwas aus?" Selbst durch das Telefon bemerkte Torge, wie ein leichtes Schmunzeln über das Gesicht des Polizisten zog.

„Du kennst mich doch!", gab er pragmatisch zu. „Auf keinen Fall kann ich nur rumsitzen und warten. Dann werde ich verrückt. Dieses Mal betrifft es mich selbst, Knud. Es ist wichtiger denn je, dabei zu sein."

„Gerade weil du persönlich betroffen bist, solltest du uns allein die Ermittlungen überlassen", konterte Knud, obwohl er wusste, wie wenig diese Worte auf fruchtbarem Boden landeten.

„Kannst du vergessen!", kam die prompte Antwort. „Hör mal, Annegret und ich wollen es ebenfalls mit einem Appell an den Entführer versuchen. Hast du übrigens schon einmal darüber nachgedacht, ob es sich vielleicht um eine Frau handelt – oder ein Paar? Naja, egal! Wir schnacken später. Ich will gleich mal bei Christiansen anrufen, um ihn für den Nachmittag herzubitten. Dann können wir heute am frühen Abend auf Sendung gehen, am besten zusätzlich im *Hamburg Journal*. Hast du eine Idee für den Drehort des Aufrufes? Annegret und ich sind uns nicht einig."

Knud schien einen Moment zu überlegen. „Was haltet Ihr von dem Revier? Mit der Ansprache von Euch ist es emotional, das Gebäude der Polizei im Hintergrund gibt dem Auftritt einen offiziellen und ernsten Eindruck."
„Ja, gar nicht schlecht. Mal gucken, was die Chefin dazu sagt ... ah, da kommt sie gerade. Warte mal eben."
Annegret betrat in einem wunderschönen Trachtenkleid die Küche. Die langen Haare waren in dem obligatorischen Zopf geflochten, sie hatte sogar ein dezentes Make-up aufgelegt. Torge war beeindruckt.
„Wow, toll siehst du aus! Ich habe Knud am Apparat. Was hältst du von dem Polizeirevier als Kulisse für unseren Fernsehauftritt?"
Annegret war sofort einverstanden und Knud versprach, möglichst dazuzukommen. „Schick mir eine SMS, wenn du die Uhrzeit weißt. Wenn ich es nicht schaffe, Fiete hält die Stellung in der Station. Er kann Euch unterstützen, wenn es notwendig sein sollte." Nach einer kurzen Verabschiedung legte er auf.
Annegret war etwas verlegen. „Meinst du, ich habe zu dick aufgetragen? Mir geht es besser, wenn ich ein schönes Kleid anhabe – und es braucht mir ja nicht jeder anzusehen, wie schrecklich ich mich fühle."
„Du hast alles richtig gemacht, min seute Deern. Komm, lass uns eine Kleinigkeit essen, bevor ich erstmal in die *Weiße Düne* fahre. Mir ist aber noch etwas eingefallen, was ich mit dir besprechen möchte." Torge war sich nicht sicher, ob es sich bei seinem Gedanken um eine gute Idee handelte, deshalb legte er großen Wert auf Annegrets Meinung. „Mein Kollege Hansen ist der Cousin von dem Vater der kleinen Nele. Meinst du, ich könnte ihn mal ein bisschen ausfragen, wie es der Familie geht? Imke Hansen war damals hochschwanger. Weißt du vielleicht sogar etwas?"

„Du willst auf den Landfrauen-Klatsch zurückgreifen?" Es freute Torge zu sehen, wie der Blick nach vorne ihre Stimmung verbessert hatte, auch wenn es sie bestimmt viel Kraft kostete.

„Hat sich schon als nützlich erwiesen", gab Torge ehrlich zurück.

„Ich weiß nur, dass sie einen Sohn bekommen haben. Die Ehe stand wohl eine ganze Zeit auf der Kippe, schließlich sind sie aber zusammen geblieben. Wie es aktuell aussieht, kann ich dir leider nicht sagen." Annegret überlegte eine Weile, schüttelte dann aber mit dem Kopf. „Nein, mehr weiß ich nicht. Mit Hansen kannst du ja auf jeden Fall sprechen. Ob es eine gute Idee ist, der Familie auf die Pelle zu rücken, sei dahingestellt. Die werden nicht begeistert sein, die alten Wunden wieder aufreißen zu lassen – wenn sie überhaupt schon verheilt sind. So ein ungeklärtes Schicksal eines Kindes lässt einen nie los." Ihre Miene verdüsterte sich. Vermutlich dachte sie an die Möglichkeit, Lena niemals wiederzusehen.

„Denk gar nicht daran!", forderte Torge seine Frau sofort auf. „Wir werden Lena zurückbekommen. Bleib bitte optimistisch, wir brauchen jetzt all unsere Kraft für die Suche – und für Lukas. Wir dürfen ihn nicht zusätzlich mit negativen Gedanken belasten!"

„Da hast du recht." Annegret setzte ein zaghaftes Lächeln auf. „Das wird ein anstrengender Tag. Ich werde mir Unterstützung bei meinen Freundinnen holen und mit Lukas ein wenig shoppen gehen. Vielleicht finden wir etwas Schönes für ihn, um seine Stimmung zu verbessern. Eine Ablenkung ist es allemal."

„Das ist eine gute Idee." Er verkniff es sich, sie darauf hinzuweisen, gut auf den Jungen aufzupassen. Schließlich wusste sie das selbst. Mit dem Anruf bei Christiansen vereinbarte er das Treffen um 16 Uhr vor dem Polizeirevier. Der Reporter von *N3 von der Küste* versprach seinen Kollegen vom *Hamburg Journal* zu informieren, damit es dort am selben Abend ebenfalls gesendet wurde.

Bernie Fischer rief er von unterwegs an. Einer der Heider Kollegen hatte am Vortag Annegrets Auto gebracht, insofern war er erst einmal startklar für ein paar Stunden seiner Arbeit in der *Weißen Düne*. Er hoffte sehr auf einen ruhigen Tag mit möglichst wenig überzogenen Sonderwünschen. Er war sich nicht sicher, ob er heute die Geduld dafür aufbrachte.

Gloria in SPO | Mittwoch, den 22. Juli

Gloria konnte es immer noch nicht fassen. Es war ein so großartiges Gefühl gewesen, als die Eltern von Timo in der Praxis erschienen waren, um ihren Sohn wieder in die Arme zu schließen. Die ganze Mühe hatte sich gelohnt! Nach tagelangem Durchhalten in der Hitze hatte ihre Hartnäckigkeit zum Ziel geführt, auch wenn es von dem Entführer keine Spur gab. Der Junge war zurück, das war für die Journalistin erst einmal das Wichtigste. Um den Rest kümmerte sich jetzt die Polizei.
Und dann nur wenige Stunden später der Schock! Der Täter hatte weder sich selbst noch den Ermittlern eine Pause gegönnt. Was bedeutete diese Eile? Gern kümmerte sie sich um Annegret Trulsen. Sogar der Hausmeister, der stets wie ein Fels in der Brandung wirkte, brauchte an diesem Abend einen stützenden Arm. Nachdem sie sicher war, dass die beiden alleine klarkamen, fuhr sie von Tating zurück zur *Weißen Düne* nach Sankt

Peter-Ording, wo Herbert ungeduldig auf sie wartete. Auch er war erschüttert, als er von der neuen Entführung hörte.

„Wie ist das nur möglich? Am selben Tag! Ist das in der Serie vor fünf Jahren genauso passiert? Daran kann ich mich nicht erinnern! Du hast doch bestimmt schon recherchiert, oder?"

„Ja, das habe ich. So etwas gab es tatsächlich bisher nicht, aber was nützt uns das?" Gloria verstand nicht, worauf ihr Mann hinauswollte.

„Kann ich noch nicht sagen, ich sammle bisher lediglich Informationen. Gehst du morgen wieder auf Tour?", fragte Herbert ein wenig besorgt, da die Temperaturen weiter gestiegen waren. Die Wettervorhersage prognostizierte eine Fortsetzung dieses Trends, was er in seinem nächsten Satz verkündete.

„Ja, nachdem es bei Timo so erfolgreich war, muss ich meine Suche unbedingt fortsetzen! Herbert, die Kleine ist erst drei!" Gloria zog eins von den kopierten Fotos aus der Tasche, um es ihrem Mann zu reichen. „Schau dir diesen kleinen Engel an. Da muss ich einfach meinen Urlaub opfern. Du hast doch nichts dagegen, oder?"

„Nein, natürlich nicht, aber ich kann dich nicht begleiten. Ohne Tabletten kehren die Kopfschmerzen zurück, außerdem bin ich immer noch wackelig auf den Beinen." Herbert schaute sie schuldbewusst an. „Tut mir leid, das habe ich echt vermasselt. Geh du mal auf Recherchetour. Während ich mich ausruhe, werde ich mir eine Wiedergutmachung überlegen."

„Och, da wüsste ich schon was. Du könntest uns für den Oktober einen Urlaub in Miami buchen, am liebsten in dem Hotel, in dem wir vor zwei Jahren waren … ist nur ein Scherz. Lass uns erst einmal darauf konzentrieren,

hier die Polizei zu unterstützen. Herbert? Hörst du mir zu?"
„Hhm ... was?"
„Herbert! Was ist denn los?"
„Gloria, hast du schon einmal ein Foto von der kleinen Nele gesehen? Die Ähnlichkeit mit diesem Mädchen ist ja verblüffend!", rief Herbert aus.
„Lena."
„Was?"
„Sie heißt Lena."
„Ja, wie auch immer. Ist dir die Ähnlichkeit aufgefallen?"
„Zeig mal!" Gloria war ins Auge gefallen, dass beide Mädchen neben dem gleichen Alter blond waren. Auf weitere Übereinstimmungen hatte sie nicht geachtet. „Tatsächlich, die beiden könnten Schwestern sein. Das Zeitungsfoto von Nele ist ziemlich grobkörnig, da muss ich mir mal ein besseres Bild besorgen, aber du hast recht – eine verblüffende Ähnlichkeit!"

Am Mittwoch fuhr sie bereits um acht Uhr los, um wieder Passanten zu befragen, Visitenkarten zu verteilen und Spuren zu suchen. Die halbe Nacht durchforstete sie ihr Gedächtnis, ob nicht irgendetwas Verdächtiges oder Merkwürdiges passiert war, während sie wegen Timo unterwegs war.
Hatte es eine bemerkenswerte Begegnung gegeben? Sie war überzeugt, dem Entführer die Karte selbst in die Hand gedrückt zu haben – oder war es vielleicht eine Entführerin? Leider war sie zu keinem Ergebnis gekommen, aber heute entsprechend müde. Leise aus dem Bungalow schleichend verschob sie den Morgenkaffee trotzdem auf später. Sie wollte zum Westküstenpark, um ihre Spurensuche in der Sandkiste zu beginnen, aus der die kleine Lena verschwunden war. Vermutlich würde sie

ihren Wagen dort einfach stehenlassen, um sich über die *Dorfstraße*, *Badallee* und der Straße *Im Bad* langsam vorzuarbeiten, bis sie an der Dünentherme ankam, unweit von der Stelle, die Timo vermutlich zum Verhängnis geworden war.

Wie gerne würde sie mit dem Jungen sprechen! Vielleicht kam ihr eine Erinnerung zurück, wenn er nur irgendetwas preisgab. Womöglich traf sie ihn in den nächsten Tagen zufällig bei einer der Mahlzeiten im Restaurant oder sonst wo in der *Weißen Düne*. Motiviert von der Vorstellung, den folgenden Tag etwas ruhiger in der Ferienanlage zu verbringen, konzentrierte sie sich auf die Aufgaben, die jetzt vor ihr lagen.

Erneut gönnte sie sich zu dem Kaffee, den sie auf einer Bank am Rande des Spielplatzes trank, ein Schokocroissant. Das hatte neulich außerordentlich gut funktioniert - und Bewegung hatte sie ja wahrlich genug. Die Pause im Schatten einer Ulme gab ihr neue Kraft. Angespornt durch den Erfolg bei Timo, fragte sie etliche Passanten nach Lena, deren Foto sie verteilte und in den Läden aufhängen ließ.

Als Gloria mittags in ihren Bungalow zurückkehrte, war Herbert nicht da. Enttäuscht bestellte sie sich einen Salat – zur Kompensation der süßen Sünde vom Vormittag. Die schmerzenden Füße hochlegend zog sie ein Résumé. Sie musste sich große Mühe geben, nicht enttäuscht zu sein, denn vordergründig gab es keine Ergebnisse.

Aber war das nicht bei Timo genauso abgelaufen? Tagelang war sie kreuz und quer auf Eiderstedt unterwegs gewesen, nicht lediglich einen Vormittag lang. Trotzdem fühlte sie sich nicht nur erschöpft, sondern ebenfalls niedergeschlagen. Vielleicht hatte Herbert eine Idee, wie sie die Sache voranbringen konnte. Nachdem sie ihr Smartphone aus der Handtasche gekramt hatte, wählte sie seine Nummer, aber es sprang nur die Mailbox an. Sie hinterließ ihm eine kurze Nachricht und beschloss dann, sich für eine Stunde oder bis zu seiner Rückkehr ins Bett zu legen. Neben einem Geistesblitz brauchte sie dringend neue Energie, um am Nachmittag wieder aktiv zu werden.

Torge und Annegret hatte sie ihre Unterstützung angeboten, aber die brauchten vermutlich erst einmal Zeit für sich. Zumindest war von ihnen kein weiterer Hilferuf eingegangen. Gloria dunkelte das Schlafzimmer des komfortablen Bungalows ab und kuschelte sich in die flauschigen Kissen. Die Ferienanlage hatte Herbert wirklich gut ausgewählt. Hoffentlich war ihre Anwesenheit in diesem Fall weiterhin nützlich!

Nach zwei Stunden Schlaf fühlte Gloria sich nicht nur erfrischt, sondern erneut unternehmungslustig. Herbert war wieder aufgetaucht. Aus lauter Langeweile hatte er sich erst massieren lassen, bevor er dann in die Sauna ging.

„Bei 33°C Außentemperatur sowie in den Nachwehen eines Sonnenstichs fällt dir nichts Sinnvolleres ein, als in die Sauna zu gehen?", empörte sich Gloria. „Du siehst total fertig aus! Was war das denn für eine bekloppte Idee?!"

„Das kommt, wenn du mich hier alleine lässt", versuchte Herbert zu scherzen, verzog aber schmerzgequält das Gesicht.

„Versuch nicht, mir die Schuld zu geben", regte sich Gloria weiter auf. „Mein Nickerchen hat mir gerade meine Kraft zurückgebracht. Ich möchte sie jetzt nicht in einem überflüssigen Streit verbraten. Was hast du dir dabei ge-

dacht? Dein Gehirn scheint durch die starke Sonneneinstrahlung auf deinen Schädel in Mitleidenschaft gezogen zu sein."
Herbert öffnete den Mund für eine Entgegnung, schloss ihn jedoch wieder, ohne etwas zu sagen. Vermutlich war ihm klar, dass seine Frau in so einer Stimmung durch nichts zu beruhigen war.
„Okay, du hast nicht gedacht! Ich hoffe, es tut dir wenigstens leid. Du warst schon auf dem Weg der Besserung, wodurch eine gemeinsame Unternehmung – und sei es nur ein Strandspaziergang - in greifbare Nähe gerückt war. Jetzt scheint es wieder nur Ausruhen zu werden."
„Tut mir leid, Gloria. Ich habe mich überschätzt. Sauna hilft mir sonst immer", murmelte Herbert kraftlos vor sich hin. „Kannst du mir verzeihen?"
Gloria warf einen Blick auf ihren zerknirschten Mann. Einen Moment war sie nicht sicher, ob er sie veräppelte, aber er meinte es wirklich ernst.
„Ich hab was gut bei dir", antwortete sie mit einem besänftigten Lächeln. „Genau genommen wird die Liste schon ziemlich lang. Vielleicht kannst du mir wenigstens bei der weiteren Planung behilflich sein. Hast du eine Idee, wie ich die Trulsens oder die Polizei unterstützen kann? Die kleine Lena geht mir einfach nicht aus dem Kopf."
„Gönn dir eine Pause, Gloria! Warum schlenderst du heute Nachmittag nicht einfach einmal an dem herrlichen breiten Strand von St. Peter-Ording entlang … warte mal eben …" Herbert griff nach seinem Handy.
„Um 14.50 Uhr war der höchste Punkt der Flut. Das Wasser läuft zwar wieder ab, es ist aber nah genug, um dir Freude zu bereiten. Außerdem bringt die Nordsee bei jeder Rückkehr Muscheln, Treibholz und andere Dinge mit

an den Strand. Willst du das nicht heute einfach mal erleben? Der Wind wird dir genug Abkühlung verschaffen, so dass du es bestimmt genießen kannst – wenn du schlauer bist als ich, und dir eine Kopfbedeckung aufsetzt", fügte er scherzend hinzu. Das war typisch Herbert. Er gab nicht auf, ihre Laune zu verbessern. „Du wirst sehen, es macht deinen Geist frei. Du hast die letzten Tage wirklich hart gearbeitet, insbesondere wenn man bedenkt, dass du eigentlich Urlaub hast. Wahrscheinlich kommst du schon während des Spazierganges auf weitere Ideen. Sammel ein paar maritime Souvenirs, deine Beobachtungen der Touristen kannst du ja trotzdem fortsetzen."

Herbert hatte wie so oft recht. Gerne ließ sich Gloria von ihm versöhnen.

„Kann ich dich denn alleine lassen?", fragte sie ein wenig besorgt. „Du hast wirklich schon besser ausgesehen, und das meine ich nicht als Retourkutsche."

„Geh nur. Auch wenn es mir nicht gefällt: Ich muss mich wieder hinlegen. Du hast dir eine Auszeit verdient, genieße sie in vollen Zügen. Wir sehen uns später." Herbert gab ihr einen Kuss, bevor er auf leicht wackeligen Beinen in ihr Schlafzimmer verschwand.

Trotz des hochsommerlichen Gewühls am Strand fühlte sich Gloria befreit und glücklich als sie mit nackten Füßen über den feuchten Sand an der Wasserkante marschierte. Dabei liebte sie die Abwechslung von festem Boden sowie lockerem Untergrund, in dem sie versank. Kühlend wurden Wasser und Sand durch die Zwischenräume ihrer Zehen gepresst, ein herrliches Gefühl, das man nur am Meer erlebte! Sie zog den Stoffbeutel aus der Tasche, den sie neulich beim Einkaufen erstanden hatte. Darauf grüßte eine freundliche Robbe mit dem hier so

typischen Moin, was ihr außerordentlich gut gefiel. Das Sankt-Peter-Ording-Virus, das so viele Menschen infiziert hatte, schien sich in ihr ebenfalls festzusetzen. Das würde Herbert genauso überraschen wie erfreuen!
Wie er ihr empfohlen hatte, sammelte sie Muscheln in unterschiedlichen Größen und Farben. Am besten gefielen ihr die langen, schmalen sowie filigranen Exemplare in Naturtönen, die so wunderbar schimmerten. Sie benötigten eine behutsame Behandlung, um nicht zu zerbrechen. Gloria wusste nicht, wie sie hießen, nahm sich aber fest vor, das herauszufinden.
Wie lange war es her, dass sie sich so für die Natur begeistert hatte? Sie hatte sich schon weit von den Pfahlbauten entfernt, lief immer weiter in Richtung des Westerhever Leuchtturms. Hier waren weniger Urlauber als direkt am Ordinger Strand unterwegs, doch entgegen ihrer Erwartung hatte die touristische Geräuschkulisse sie überhaupt nicht gestört. Ihr Blick schweifte entweder über die Weite der Nordsee, die sich mondsüchtig zurückzog oder suchte den Boden nach zusätzlichen Schätzen ab. Der Beutel hatte sich beträchtlich gefüllt, als sie plötzlich angesprochen wurde: „Frau von Brandenburg! Moin! Sie machen ja meiner Kollegin Wiesinger Konkurrenz."
Der Stimme folgend blickte sie in das freundliche Gesicht von Knud Petersen, dessen Anwesenheit sie hier am Strand nicht unbedingt erwartet hätte. Aber natürlich brauchte der Kommissar ebenfalls mal eine Pause. Was gab es Besseres als sich bei so einem Spaziergang zu entspannen?
„Guten Tag Herr Petersen. Nennen Sie mich ruhig Gloria, nach allem was wir schon gemeinsam erlebt haben, müssen wir nicht zu förmlich sein", antwortete sie mit ei-

nem Lächeln. Der ruhige Polizist war ihr äußerst sympathisch. „Ihre Kollegin gehört ebenfalls zu den Strandgutsammlern?"

„Gloria, gern. Dann bin ich Knud." Das Grienen in seinem Gesicht wurde dabei ausgeprägter. „Am meisten faszinieren sie die unterschiedlichen Muscheln in ihrer Farben- und Formenvielfalt. Zeigen Sie mal Ihre Beute", forderte er sie auf, indem er einen Schritt näher kam, um einen Blick in die Tasche zu werfen. „Oh, da waren Sie aber fleißig! Am besten gefällt Ihnen offensichtlich die *Amerikanische Scheidenmuschel*. Mit der Sammlung könnten Sie sich auf jeden Fall bei Charlotte einschmeicheln."

„Bei ihr einschmeicheln?", fragte Gloria lachend.

„Naja, im Gegenzuge für Informationen zum Beispiel. Ist Ihnen die Deko auf dem Revier aufgefallen? Die gibt es erst, seit wir unsere geschätzte Kollegin aus Hamburg mit an Bord haben." Offensichtlich gefiel Knud die Leichtigkeit, mit der sie sich begegneten. Die letzten Tage waren nervenaufreibend gewesen und es war nicht vorbei. Es tat unglaublich gut, das Drama einmal für ein paar Stunden in den Hintergrund rücken zu lassen.

„Und kann ich mich damit auch bei Ihnen einschmeicheln, Knud?", ging sie weiter auf das Geplänkel ein, ohne einen Plan mit der Frage zu verfolgen.

„Im Grunde gefallen mir die Muscheln besser, wenn sie hier am Strand liegen bleiben – aber verraten Sie das bitte nicht der Kollegin Wiesinger!", antwortete er schmunzelnd und konnte sie gerade noch davon abhalten, ihren Beutel wieder auszuschütten. „Nein, so war es nicht gemeint! Bitte nicht. Nehmen Sie gerne einige Natursouvenirs mit nach Hause. Wir bekommen hier täglich welche nachgeliefert."

Eine Weile gingen sie daraufhin wie selbstverständlich nebeneinander her, beide in ihre Gedanken versunken. Es war wie ein stillschweigendes Einverständnis, die Unbeschwertheit dieses Augenblicks ein wenig auszukosten, bevor sie unvermeidlich wieder bei dem Thema landen würden, das sie in diesen Tagen am meisten umtrieb. Schließlich hielt Gloria es nicht mehr aus: „Gibt es etwas Neues in dem Fall? Haben Sie eine Spur von Lena gefunden?"

Sofort fiel ein Schatten über Knuds Gesicht. „Nein, ich war den ganzen Tag mit einem großen Team aus Heide auf Eiderstedt unterwegs. Wir haben zahllose Gehöfte mit ihren Scheunen und Schuppen durchsucht. Sogar etliche Landwirte haben sich angeschlossen, um uns zu unterstützen. Als sie hörten, dass es sich um Torge Trulsens Enkelin handelt, mussten sie nicht lange überlegen. Dadurch hatten wir viele Fahrzeuge zur Verfügung, die auch in unwegsamen Gelände funktionieren – leider alles ohne Ergebnis. Wie ich Sie kennen gelernt habe, waren Sie ebenfalls wieder unterwegs, oder haben Sie sich einen Tag Pause gegönnt?"

„Nein, ich bin heute Vormittag die Strecke zwischen dem Westküstenpark und der Dünentherme abgelaufen, wobei ich wieder mit einer Vielzahl von Leuten ins Gespräch gekommen bin. Lenas Bild hängt in den meisten Geschäften und auch meine Visitenkarten habe ich wieder großzügig verteilt. Außerdem zermartere ich mir seit gestern das Hirn, ob es in all den Begegnungen bei der Suche nach Timo etwas Auffälliges gegeben hat, aber mir fällt beim besten Willen nichts ein! Es ist frustrierend!"

„Ja, das ist es", bestätigte Knud. „Ich habe einen Bärenhunger! Was halten Sie davon, wenn wir zusammen etwas essen gehen? Darf ich Sie einladen oder wartet Ihr Mann auf Sie?"

„Gern!", antwortete Gloria erfreut. Zum einen fand sie den Kommissar überaus sympathisch, zum anderen würde Herbert sicherlich schlafen, und die Aussicht auf eine einsame Mahlzeit war nicht besonders verlockend. „Meinem Mann geht es noch nicht wieder richtig gut. Er hat sich neulich einen Sonnenstich zugezogen", fügte sie erklärend hinzu.

„Ja, der Wind lässt uns die Kraft der Sonne leicht unterschätzen. Na, dann kommen Sie. Ich kenne hier in der Nähe ein lauschiges Restaurant, in dem wir auch in der Hochsaison nicht von Touristen überrannt werden. Vielleicht fällt uns nach einer Stärkung noch etwas ein, wie wir Lena schnell wiederfinden können." Knud Petersen schien sich ganz offensichtlich über ihre Zusage zu freuen, doch wer aß schon gerne allein – insbesondere mit so einer inneren Anspannung?

Nach dem Essen, bei dem sie sich über die Naturschönheit des Ortes sowie sehenswerte Plätze unterhalten hatten, kam Gloria dann auf die Gemeinsamkeiten zwischen den beiden Mädchen zu sprechen: „Ist Ihnen aufgefallen, wie ähnlich sich Nele und Lena sehen? Nicht nur das Alter sowie die blonden Haare stimmen überein. Wenn man die Gesichter betrachtet, könnten sie glatt Schwestern sein. Mein Mann hat mich darauf aufmerksam gemacht", gab sie ehrlich zu. „Zwischendurch hat er lichte Momente, wenn die Kopfschmerzen nachlassen."

„Ja, ich habe es bemerkt, worauf wollen Sie hinaus?", fragte Knud interessiert.

„Ich weiß nicht genau, aber seit mir diese Ähnlichkeit klar geworden ist, geht sie mir nicht mehr aus dem Kopf. Das hat etwas zu bedeuten, da bin ich mir sicher!" Nachdenklich ihren Kopf wiegend versuchte Gloria, ihre Gedanken zu sortieren. „Können Sie mir ein Foto von Nele zur Verfügung stellen? Ich habe nur unscharfe bzw. grob gekörnte Aufnahmen gefunden."

„Was haben Sie vor?", hakte Knud nach.

„Ich habe da eine Idee. Bitte lachen Sie mich nicht aus, wenn Sie das albern finden." Gloria legte zögernd eine Pause ein. Sie wollte sich nicht vor dem attraktiven Kommissar blamieren. „Ich fange mal andersherum an. Gehen Sie davon aus, dass die kleine Nele am Leben ist?" Es widerstrebte ihr, die Frage negativ zu stellen, obwohl sie eigentlich darauf hinaus wollte. Erwartungsvoll blickte sie Knud direkt in die Augen.

„Naja, die Hoffnung stirbt zuletzt. Allerdings ist die Vorstellung, sie würde seit fünf Jahren getrennt von ihren Eltern irgendwo leben, auch nicht gerade beruhigend." In Knuds direkt erwidernden Blick sah Gloria die Fragezeichen, aber er ließ ihr Zeit, ihre Überlegungen in Worte zu fassen, ohne sie durch Nachfragen zu drängen.

Gloria atmete einmal tief durch, bevor sie zum Kern ihrer Idee kam. „Es gibt keinen direkten Zusammenhang, aber was, wenn Nele lebt? - Vielleicht gar nicht weit von hier entfernt. Würde es nicht helfen, eine Zeichnung von ihr anzufertigen, wie sie heute aussieht und diese zu veröffentlichen? Natürlich müssten wir das mit den Eltern absprechen." In ihrer Euphorie sah sie sich als Teil des Ermittlungsteams, was Knud gleich auffiel. Er grinste auf seine so typische Art, was ihn noch sympathischer machte.

„Ah, ich sehe, unsere Zahl an Hilfssheriffs wächst stetig", antwortete er verschmitzt.

„Oh, tut mir leid. Ich wollte nicht meine Kompetenzen überschreiten. Ich bin nur einfach – wie alle anderen auch – so in Sorge um die beiden Mädchen. Spielen Sie auf den überselbstbewussten Profiler Goldblum an?", fragte sie dann aber doch neugierig nach, was Knud zum Lachen brachte.

„Das gefällt mir! Unseren Wichtigtuer als Hilfssheriff zu bezeichnen! Ich sehe schon den Wutanfall vor mir, wenn Sie das ihm gegenüber äußern. Wahrscheinlich platzt ihm dabei die pochende Ader an seiner Schläfe." Knud lachte einmal herzlich, bevor er wieder ernst wurde. „Nein, eigentlich meinte ich damit Torge Trulsen. Er hat ein ganz besonderes Talent, sich in unsere Ermittlungen einzumischen, sowie uns mit seinen skurrilen Methoden zu erfreuen", vertraute er Gloria an. „Allerdings in der Regel zielführend, das muss ich zugeben. Wie dem auch sei. Glauben Sie, Nele ist am Leben und die gleichen Entführer haben sich nun Lena geschnappt?"

„Ich habe keine Ahnung. Letztlich stochere ich nur im Nebel, aber es wäre doch möglich", versuchte Gloria, ihre Theorie zu verteidigen, ohne wirklich selbst davon überzeugt zu sein. „Ach, ich weiß nicht. Vielleicht ist es auch nur ein Strohhalm, weil ich nicht wahrhaben will, dass so ein süßes kleines Mädchen sein Leben so früh verlieren musste", ruderte sie wieder zurück.

„Warten Sie! Nicht so schnell. Wenn wir den Fall aufklären wollen, müssen wir für alle Möglichkeiten offen sein. Und insbesondere, wenn Nele lebt, dürfen wir nichts unversucht lassen!" Knud wirkte nachdenklich. Gloria war gespannt, was er ausbrütete und ließ ihm ebenfalls die Zeit, in Ruhe zu überlegen, um seine Sätze zu formulieren.

„Bleiben wir noch eine Weile? Wollen wir eine weitere Runde bestellen?", fragte sie ihn, als der Kellner an ihren Tisch vorbeikam. Knud nickte geistesabwesend, worauf Gloria für ihn ein weiteres Bier, und für sich selbst ein Glas Chardonnay bestellte.

„Wir sollten es versuchen. Für die Erstellung der Zeichnung ist mir schon der Richtige eingefallen: Bernie Fischer. Auch ein Kontakt von Torge. Im letzten großen Fall im Mai hat er ihn quasi aus der Versenkung geholt. Bernie lebt wie ein Einsiedler direkt hinterm Deich im Tümlauer Koog, aber er ist ein begnadeter Künstler, der früher tatsächlich im Polizeidienst Phantombilder angefertigt hat, bis die Computer ihn wegrationalisierten. Wenn einer die Aufgabe mit Bravour meistern kann, dann ist das Bernie Fischer, den Sie übrigens nie ohne seine qualmende Pfeife antreffen." Die Vorstellung schien Knud zu amüsieren. „Ich weiß gar nicht, wie alt er ist. Würde mich nicht wundern, wenn er die Neunzig schon überschritten hat."

„Das klingt doch super!" Gloria war begeistert. „Warum sehe ich eine Falte zwischen Ihren Augen? Etwas an dem Plan scheinen Sie skeptisch zu sehen. Was ist das Problem?"

„Das Problem ist die Familie der kleinen Nele. Ihr Vater war schon damals so extrem abweisend und empathielos, dass er eine Weile unter Verdacht geriet. Diese Vermutung mussten wir allerdings wieder fallenlassen. Ehrlich gesagt war ich ewig nicht mehr auf dem Hof. Imke Hansen – Neles Mutter – war zur Zeit des Verschwindens hochschwanger. Ich weiß nicht, was aus der Familie geworden ist; wie sie den Verlust verkraftet hat. Eine Nachbetreuung durch die Psychologin Anke Berg haben sie damals strikt abgelehnt. Vermutlich war Friedrich Hansen dafür die treibende Kraft, die das vereitelt hat. Es hätte ihnen bestimmt gutgetan, aber wir konnten sie ja nicht zwingen. Dadurch ist der Kontakt sehr früh abgebrochen." Knud nahm einen Schluck von dem frisch gezapften Bier, das der Kellner mittlerweile gebracht hatte und lehnte sich dann zurück. „Wir brauchen eine

Idee, wie wir dem alten Miesepeter das Einverständnis für die Vorgehensweise abringen – und das, ohne zu wissen, wie es ihm und seiner Familie überhaupt geht."

Nickend drehte Gloria ihr Glas Wein an dem Stiel. Sie hatte da schon einen Einfall: „Warum setzen Sie nicht Ihren Hilfssheriff Trulsen darauf an? Seine Situation ist im Moment ähnlich. Außerdem hat es einen inoffiziellen Charakter, was vermutlich für die Familie wesentlich entspannter ist. Er kann ja erstmal mit der Bäuerin sprechen. Wenn es für sie okay ist, kann im zweiten Anlauf das Familienoberhaupt überzeugt werden."

„Gloria, das ist genial! Ich rufe gleich morgen früh bei Bernie Fischer an und frage ihn, ob wir ihm das Foto von Nele bringen dürfen, vielleicht hat er sogar Lust, mal wieder Polizeiluft zu schnuppern, so dass er uns einen Besuch auf dem Revier abstattet. Wenn wir die Zeichnung haben, weihen wir Torge in unseren Plan ein. Er ist bestimmt dabei."

Charlie in Husum und SPO | Mittwoch, den 22. Juli

Gerade als Charlie zu dem Schluss gekommen war, der Besuch in der Praxis der Psychologin würde an diesem Tag zu keinem Ergebnis führen, verließ Dr. Anke Berg ihr Büro, um sich selbst um den Kaffee zu kümmern, wozu ihre aufgelöste Sprechstundenhilfe offensichtlich nicht in der Lage war. Bevor sie Goldblum vorschlagen konnte, die Befragung abzubrechen, kam er ihr zuvor: „Charlie, ich glaube, ich kann hier allein mehr erreichen. Was hältst du davon, wenn du zurück nach St. Peter-Ording fährst, um das Team dort zu unterstützen?"
Für einen Moment war die Kommissarin zu perplex, um etwas zu erwidern, was bei ihr eher selten vorkam. Nicht zum ersten Mal fragte sie sich, ob es ein Fehler gewesen war, Martin Goldblum in den Fall zu involvieren. Hatte er sich so verändert oder lag es an ihr? Vielleicht war schlicht ihre Erinnerung getrübt.

Ohne auf sie zu achten, redete der Profiler weiter: „Eine Befragung aus Polizeisicht wird bei der Berg nicht zum Ziel führen, da bin ich mir sicher. Es sollte lieber ein Fachsimpeln unter Kollegen sein. Damit kann ich bestimmt das Eis brechen und ihr Informationen entlocken, ohne dass es ihr bewusst ist. Sie weiß etwas, was sie uns verheimlicht. Hundertprozentig!", verlieh Goldblum seiner Aussage Nachdruck.

Immerhin darin waren sie einer Meinung. Warum es also nicht ausprobieren? Das würde ihr außerdem die Gelegenheit geben, endlich mit Knud unter vier Augen zu sprechen. Gern wollte sie die Unstimmigkeit aus der Welt räumen, denn sie vermisste ihn an ihrer Seite. Wie sehr sie sich schon an den Austausch, das Brainstorming und die gemeinsame Arbeit gewöhnt hatte! Außerdem fehlte ihr seine pragmatische Art, die meist von fröhlicher Laune und dem so typischen Grienen begleitet war. Sie nickte zustimmend, was Goldblum zu erstaunen schien. Er hatte wohl mit Protest gerechnet.

„Einverstanden. Bevor ich fahre, werde ich mir die Assistentin noch einmal vorknöpfen. Die verheimlicht uns doch auch etwas", teilte sie ihm mit, als sie sich von ihrem Stuhl erhob. Sie verabschiedete sich von der im gleichen Moment wieder eintretenden Psychologin mit der Entschuldigung, sie werde woanders gebraucht und nickte Goldblum abschließend zu.

Wider Erwarten war Frau Sommer verschwunden. Vermutlich war sie von ihrer Chefin in die Mittagspause geschickt worden, um sich zu beruhigen. Schulterzuckend verließ Charlie die Praxis. Viel hatte sie sich sowieso nicht davon versprochen, erneut mit diesem Nervenbündel zu reden, das ständig drohte, in Tränen auszubrechen.

Auf der Rückfahrt von Husum nach St. Peter-Ording konzentrierte sich die Kommissarin auf die platte Landschaft, deren Anblick ihre Nerven genauso mühelos beruhigte, wie die tosende Nordsee bei Flut. Kurz fragte sie sich, wie Goldblum zurückkommen wollte, ignorierte den Gedanken aber schnell. Nicht ihr Problem. Er hatte sie ja quasi weggeschickt, sollte er sehen, wie er den Rückweg bewältigte.
Bewusst wählte sie den Schleichweg über Simonsberg sowie Uelvesbüll. Als sie bei Norderfriedrichskoog die Nordsee erreichte, parkte sie den Wagen, um sich für eine Viertelstunde die Beine zu vertreten. Es war schon fast Mittag. Glänzend lag das Watt vor ihr, das auflaufende Wasser brachte eine kühlende Brise mit sich, die nach der Hitze der vergangenen Wochen angenehm war. Charlie beschloss, die Pause ein wenig auszudehnen. Den Deich herunterkletternd fühlte sie wieder das Gefühl der Freiheit. Vielleicht war es heute zusätzlich dem Umstand geschuldet, endlich Martins Umklammerung entronnen zu sein, der seit Montagmorgen wie eine Klette an ihr gehangen hatte.
Einige der Schafe glotzten sie erstaunt an. In diese Ecke der Halbinsel verirrten sich wesentlich weniger Touristen als in die Ortsteile von St. Peter sowie das Areal um den Leuchtturm von Westerhever. An diesem Mittag war sie hier allein. Von einem irrealen Glücksgefühl beseelt schrie sie ihre Lebensfreude in den Wind. Prompt bekam sie blökende Antwort von den Vierbeinern. Zwei von ihnen sprangen erschrocken zur Seite. Lachend streifte sie ihre Sandalen von den Füßen, um eine kleine Wanderung durch das Watt zu unternehmen, bevor sie sich wieder den ernsten Herausforderungen dieses Tages stellte. Sollte sie bei Knud anrufen? Vermutlich brachte das nichts. Er war mit dem großen Team aus Heide irgendwo

auf Eiderstedt unterwegs. Besser sie kehrte nach dieser Mittagspause zurück auf das Revier, wo Fiete die Stellung hielt. Sie konnte mit ihm das weitere Vorgehen besprechen, Knud würde sicherlich am Nachmittag dorthin kommen, wodurch sich dann endlich eine Gelegenheit für ein ruhiges Gespräch ergab. Vielleicht hatte er ja Lust auf ein gemeinsames versöhnliches Abendessen. Natürlich verließ sie die glänzende Fläche des Watts nicht, ohne einige Muscheln aufzuheben. Erst als sie in einer großen Pfütze den Schlick von einem besonders prachtvollen Exemplar spülte, bemerkte Charlie, wie herrlich sich der Himmel mit seinen kleinen Schönwetterwolken darin spiegelte. Mittlerweile verstand sie ihre anfängliche Abneigung gegen diese wundervolle Landschaft mit all seinen Facetten nicht mehr. Längst war sie angekommen. Nach Hamburg zog es sie nur ab und zu. Spätestens am Ende eines Wochenendes in der Hansestadt sehnte sie sich dann geradezu wieder an die Küste. Wer hätte das gedacht, als sie im letzten September hierher strafversetzt wurde! War das wirklich noch einmal ein Jahr her? Nachdem sie so viele Muscheln aufgehoben hatte, wie sie ohne Tüte tragen konnte, beendete sie ihren Ausflug im Watt, um sich wieder den Ermittlungen zuzuwenden. Die kleine Auszeit hatte ihr wie üblich gutgetan. Sie fühlte sich gestärkt für die zweite Hälfte des Tages.
Erst als sie auf den Parkplatz des Reviers fuhr, bemerkte Charlie, wie hungrig sie war. Kurz überlegte sie, sich im Bad ein paar Nudeln oder ein Stück Pizza zu holen, verwarf den Gedanken aber wieder. Direkt beim Italiener konnte sie nicht parken und vom Parkhaus bis zu *Pasquale* zu laufen, ging über ihre Energie. Mit Glück wurden sie heute wieder von Else Nissen ernährt. Die Frau ihres Kollegen war eine großartige Köchin, die mit großer

Freude das Team in St. Peter-Ording versorgte, wenn der Stresspegel durch einen kniffligen Fall stieg.

„Moin Charlotte, so früh habe ich Sie gar nicht zurückerwartet", wurde sie von Fiete begrüßt, als sie die Polizeistation betrat. „Wo haben Sie denn unseren amerikanischen Starprofiler gelassen?", fügte er mit einem ironischen Unterton hinzu, der Charlie prompt zum Lachen brachte.

„Sie werden es nicht glauben, er hat mich gefeuert", klärte sie ihren Kollegen auf, der sie daraufhin ungläubig anstarrte.

„Im Ernst? Sie wollen mich ja wohl auf den Arm nehmen! Kommissarin Charlotte Wiesinger lässt sich doch von so einem nicht die Butter vom Brot nehmen!" Fiete echauffierte sich in seiner Fassungslosigkeit. So hatte Charlie ihn nur selten erlebt. „Nun spannen Sie mich aber auf die Folter! Erzählen Sie, was passiert ist."

„Im Grunde stimmt es. Goldblum wollte allein mit der Psychologin reden. Fachsimpeln, wie er sich ausdrückte. Er meint, dann eher etwas herauszubekommen. Ehrlich gesagt, war sie aalglatt und gleichzeitig verschlossen wie eine Auster. Intelligent, aber irgendwie seltsam. Eigentlich war ich ganz froh, dass er mich weggeschickt hat. Ich kann wieder atmen", weihte sie Fiete in die Geschehnisse des Vormittags ein. „Sie müssen mich gleich auf Stand bringen, was hier inzwischen passiert ist, aber vorher habe ich eine ganz profane Frage: Hat Ihre Frau Ihnen wieder was zu essen mitgegeben? Ich meine, für alle? Ich sterbe vor Hunger!"

„Und wenn es Fischbrötchen wären?" Fiete konnte nicht widerstehen, sie ein wenig zu foppen.

„Heute ist mir alles recht", ging Charlie lachend darauf ein. „Sind es Fischbrötchen?", fragte sie gespielt scheinheilig. „Ich glaube, jetzt wollen Sie mich ein wenig veräppeln. Sagen Sie schon! Was ist es?"
„Kein nordisches Allheilmittel heute", erlöste Fiete sie. „Else hat eine Lasagne vorbereitet. Soll ich Ihnen ein Stück davon in die Mikrowelle stellen?"
„Oh, ja bitte. Ein Großes", rief sie hinterher, als er schon fast in der Küche verschwunden war. Sein Lachen schallte in den Raum zurück.
Kurz darauf erschien er mit einem Teller mit einer wirklich enormen Portion der italienischen Spezialität.
„Es ist mir ein Rätsel, wie Sie kleine Person so schlank bleiben können", frotzelte er ein wenig weiter, während er die Mahlzeit samt Besteck vor ihr auf den Tisch stellte.
„Sagen Sie ruhig, dass Sie mich für verfressen halten", antwortete Charlie bestens gelaunt. „Oh, sogar mit Serviette! Wenn es Sie beruhigt, ich kann lediglich dann soviel essen, wenn wir hier Stress haben. Ansonsten setzt es auch bei mir an."
„Na, dann lassen Sie es sich schmecken. Meine Else wird sich freuen, wenn ich nicht alles wieder mit nach Hause bringe."
„Auf keinen Fall!", protestierte sie vehement mit vollem Mund. „Oh, ist das heiß! Erzählen Sie mir doch, während ich diese Kalorien verdrücke, was es hier Neues gibt."
„Im Grunde gibt es keine großartigen Neuigkeiten. Knud ist mit dem Team aus Heide unterwegs. Er hat versprochen, sich bei mir zu melden, wenn sie eine Spur finden. Bisher leider Funkstille. Torge kommt mit Annegret gegen 16 Uhr hierher, um den Journalisten von *N3 von der Küste* zu treffen. Sie wollen sich in einem Fernsehappell an die Zuschauer wenden. Das ist leider alles." Fiete war die Enttäuschung anzumerken, in dem Westküstenpark

nicht schnell genug gewesen zu sein. Jetzt war es wieder eine so mühsame Suche, wie schon bei den anderen Kindern. Über Nele wollten sie am liebsten gar nicht nachdenken, aber das war am dringlichsten. Bestimmt gab es Parallelen zu der Entführung der kleinen Lena. Dieses Mal mussten sie den Fall lösen, damit Trulsen seine Enkelin zurückbekam.
Als sie die große Portion schmackhafter Lasagne verputzt hatte, fühlte sie sich müde. Am liebsten hätte sie sich eine Viertelstunde hingelegt. Warum gab es eigentlich für solche Zwecke keine Couch auf dem Revier? Sie nahm sich fest vor, das bei der nächsten Teamsitzung zu thematisieren. Im Liegen ließ es sich wunderbar denken!
„Na, wie es aussieht, hat es Ihnen geschmeckt, Charlotte." Wie aus dem Nichts stand Fiete plötzlich mit einem großen Pott voll Kaffee neben ihr. „Damit Sie wieder wach werden! Ihr Kopf war kurz davor, auf die Tischplatte zu sacken", fügte er schmunzelnd hinzu und nahm den leer gegessenen Teller entgegen.
„Es war wunderbar. Richten Sie Ihrer Frau einen lieben Gruß aus. Sie rettet uns mit ihrer Kochkunst das Leben."
„Eben sahen Sie allerdings eher so aus, als hätte es Ihnen den Rest gegeben. Nächstes Mal bekommen Sie nicht so eine große Portion." Fiete marschierte mit dem Teller in die Küche.
Gerade als die Müdigkeit sie zu überwältigen schien, betrat eine Frau das Revier. Ein Gähnen unterdrückend rappelte sich Charlie von ihrem Stuhl auf, von dem sie immer tiefer gerutscht war. Am liebsten hätte sie sich einmal kräftig gestreckt. Da das aber vermutlich ein bisschen merkwürdig aussah, begnügte sie sich mit dem Öffnen des Fensters, um ein wenig von der kühlen Brise, die die Flut mit sich brachte, in den Arbeitsraum strömen zu lassen.

Die Besucherin war mit leicht gesenkten Kopf an der Tür stehen geblieben. Offensichtlich traute sie sich nicht, unaufgefordert näher zu treten. Charlie nahm einen großen Schluck von dem Kaffee und lud sie mit einer Geste ein, zu ihr zu kommen, was die Frau daraufhin mit leicht schlurfenden Schritten tat. Sie wirkte wie ein scheues Reh, das bei dem kleinsten Anzeichen von Gefahr die Flucht antreten würde. Die Kommissarin schätzte sie auf Ende vierzig. Sie trug einen geblümten Rock sowie eine schlichte gelbe Bluse, die ihre Bräune gut zur Geltung brachte. Das war allerdings alles, was Charlie an der Frau als attraktiv bezeichnet hätte. Die Kleidung schien etwas zu groß zu sein, sie hing an der hageren Frau mittlerer Größe sackartig herunter, die blonden Haare zeigten einen dunklen Ansatz, ein Schnitt wäre kein Luxus gewesen. Ihre Füße steckten barfuß in grünen Gartenclogs, die nach Charlies Meinung zu den Errungenschaften gehörten, die die Menschheit nicht brauchte. Ihre Hände sahen nach Arbeit aus, an der rechten Hand trug sie einen Ehering, ansonsten schmückte sie sich nicht.

Fiete rumorte in der Küche, also übernahm Charlie die Begrüßung der Unbekannten: „Moin, ich bin Kommissarin Charlotte Wiesinger. Was kann ich für Sie tun?"

„Moin." Die Stimme war unerwartet tief, aber sie sprach leise, was zu ihrem Auftreten passte. „Moin", wiederholte sie ein bisschen lauter. „Mein Name ist Birgitta Jensen aus Kating. Darf ich mich vielleicht setzen? Diese Hitze macht mir sehr zu schaffen."

„Natürlich, gerne." Charlie deutete auf den Besucherstuhl neben ihrem Schreibtisch. „Möchten Sie ein Glas Wasser oder lieber einen Kaffee?"

„Wasser wäre nett", antwortete Birgitta Jensen, bevor sie Platz nahm. Als Charlie mit dem kühlen Getränk aus der Küche zurückkehrte, hatte die Besucherin, ihre Füße aus den grünen Ungeheuern befreit, was die Kommissarin unwillkürlich die Nase rümpfen ließ. Fiete ließ es sich nicht nehmen, einen Blick auf die ungewöhnliche Erscheinung zu werfen. Etwas schwerfällig ließ er sich nieder.

„Das ist mein Kollege Fiete Nissen", klärte Charlie die Besucherin auf. „Wie können wir Ihnen helfen?" Sie hoffte inständig, dass es sich nicht um einen Fall von häuslicher Gewalt handelte, für den sie jetzt im Grunde weder Zeit noch Energie hatten.

„Ich glaube, ich habe was beobachtet." Nachdem sie einen Schluck Wasser getrunken hatte, sprach sie weiter. „Das war am Samstag. Ich besuche jeden Samstag meine Mutter in Katingsiel. Ich erledige ihre Einkäufe und sie kocht dafür für mich. Wissen Sie, meine Mutter ist schon 89 Jahre alt. Ich helfe ihr dann auch noch im Haushalt. Für den Garten hat sie jemanden, der ihr zur Hand geht."

Charlie spürte eine weitere Welle der Müdigkeit heranrollen. Sie hoffte inständig, bald etwas Interessantes zu hören. Birgitta Jensen schien recht schlicht gestrickt zu sein. Sie wappnete sich für eine weitschweifige Erzählung der Lebensumstände, bis die aufopferungsvolle Tochter zum Punkt ihrer Geschichte kam. Vermutlich würde es nichts bringen, die Höflichkeit zu opfern, um die Angelegenheit zu forcieren.

„Ich hatte schon mal überlegt, sie zu mir nach Hause zu nehmen, aber unser Haus ist doch sehr klein und mein Mann war dagegen. Das kommt, weil er sein Zimmer dann aufgeben muss. Eigentlich ist es nur ein Bastelzimmer und er hat ja zusätzlich den Schuppen, in dem er solche Sachen machen kann, aber er hat gesagt, im Winter ist es im Schuppen viel zu kalt. Es sei sein Haus und damit basta. Obwohl es natürlich auch mein Haus ist und ich habe ja auch ein Anrecht auf ein eigenes Zimmer,

oder? Es sind aber nur drei Zimmer und er hat sich durchgesetzt. So ist es eigentlich immer." Erschöpft legte sie eine Pause ein, um einen weiteren Schluck zu trinken. Charlies Müdigkeit wurde übermächtig, ihre Gedanken schweiften bei der langweiligen Erzählung ab. Gerade sah sie eine Comicfigur vor dem geistigen Auge, die ihre Lider mit Pflasterstreifen an die Stirn klebte. Das Bild war so lebendig, dass sie fast laut losgelacht hätte. Sich zusammenreißend wandte sie sich wieder an die Besucherin.
„Ja, Frau Jensen, ich verstehe Ihr Problem, aber da können wir Ihnen leider nicht helfen. Sie sprachen von einer Beobachtung. Wollen Sie uns davon erzählen?", versuchte Charlie, zum Kern zu kommen.
„Ja, genau. Also das war am letzten Samstag. Ich fahre immer ziemlich früh zu Mama, so um halb neun. Dann hole ich den Einkaufszettel ab, um nach Garding zum Einkaufen zu fahren, jedenfalls jetzt bei dieser Hitze. Vorher, also als es noch nicht so heiß war, habe ich meistens erst das Haus geputzt und dann bin ich nach dem Essen zum Einkaufen gefahren. Wir essen dann immer um Punkt zwölf." Wieder folgte eine Trinkpause. „Kann ich vielleicht noch ein Glas Wasser haben? Diese Hitze macht mir echt zu schaffen!"
Charlie warf Fiete einen leicht gequälten Blick zu, sie musste sich alle Mühe geben, nicht mit den Augen zu rollen. Er zog eine Grimasse und versuchte, sie mit einer aufmunternden Geste zum Durchhalten zu motivieren.
„Ich hole mal die ganze Flasche", teilte er mit einem Schmunzeln mit, woraufhin sich Charlie wieder auf Birgitta Jensen konzentrierte, die im gleichen Moment ein Blatt Papier aus dem mitgebrachten Beutel zerrte, der aus demselben Stoff wie der Rock genäht war. Nachdem

sie es glattgestrichen hatte, reichte sie es der Kommissarin mit den Worten: „Ich glaube, ich habe am Samstag diesen Jungen gesehen!"

Charlie war sofort hellwach. „Sie haben Timo gesehen? Und schon am Samstag? Warum kommen Sie denn erst jetzt zu uns?" Das Temperament ging mit der Kommissarin durch. Verschüchtert zuckte die unscheinbare Frau zurück. Impulsiv legte Charlie ihr eine Hand auf den Arm, was sie noch mehr erschreckte.

„Bitte nicht anfassen", flüsterte sie, während sie ihn zurückzog. Am liebsten wäre sie aufgesprungen und aus dem Revier geflohen. Als Fiete mit der Flasche Wasser erschien, bat die Kommissarin ihn mit einer Geste, einen Moment zu warten.

„Bitte entschuldigen Sie, Frau Jensen. Ich wollte Sie nicht erschrecken. Wo haben Sie Timo gesehen?" Charlie versuchte, ihre Stimme sanft klingen zu lassen, um ihre Gesprächspartnerin wieder zu beruhigen. Diese löste sich aus ihrer Schockstarre, hielt sich aber krampfhaft an der Stofftasche fest.

„In Katingsiel. Das letzte Haus in Katingsiel steht ein wenig abseits. Eigentlich ist es schon außerhalb von dem Dorf ... der Junge stand am Fenster. Er hatte die Gardine ein bisschen zur Seite geschoben und guckte in den Garten. Dort war ein großer Vogel im Garten und pickte auf dem Rasen herum. Ich habe dem Jungen zugewunken, da ist er ganz schnell hinter der Gardine verschwunden."

„Und das haben Sie aus dem fahrenden Auto beobachtet?" Charlie war skeptisch. Die Frau wirkte schon überfordert, überhaupt einen Wagen zu fahren. Dann parallel solche präzisen Beobachtungen zu tätigen, schien ihr eher unwahrscheinlich.

„Nein, nicht mit dem Auto. Ich fahre immer mit dem Fahrrad. Wir haben nur ein Auto und das gibt Theo mir nicht. Theo, das ist mein Mann", fügte Birgitta Jensen erklärend hinzu.

„Tatsächlich? Das ist aber eine ganz schöne Strecke!" Charlie versuchte, sich die Karte von Eiderstedt ins Gedächtnis zu rufen, erinnerte sich jedoch nicht, wo genau Katingsiel lag.

„Nein, das geht. Anstrengend ist es nur bei Gegenwind." Die Besucherin hatte die Anerkennung in der Stimme der Kommissarin wahrgenommen, was sie gleich entspannte.

„Von Kating nach Katingsiel sind es ungefähr drei Kilometer, dann nach Garding gut sieben", schaltete sich Fiete in die Unterhaltung ein.

„Ja, so ungefähr", bestätigte Birgitta Jensen. „Ich fahre viel mit dem Fahrrad, dann ist es nicht schlimm. Für Mama mache ich das gerne."

„Okay", hakte die Kommissarin ein, bevor sie sich die nächste Episode der Jensenschen Familiengeschichte anhören musste. „Gibt es einen Grund, warum Sie erst jetzt zu uns kommen?"

„Ich habe dieses Blatt Papier heute Vormittag in der Jackentasche von meinem Mann gefunden." Eine leichte Röte zog über ihr Gesicht. „Ich stöbere nicht in seinen Sachen, das müssen Sie mir glauben, aber die Jacke musste dringend mal gewaschen werden und da muss ich doch alles aus den Taschen nehmen."

„Auf jeden Fall müssen Sie das!", stimmte Charlie ihr zu, was ihr zusätzliches Vertrauen einbrachte. „Sind Sie jetzt auch mit dem Fahrrad gekommen?"

Zum ersten Mal seit ihrer Ankunft huschte ein kleines Lächeln über Birgitta Jensens Gesicht, das aber schnell wieder verschwand. „Nein, heute ist viel Wind und ich fühle mich etwas schwach durch die Hitze. Ich habe den

Bus genommen. Ich muss auch bald wieder zurückfahren. Theo wird sehr böse, wenn das Abendessen nicht pünktlich um sechs auf dem Tisch steht." Ihr Blick verfinsterte sich bei dem Gedanken an ihren Mann.
Charlie nickte. „Sie haben also den Flyer in der Tasche ihres Mannes gefunden und sich an das Gesicht des Jungen erinnert?"
„Ich fand es schon komisch, als ich ihn zum ersten Mal gesehen habe. Ich fahre ja fast jeden Samstag an dem Haus vorbei. Es hat immer sehr verlassen gewirkt. Ich dachte, da wohnt vielleicht ein alter Mann, den man nie zu sehen bekommt. Die Gardinen müssten dringend mal gewaschen werden. Wenn da eine Frau wohnen würde, würden die Gardinen nicht so aussehen. Da bin ich sicher! Naja, jedenfalls ein Kind habe ich dort noch nie gesehen. Es gibt auch kein Spielzeug oder so im Garten, keine Schaukel, nicht einmal ein Fahrrad." Wieder griff sie zu dem Glas Wasser, das Fiete mittlerweile aufgefüllt hatte, was der Kommissarin einen Moment zum Nachdenken bescherte. Sie überlegte fieberhaft, für wie glaubwürdig sie diese Geschichte einstufen sollte.
Wie ihr Knud fehlte! In seiner besonnenen, hinterfragenden Art überraschte er sie nicht selten mit einem Aspekt, an den sie zumindest spontan gar nicht dachte. Immerhin hatte Birgitta Jensen den Weg mit dem Bus nach Sankt Peter-Ording auf sich genommen, obwohl sie Angst hatte, ihrem Haustyrannen das Abendessen nicht rechtzeitig servieren zu können. Kurz fragte sie sich, warum sich Frauen so etwas antaten, wischte den Gedanken aber weg, weil es sie vom Thema abbrachte. Auf jeden Fall mussten sie der Spur nachgehen, da gab es keinen Zweifel!
Wieder warf sie Fiete einen Blick zu, den er mit einem zustimmenden Nicken erwiderte. Gerade als sie dachte,

sie würde sich gerne unter vier Augen mit dem erfahrenen Kollegen abstimmen, kam ihr die Besucherin mit einem Anliegen entgegen. Die erhebliche Wassermenge forderte ihren Tribut. Charlie wies ihr den Weg zum WC, um dann schnell Fiete nach seiner Meinung über das weitere Vorgehen zu befragen: „Was meinen Sie, wollen wir gemeinsam mit Frau Jensen nach Katingsiel fahren oder lieber auf Knud warten und dann mit ihm schauen, ob es etwas Verdächtiges in dem Haus zu finden gibt?"
„Meinen Sie, dass sie mit uns kommt? Sie hat doch nur noch das Abendessen für ihren vermutlich äußerst unsympathischen Gespons im Kopf." Obwohl Fiete schräg hinter Birgitta Jensen gesessen hatte, war ihm kein Wort entgangen.
„Sie ist aber mit dem Auto viel schneller zurück. Wir können es uns ja zeigen lassen und sie dann erst einmal nach Hause fahren. Vermutlich ist ihr Göttergatte auch dem Alkohol nicht abgeneigt. Ich weiß nur zu gut, wie es in solchen Familien zugeht. Es hilft ihr, wenn sie pünktlich da ist. Den Rest muss sie sowieso alleine bewältigen."
Fiete bedachte Charlie mit einem langen Blick, fragte aber nicht nach. Das war ebenfalls etwas, was sie an den pragmatischen Nordfriesen mochte. Selbst wenn man sich, wie sie gerade, in Andeutungen erging, wurde man nicht bedrängt, etwas zu erzählen, bevor die Zeit reif war. Die Bewohner dieses Landstrichs fassten sich in Geduld, frei nach dem Motto: Wenn einer schnacken will, dann wird er schnacken – wenn nicht, dann nicht.
„Auf Knud zu warten ist nicht sinnvoll. Er leitet jetzt die Suchmannschaft. Ich denke, ein Haus zu überprüfen, in dem vermutlich nur ein oder zwei Leute wohnen, damit werden wir zwei beide alleine fertig, min Deern." Kaum ausgesprochen, tauchte Birgitta Jensen wieder auf.

„Ich muss jetzt wirklich nach Hause. Haben Sie eine Uhr? Ich hoffe, ich schaffe den Bus um 15.15 Uhr", fügte sie in jammernder Stimmlage hinzu.

Charlie fragte sich unwillkürlich, wie opulent das Abendessen ausfallen würde. Selbst wenn sie erst um 16 Uhr daheim war, blieb massenhaft Zeit zum Kochen. Aber sie fragte lieber nicht nach. Im Grunde war es ja egal.

„Wir fahren Sie nach Hause, Frau Jensen, das ist kein Problem. Auf dem Weg können Sie uns das Fenster in Katingsiel zeigen, hinter dem Sie den Jungen gesehen haben. Wir überprüfen das dann im Anschluss." Die Kommissarin war davon ausgegangen, Freude oder zumindest Erleichterung bei ihrem Gegenüber zu bewirken, doch das Gegenteil geschah.

„Sie erzählen den Leuten dort aber nicht, dass ich Ihnen den Tipp gegeben habe, oder? Auch mein Mann darf es auf keinen Fall erfahren. Er hasst es, wenn ich mich in die Angelegenheiten von anderen Menschen reinstecke. Sie müssen es mir versprechen, niemanden davon zu erzählen!" Ihr Blick wurde flehentlich, vor lauter Nervosität zerknautschte sie ihren Beutel. Die Blumen des Musters schienen welk zu werden.

„Frau Jensen, beruhigen Sie sich. Niemand erfährt etwas von uns – weder Ihr Mann noch der oder die Bewohner des Hauses in Katingsiel. Wollen Sie mit uns kommen? Sollen wir Sie heimbringen?" Charlie versuchte, ihre Stimme beruhigend klingen zu lassen, was schließlich Wirkung zeigte.

„Okay, gehen wir", kommentierte sie knapp, bevor sie sich von dem Stuhl erhob. Die Kommissarin war gespannt, was sie in dem Haus erwartete.

Torge in Vollerwiek | Donnerstag, den 23. Juli

Torge konnte sich nicht daran erinnern, sich schon jemals so ausgelaugt gefühlt zu haben. Weder bei seiner Arbeit in der *Weißen Düne* noch an Annegrets Seite wollte er sich davon etwas anmerken lassen, was nochmals erheblich Kraft kostete – und dann dazu diese für St. Peter-Ording ungewohnte Hitze! Er war fest davon überzeugt gewesen, in der Polizeistation mindestens Fiete anzutreffen, vielleicht sogar Knud, wurde aber enttäuscht. Vermutlich arbeiteten sie alle daran, seine kleine Lena zu finden, was ja beruhigend war, doch über ein bisschen Beistand hätte er sich an diesem Nachmittag schon gefreut.
Sein eigener Arbeitstag war stressig gewesen. Bisher hatte er immer gedacht, bei Regenwetter wurden die Feriengäste nörgelig und unzufrieden, aber das heiße Sommerwetter schien ihnen ebenfalls viel abzuverlangen. Einige Male war er nahe dran, die Contenance zu verlieren,

wenn sie ihn nicht nur mit ihren Problemchen konfrontierten, sondern ungeduldig wurden, weil er nicht sofort gesprungen kam. Einige von ihnen hätte er am liebsten geschüttelt oder zumindest lauthals gefragt, ob dies in Anbetracht einer entführten dreijährigen Enkelin wirklich wichtig war. Aber das konnte man natürlich nicht machen. Torge war überaus professionell, was ihn den Tag ohne Zwischenfälle hinter sich bringen ließ.

Obwohl Hansen im Haus war, kam er nicht dazu, ihn mal auf die Familie seines Cousins anzusprechen – die Eltern der kleinen Nele. Torge hatte sich fest vorgenommen, ihn zum Mittagessen einzuladen, um ihn ein wenig auszufragen, aber das ließ die Zeit nicht zu. Erst kurz vor Feierabend waren sie einander über den Weg gelaufen. Hansen nahm Torge einen letzten Auftrag ab, damit dieser pünktlich bei dem Polizeirevier eintraf. Er hatte schnell Hemd und Hose gewechselt, um neben der schnieken Annegret in ihrem hübschen Trachtenkleid, keinen schlunzigen Eindruck zu erwecken.

Natürlich wartete sie bereits, als er mit seinem alten Kombi auf den Parkplatz fuhr. Kurz darauf traf Christiansen mit dem Kamerateam in einem neuen modernen Übertragungswagen ein.

Der Fernsehappell war schnell im Kasten. Er hatte sich zusammen mit Annegret genau überlegt, welche Worte sie an den Entführer richten wollten. Insgesamt hielten sie sich eher nordisch knapp; sie sehr emotional, er schwerpunktmäßig rational mit einem kleinen Quäntchen Gefühl, um nicht herzlos zu erscheinen.

Im Anschluss fuhren sie zurück nach Tating, wo Lukas in der Obhut einer Freundin auf sie wartete. Sie schauten es sich gemeinsam im Fernsehen an und legten sich nach einem kargen Abendessen früh schlafen. Torge hatte außerdem den Zeichner Bernie Fischer erreicht. Da ihm die

Managerin Marina Lessing aufgrund der besonderen Situation große Freiheiten einräumte, verabredete er sich mit dem alten Freund für den nächsten Tag um 15 Uhr in der *Weißen Düne*. Gemeinsam planten sie, Timo für einen kleinen Malkurs zu begeistern. Annegret würde Lukas bringen und sich dann mit einer Freundin in der Dünentherme treffen, um hoffentlich für ein paar Stunden abzuschalten, wenn es auch schwerfiel. Beide mussten zwischendurch irgendwie ein wenig Kraft tanken. Sie hofften sehr, dass der Fernsehappell Reaktionen zur Folge hatte, die sie auf die Spur ihrer kleinen Lena führten.

Am nächsten Morgen verließ Torge früh das Haus, um gemeinsam mit Hansen in der *Weißen Düne* zu frühstücken, bevor der Wahnsinn des Tages ihnen dafür wieder keine Zeit ließ. Sein Kollege hatte etwas erstaunt auf die SMS des Hausmeisters reagiert, aber sofort zugesagt. Torge war zwar nicht sein Vorgesetzter, aber wesentlich länger in der Ferienanlage tätig. Im letzten Jahr als Hansen oft krank war, hatte Torge ihm den Rücken freigehalten. Solche Unterstützung vergaß man hier oben im Norden nicht. Hansen schuldete Torge etwas und was sollte er gegen ein gemeinsames Frühstück am frühen, kühlen Morgen einzuwenden haben?
Pünktlich um sechs trafen sie sich in dem Restaurant für Mitarbeiter, zu dem eine kleine Terrasse mit Blick in die Dünen gehörte. Beide entschieden sich für eine große Portion Eier mit Speck, falls die Mittagspause wieder ausfiel.
„Nun bin ich aber gespannt, Trulsen. Was verschafft mir die Ehre eines Frühstücks mit dir zu so früher Stunde?", fragte Hansen ihn mit vollem Mund, worüber Torge sich

sonst gewöhnlich aufregte, aber heute war es ihm egal. Alles relativierte sich, wenn es echte Probleme gab.

„Hhm, hast du gestern *N3 von der Küste* gesehen?", fragte er, weil er nicht so recht wusste, wie er sein Anliegen vorbringen sollte.

„Nee, bei der Hitze zische ich nach Feierabend ein paar Bier in meiner Hollywoodschaukel, die Glotze mache ich gar nicht an. Ist was passiert?" Hansen stopfte sich einen breiten, knusprigen Speckstreifen in den Mund und kaute geräuschvoll darauf herum.

„Kann man wohl sagen. Hast du von dem Jungen gehört, der seit letzten Donnerstag vermisst wurde?", fing Torge die Geschichte von vorne an.

„Ja, hab einen von diesen Flyern gesehen. Ist er wieder aufgetaucht?"

„Das ist er." Der Hausmeister legte eine Pause ein. „Jetzt ist meine Enkelin verschwunden – aus dem Westküstenpark entführt."

Hansen ließ vor Schreck seine Gabel fallen. „Ist nicht dein Ernst! Das klingt ja wie ... wie damals ... als Nele verschwand. Wolltest du mich deswegen sprechen?"

„So ist es. Hansen, ich brauche Hilfe. Erst einmal geht es um Informationen über die Familie deines Vetters. Dann würde ich aber gerne selbst mit ihnen sprechen. Lena, meine Enkelin, ist erst drei und genau so ein Engel wie Nele." Torge versuchte, seine Stimme eindringlich klingen zu lassen, doch das war im Grunde überflüssig. Hansen schien wirklich schockiert zu sein und sagte ihm sofort alle Unterstützung zu, die er brauchte.

„Wie ist denn das passiert? Hast du ein Foto? Und wie geht es Annegret damit?" Die Fragen sprudelten nur so aus dem Kollegen heraus. Die Gabel wurde gar nicht mehr aufgehoben, vergessen war der Rest der reichhaltigen Mahlzeit. Torge fasste kurz die Details des Geschehens zusammen, bevor er das Foto von Lena aus seinem Portemonnaie zog.

„Annegret geht es natürlich überhaupt nicht gut, aber sie lässt es sich nur selten anmerken. Sie hält sich wirklich wacker. Hier ist das Foto." Torge reichte ihm das Bild über den Tisch.

„Das ist Lena? Das gibt´s ja nicht." Hansen konnte den Blick gar nicht von dem Bild nehmen.

„Ja, wieso?", fragte Torge ein wenig irritiert.

„Ist ja Nele wie aus dem Gesicht geschnitten." Endlich hob Hansen den Blick und schaute dem Kollegen direkt in die Augen. „Ist dir gar nicht aufgefallen, wie groß die Ähnlichkeit zwischen den beiden Mädchen ist?" Bevor Torge antworten konnte, redete er bereits weiter: „Also, um auf deine ursprünglichen Fragen zurückzukommen, ... mein Verhältnis zu Friedrich war nie so dicke. Seit Nele verschwunden ist, hat es sich merklich abgekühlt. Er ist eben schwierig, und der Verlust seiner Tochter hat ihm hart zugesetzt – ist ja klar. Eine Zeitlang sah es so aus, als würde die Ehe mit Imke daran zerbrechen, aber irgendwie haben sie die Kurve gekriegt. Ob es das ganz große Glück ist, weiß ich nicht. Ich bin nur noch selten dort. Vermutlich haben sie sich wegen Bente zusammengerauft. Du erinnerst dich bestimmt, dass Imke damals schwanger war. Die Geburt des Sohnes war ein Rettungsanker für die beiden, auch wenn er Nele natürlich nicht ersetzen kann." Nach der ungewohnt langen Rede griff Hansen nach seinem Kaffeepott. „Bah, schon wieder leer. Die Luft ist echt trocken hier in diesen Tagen", versuchte er einen Scherz, auf den Torge aber nicht reagierte, weil er mit seinen Gedanken bei dem eben Gehörten weilte.

„Ich hol mir noch einen Kaffee. Für dich auch?", fragte Hansen in den Strom seiner Überlegungen hinein. „Isst du das noch, oder soll ich die Teller wegbringen?"
„Hm?"
„Kaffee? Weiteressen?"
„Kaffee ja, essen nein", kam die knappe Antwort. Torge beschäftigte vor allem die Frage, was die große Ähnlichkeit der beiden Mädchen zu bedeuten hatte. Während er sein Notizbuch aus der Tasche holte, das er stets bei sich trug, räumte Hansen die Reste der Mahlzeit ab. Darüber musste er unbedingt mit Knud und der Wiesinger schnacken. Vielleicht trug sogar dieser aufgeblasene Profiler Goldblum etwas Konstruktives dazu bei. Das war ja wohl sein Spezialgebiet, oder?
„Meinst du, wir können zusammen zu Imke und Friedrich fahren?", fragte er Hansen, der gerade zwei prall gefüllte Kaffeepötte balancierte, um ja nichts zu verschütten. Dann wurde Hermine, die Reinigungskraft dieses Bereichs, echt fünsch. Das hatten sie schon mehr als einmal erlebt.
„Puh, Friedrich will darüber überhaupt nicht mehr reden. Jedes Mal, wenn bei einer Familienfeier oder so, irgendwer es wagt, das Thema anzuschneiden, verlässt er kommentarlos den Raum. Ich glaube, da wirst du auf Granit beißen. Vielleicht hast du bei Imke eine Chance."
Hansen schien darüber nachzudenken.
„Auch nicht in meiner besonderen Situation? Wird Friedrich sich trotzdem stur stellen?", hakte Torge nach.
„Kann ich dir wirklich nicht beantworten."
„Und würdest du mit mir hinfahren? Oder hast du Angst vor dem Unmut deines Vetters?", wollte Torge es genau wissen.

„Pah, Angst vor dem? Natürlich fahre ich mit dir hin. Soll ich sie mal anrufen, wann es passt?" Hansen griff schon nach seinem Handy.

„Nein, lass uns einfach hinfahren. Erstens wissen wir nicht genau, wann wir hier wegkommen. Zweitens ist es besser, das Überraschungsmoment auf unserer Seite zu haben. Imke kann uns sicherlich gut weiterhelfen, aber ich möchte am liebsten mit beiden schnacken. Wenn wir uns ankündigen, wird Friedrich bestimmt das Weite suchen." Torge war wieder in seinem Element. Konfrontiert mit einer konkreten Aufgabe war er in der Lage, für eine Weile seine Gefühle zu unterdrücken – sonst hätte ihn die Angst gelähmt und er wäre zu nichts mehr imstande gewesen. „Vielleicht können wir um die Mittagszeit fahren. Weißt du, ob Friedrich dann zum Essen auf den Hof kommt? Ich meine, grundsätzlich?"

„Früher haben sie es so gehalten. Probieren wir es aus", gab Hansen zur Antwort.

„Gut, dann fahren wir um zwölf. Nach Vollerwiek sind wir ja nur gut zehn Minuten unterwegs. Um fünfzehn Uhr habe ich hier den nächsten Termin", informierte Torge seinen Kollegen.

„Wie immer schwer beschäftigt." Hansen erlaubte sich ein kurzes Grinsen, bevor er seinen Kaffeepott leerte. „Dann wollen wir mal, die Arbeit ruft. Wir treffen uns um zwölf an der Rezeption."

Tatsächlich trafen sich die beiden Kollegen am Mittag pünktlich, um in den Süden der Halbinsel zu dem Hof der Hansens bei Vollerwiek aufzubrechen. Der Vormittag war turbulent gewesen, am liebsten hätte sich Torge mit einer Dusche erfrischt, allerdings funktionierte die Klimaanlage in seinem alten Kombi nicht vernünftig, so dass es vom Ergebnis auf das Gleiche herausgekommen wäre. Stattdessen packte er die Erfrischungstücher, deren Duft er im Grunde nicht mochte, ein und schnappte sich zwei große Wasserflaschen aus dem Kühlschrank, den er aufgrund der anhaltenden Hitze zusätzlich in sein kleines Büro gequetscht hatte.

Während sie eine knappe Viertelstunde später mit heruntergekurbelten Seitenfenstern auf den Hof fuhren, nahm Torge zuerst die Ruhe wahr, die an diesem Ort herrschte – ungewohnt für die Jahreszeit, in der die Touristenströme nicht abreissen. Riesige Pappeln verschatteten den Platz, der von zwei Flanken durch das Bauernhaus und die Scheune eingerahmt wurde. Auf der rechten Seite war ein kleiner Spielplatz angelegt worden. Erst beim zweiten Hinsehen registrierte der Hausmeister die beiden Kinder. Der ihm zugewandte Junge war vermutlich Bente. Als Torges Blick dann auf den Blondschopf fiel, der scheinbar einem Mädchen gehörte, das ihm in der Sandkiste sitzend den Rücken zuwandte, setzte sein Herz einen Schlag aus. Saß Lena hier etwa friedlich spielend auf diesem Hof in Alleinlage?

Seine Gedanken rasten. War es die Möglichkeit, dass Imke oder Friedrich Hansen die Ähnlichkeit zwischen den Mädchen aufgefallen war, als sie selbst mit Bente den Westküstenpark besuchten? Hatte bei ihnen in diesem Moment der Verstand ausgesetzt, was die Entführung seiner Enkelin zu Folge hatte? Torge war zu fassungslos in der Situation gefangen, um nur ein Wort herauszukriegen.

„Trulsen, Mann, du siehst ja aus, als hättest du ein Gespenst gesehen. Kippst du mir gleich um? Was ist los? Ist es die Hitze? Brauchst du einen Schluck Wasser?" Hansen war ehrlich besorgt. Weil Torge nicht antwortete, schoss er eine Frage nach der anderen ab. Erst als er die

Hand in Richtung Spielplatz hob, hörte die Salve auf. Nun starrten beide die spielenden Kinder an.

„Ist das etwa Lena?", flüsterte Torge, den sonst nichts so leicht aus der Ruhe brachte.

„Aber wie soll sie hierher kommen?", kam die begriffsstutzige Antwort von Hansen.

„Das wüsste ich auch gerne!" Als der erste Schock nachließ, kam wieder Leben in Torge. „Komm, das gucken wir uns genauer an. Wenn das wirklich meine Enkelin ist, passiert hier aber gleich ein Unglück!" Unwillkürlich war er laut geworden, was die Aufmerksamkeit der Kinder erregte. Sie unterbrachen ihr Spiel und kamen neugierig zu dem Wagen mit den Neuankömmlingen.

Torge sackte in den Sitz zurück, von dem er sich gerade schwungvoll erheben wollte. Das Mädchen war nicht seine kleine Lena. So sehr die Vorstellung ihn aufgeregt hatte, ausgerechnet in Imke und Friedrich Hansen die Entführer zu finden, die ja vor fünf Jahren am eigenen Leib erlebt hatten, wie schrecklich es war, ein Kind zu verlieren – die Enttäuschung war groß. Es dauerte einen Augenblick, bis der Schreck sich wieder löste. Die Kinder erreichten das Auto, Bente begrüßte Hansen, den er freudig wiedererkannte. Nur durch einen Schleier nahm Torge den folgenden Wortwechsel wahr. Erst als der Junge besorgt auf ihn zeigte, wurde die Umgebung wieder klarer.

„Hey, was ist denn mit deinem Freund los? Er schwitzt und er friert ja gleichzeitig! Ich glaube, der braucht Hilfe. Soll ich Mama holen?" Offensichtlich handelte es sich bei dem knapp Fünfjährigen um ein aufgewecktes Kerlchen.

„Ja, Bente, das ist eine gute Idee. Hol mal die Mama und nimm deine Freundin mit", antwortete Hansen, der nach wie vor einen besorgten Eindruck machte.

„Das ist Jule. Sie wohnt in unserer Ferienwohnung", klärte Bente die Besucher auf, bevor er das Mädchen an die Hand nahm, um mit ihr auf das Bauernhaus zuzusteuern.

„Danke", murmelte Torge.

„Schon gut. Trulsen, du bist ja total fertig! Wollen wir zurückfahren? Wir können ein anderes Mal wiederkommen. Du siehst wirklich aus wie Weißbier mit Spucke. Ich hol dir erstmal das Wasser aus dem Kofferraum. Warte hier", forderte Hansen ihn überflüssigerweise auf.

Dankbar trank Torge in kleinen Schlucken. Der Schwindel ließ nach, aber er konnte einfach nicht aufhören zu zittern. All der unterdrückte Stress sprudelte an die Oberfläche. Selbst als Imke Hansen schließlich schnellen Schrittes auf sie zukam, hatte er sich nicht wieder im Griff. Peinlich berührt überlegte Torge, wie er seinen Zustand erklären sollte. Er konnte ihr ja schlecht die Wahrheit sagen.

„Moin Heiko, was verschafft mir die Ehre? Das ist aber lange her, dass du uns mit einem Besuch erfreut hast. Wenn du angerufen hättest, würde jetzt ein frisch gebackener Kuchen auf dich warten." Beim Näherkommen entdeckte sie Torge. „Was ist mit deinem Freund los?"

„Moin Imke. Das ist eine lange Geschichte. Hast du Zeit für uns? Wir würden gerne etwas Ernstes mit dir besprechen."

Dann schien sie Torge zu erkennen. „Ich habe es gestern im Fernsehen gesehen. Geht das wirklich wieder los? Ich werde nichts Hilfreiches beisteuern können, aber dein Freund scheint eine Pause zu brauchen. Setzen wir uns dort in den Schatten." Sie wies auf eine kleine Sitzgruppe nahe dem Haus. „Ich kann Euch nicht helfen", wiederholte sie schließlich. „Es reißt bei uns wieder die alten Wunden auf. Friedrich hat gestern bei dem Bericht einen

Wutanfall bekommen. Er ist aus dem Zimmer gestürmt, um zwei Stunden lang Holz zu hacken. Wenn er Euch hier entdeckt, schmeißt er Euch vom Hof, soviel ist sicher. Wollt Ihr etwas trinken? Ich habe eine selbst hergestellte Zitronenlimonade."

Hansen warf Torge einen Blick zu. Als dieser nickte, stiegen beide aus dem Wagen, um der Bäuerin zu folgen. Langsam ließ das Zittern nach, aber seine Beine fühlten sich weiterhin wie aus Gummi an.

„Also, warum seid Ihr hier?", fragte Imke Hansen ihre Gäste, nachdem alle vor ihren Gläsern Platz genommen hatten.

Entgegen seiner Art wusste Torge nicht so recht, was er antworten sollte. Er hatte sich Informationen erhofft; etwas, was ihn bei der Suche nach Lena auf die Spur des Entführers bringen würde. Leise trug er dieses Anliegen vor, woraufhin die Gastgeberin ihn mit einem langen Blick bedachte.

„Waren sie schon bei den anderen Eltern? Zumindest denen, die hier auf Eiderstedt leben?"

„Nein, bisher haben wir mit niemanden gesprochen", gab Torge zurück.

„Ehrlich gesagt, wundert mich das ein wenig." Imke Hansen legte eine Pause ein. Torge sah ihr an, wie sie sowohl nach den richtigen Worten suchte, als auch mit ihrer Fassung rang. „Ihnen ist schon bewusst, dass Nele als einziges Kind nicht wiedergekommen ist? Bis heute wissen wir nicht einmal, ob sie lebt."

Der Blick, den sie ihm zuwarf, war voller Schmerz. Im Nachhinein schämte er sich, sie der Entführung seiner Enkelin verdächtigt zu haben. Der ganze Besuch auf diesem Hof schien sich als Fehler zu entpuppen. Im Grunde genommen hatte er wirklich zu wenig darüber nachge-

dacht, was er die Bäuerin fragen wollte. Aufgrund der Parallelen zwischen den Mädchen war es ihm sinnvoll erschienen, aber er vergrößerte lediglich ihre Pein.
„Frau Hansen, ich möchte mich für mein Eindringen entschuldigen. In meiner Verzweiflung hatte ich gehofft, Sie könnten mir irgendeinen Hinweis geben, aber ich habe nicht weit genug gedacht. Ich wollte Ihren Schmerz nicht wieder entfachen. Bitte verzeihen Sie mir!"
Zerknirscht erhob er sich, um zurück zur *Weißen Düne* zu fahren. Vielleicht bekam er später bei dem arrangierten Malkurs mit Timo mehr heraus, oder war das etwa ebenfalls eine Schnapsidee?
„Schon gut", beruhigte ihn Imke Hansen in diesem Moment. „Ich kann Sie verstehen. Uns ging es damals genauso. Wir haben uns an jeden Strohhalm geklammert. Alle meine guten Wünsche sind mit Ihnen und ich werde für Ihre Familie beten. Lassen Sie mir gerne Ihre Telefonnummer hier. Wenn mir etwas einfallen sollte, melde ich mich."
Während Torge tat wie ihm geheißen, schaute sie ihm schweigend zu. Als er ihr schließlich den Zettel überreichend in die Augen guckte, fügte sie leise hinzu: „Wir haben drei Jahre getrauert. Dieser Prozess war mit viel Verzweiflung und Streit verbunden. Ohne Bente hätten wir es nicht geschafft, zusammen zu bleiben. Wer weiß, was aus uns geworden wäre. Danach haben wir beschlossen, nach vorne zu schauen. Verstehen Sie mich nicht falsch. Dieser mit so einem Verlust verbundene Schmerz vergeht nie. Es gibt immer noch Phasen, in denen ich schweißgebadet aus meinen Albträumen aufwache, aber wir haben uns entschieden weiterzuleben – für Bente und auch für uns. Sie wird nicht zurückkehren. Davon sind wir mittlerweile überzeugt. Ich hoffe, das bleibt Ihnen erspart."

Torge bedankte sich herzlich, bevor sie kurze Zeit später aufbrachen. Schweigend fuhren sie zurück zu der *Weißen Düne*.

Dort angekommen fühlte sich Torge einfach nur ausgelaugt und niedergeschlagen. Der Besuch auf dem Hof der Familie Hansen war absolut kontraproduktiv gewesen. Statt eine Spur zu finden, hatte Torge sehr deutlich die Möglichkeit vor Augen geführt bekommen, dass er Lena vielleicht niemals wiedersehen würde.
„Hansen, ich brauche jetzt einen Moment für mich. Danke für deine Begleitung, wir sehen uns später. Moin", verabschiedete er sich von seinem Kollegen, als sie den Empfangsbereich der *Weißen Düne* betraten.
„Geht klar, Trulsen. Ich gucke mal, was hier anliegt."
Mit einem Nicken verließ er den Kollegen in Richtung Kaffeeautomat. Auf dem Weg in sein kleines stickiges Kabuff kam er unwillkürlich an dem Brunnen in der Lobby vorbei. Kurz warf er einen grollenden Blick hinein, als würde er Fortuna damit beeindrucken, dann besann er sich jedoch. Was konnte die Glücks- und Schicksalsgöttin dafür, dass die zu schlecht überlegten Maßnahmen nicht nur auf seine Stimmung drückten, sondern auch nicht zum Ziel führten? Nix!
Schicksal oder Glück? Glück oder Schicksal?
Unschlüssig war Torge an dem Brunnen stehengeblieben. Er war verwirrt, konnte keinen klaren Gedanken mehr fassen. Am liebsten würde er endlich mal wieder mit Knud schnacken, doch der war wie vom Erdboden verschluckt. Torge brauchte eine Pause! Alles zog ihn zu seinem Kleinod nach Tating, aber dafür blieb jetzt keine Zeit mehr. Nachher kam Annegret mit Lukas, damit sie den Malkurs mit Bernie Fischer und hoffentlich im Beisein von Timo veranstalteten. Oder war das ebenfalls so

eine bekloppte Idee, die zu nichts führte, und seine Niedergeschlagenheit nur vergrößerte? Torge verschanzte sich in seinem Büro, weil das der einzige Ort in dieser quirligen Ferienanlage war, in der er Mitte Juli für eine Weile Ruhe haben konnte.

Das Klingeln des Smartphones schreckte Torge aus seinem bequemen Bürostuhl auf, den er sich bei einem Wechsel im Managerbüro unter den Nagel gerissen hatte. Er war tatsächlich eingedöst! Sich aufrappelnd warf er einen Blick auf das Display. Annegret!
„Moin min seute Deern!" Er musste erst einmal seine belegte Stimme freiräuspern.
„Moin Torge! Wo steckst du denn? Wir sind jetzt auf der Nordterrasse und haben einen Tisch gefunden, der ein wenig separat hinter einem Windschutz steht. Hast du den Jungen schon gesehen?"
Heilige Sanddüne! Wie lange hatte er denn hier vor sich hingeschnorchelt?!
„Äh, nein. Ich bin weggenickt. Das ist ja peinlich! Bestellt Euch doch schon mal etwas zu trinken. Ich komme gleich!" Erst jetzt bemerkte Torge, wie verschwitzt er war. Der Kaffee stand unberührt auf seinem Schreibtisch. Offensichtlich hatte der Schlaf ihn sofort übermannt, nachdem er sich setzte. Schnell erfrischte er sich in dem schräg gegenüberliegenden Waschraum, um dann zu seiner Familie zu eilen. An der Rezeption legte er einen Zwischenstopp ein. Klarissa konnte ihm leider nichts über den Aufenthalt der Hasenfelds sagen, abgereist waren sie nicht, aber in ihrem Bungalow telefonisch nicht erreichbar. Vermutlich genossen sie den Tag am Strand. Eigentlich wollte Torge die Zeit bis zu dem Treffen nutzen, um nach Timo zu schauen, der bestimmt

gern der Einladung zu der Malstunde mit dem ehemaligen Phantomzeichner gefolgt wäre. Darum hätte er sich wohl lieber bereits am Vortag kümmern sollen! Das war ja gründlich in die Hose gegangen. Heute war einfach nicht sein Tag!

Fieberhaft überlegte er, wie aus Bernies Besuch etwas Zielführenderes wurde als nur eine Lehrstunde für seinen Enkel, doch ihm fiel nichts ein. Naja, für Lukas waren die letzten Tage ebenfalls schwierig gewesen, eine interessante Abwechslung war für den Jungen großartig, der Aufwand somit nicht umsonst.

Knud in Katingsiel | Donnerstag, den 23. Juli

Nach dem anstrengenden vorangegangenen Tag, der komplett für die groß angelegte Suche nach Lena draufgegangen war und am Ende nichts bewirkt hatte, gab es für Knud keine andere Alternative als ans Wasser zu fahren, um sich den Kopf freipusten zu lassen. Für den Fernsehappell war er sowieso zu spät dran gewesen, aber das meisterten Torge und Annegret auch alleine. Er selbst machte ohnehin lieber einen großen Bogen um die Presse, weswegen er diese Aufgabe in den letzten Fällen seinem Freund überlassen hatte. Gern hätte er endlich mit Charlotte geredet, aber die Vorstellung auf den Profiler Goldblum zu treffen, sein aufgeblasenes bisher ergebnisloses Gehabe zu ertragen, und den beiden schlimmstenfalls beim Turteln zuzuschauen, ging über seine Energie.
Umso so angenehmer war der Abend mit der Journalistin gewesen. Gloria von Brandenburg war wirklich eine

interessante Persönlichkeit. Knud fand es beeindruckend, wie sie sich bei der Suche engagierte, obwohl sie doch im Grunde auf Urlaub hier in St. Peter-Ording war. Ihre Idee, eine quasi gealterte Zeichnung von Nele anfertigen zu lassen, hatte ihm nach dem frustrierenden Tag wieder neuen Mut gegeben. War das Mädchen wirklich noch am Leben? Diese Frage hatte er sich in den letzten fünf Jahren unzählige Male gestellt. Anfangs war er fest davon überzeugt gewesen, doch je mehr Zeit verstrich, desto pessimistischer wurde er. Bis zu dem gestrigen Gespräch mit Gloria, das er nicht nur wegen des Motivationsschubs in vollen Zügen genossen hatte.
Unglaublich, was diese Frau in ihrer Tätigkeit alles erlebte! Dagegen wirkte sein Alltag – von den großen Fällen einmal abgesehen – etwas langweilig. Knud hätte beileibe nicht tauschen mögen, denn um nichts in der Welt wollte er ständig unterwegs und damit getrennt von seinem geliebten Nordfriesland sein – mit den satten Wiesen, auf denen Schafe und Kühe einen entspannenden Anblick boten - und der nicht endenden, dem Mond folgenden Wanderschaft der Nordsee. Er freute sich schon unbändig auf das Ende der Hochsaison. Mit dem Monat September wurde es wieder deutlich ruhiger, auch wenn die Touristen in dieser Gegend das ganze Jahr zum Bild gehörten.
Am besten hatten Knud die Anekdoten über die Promi-Interviews gefallen. Offensichtlich konnte Gloria nicht nur gut schreiben, sie war gleichfalls eine versierte Erzählerin, die spannend zu unterhalten wusste. Der Abend war feuchtfröhlich im Fluge vergangen.
Am nächsten Morgen rief Knud als Erstes bei Bernie Fischer an. Unter anderen Umständen hätte er sich bei Torge gemeldet, ihn in den Plan eingeweiht, vermutlich

sogar den Anruf seinem Kumpel überlassen, denn zwischen dem Hausmeister und dem Zeichner bestand eine lange Freundschaft. Doch durch Torges persönliche Betroffenheit in diesem Fall war alles anders. Umso erstaunter war Bernie, von Knud begrüßt zu werden.
„Knud Petersen! Na, das ist ja eine Überraschung! Moin, min Jung. Wo geiht di dat? Was verschafft mir die Ehre?", erwiderte er den Gruß.
„Bernie, wir könnten wieder deine Hilfe gebrauchen. Es geht um den Fall der entführten Kinder", kam Knud gleich zum Kern seines Anliegens, ohne sich lange mit Smalltalk aufzuhalten.
„Ja, ich habe gestern schon mit Torge darüber geschnackt ..."
„Tatsächlich?" Knud war überrascht. „Er hat dich angerufen?"
„Jo! Er will, dass ich heute am Nachmittag in die *Weiße Düne* komme, um mit seinem Enkel einen kleinen Malkurs abzuhalten", weihte Bernie Knud in Torges Anliegen ein, was Knud erst einmal die Sprache verschlug.
„Bist du noch dran?", kam prompt die Nachfrage von dem alten Mann, der friedlich direkt am Deich im Tümlauer Koog wohnte.
„Ja, sicher", antwortete Knud. Es steckte bestimmt mehr dahinter! Torge holte doch nicht den pensionierten Polizeizeichner, nur um seinen Enkel zu bespaßen; dafür gab es die Kinderbetreuung der Ferienanlage. „Hat er sonst etwas dazu gesagt?"
„Nö. Wir treffen uns um drei auf der Nordterrasse. Ich soll ein Sortiment an Malutensilien mitbringen, sonst weiß ich nichts. Stimmt was nicht?"
„Nein, nein. Torge scheint mal wieder etwas auszuhecken. So kennen wir ihn ja. Normalerweise weiht er mich immer ein, aber ich war gestern den ganzen Tag schlecht

zu erreichen. Sei´s drum. Ich habe ebenfalls ein Anliegen, Bernie." Kurz fasste Knud die Idee der Journalistin zusammen. Wie erwartet bekam er sofort die erhoffte Zusage. Der Zeichner versprach, sich nach dem Treffen mit Torge bei Knud auf dem Handy zu melden.

Als er für seine Verhältnisse spät gegen acht auf dem Polizeirevier eintraf, waren alle anderen bereits anwesend – nur Torge fehlte. Fiete verteilte gerade die Kaffeepötte, außerdem stand in der Mitte der drei zusammengestellten Schreibtische eine Schale mit Heidesand. Diesen trockenen Mürbteigplätzchen konnte Knud schon zu Weihnachten nichts abgewinnen, wenn sie in seiner Familie traditionell gereicht wurden.
Alle machten einen sowohl entspannten als auch geschäftigen Eindruck, was darauf hindeutete, dass es etwas Neues gab. Da er selbst keine Ergebnisse beitragen konnte, war er gespannt, was die anderen zu vertellen hatten.
Etwas schwerfällig ließ sich Fiete auf seinem Stuhl nieder und ergriff das Wort: „Na, das ist ja großartig, heute Morgen alle hier versammelt zu sehen. Moin in die Runde! Charlotte und ich haben Neuigkeiten, die wir gerne mit Euch teilen möchten. Außerdem sind wir natürlich gespannt, was sich bei Euch getan hat. Ich schlage vor, wir fassen einmal alle Ergebnisse, die wir bereits haben, zusammen. Anschließend können wir das weitere Vorgehen besprechen. Charlotte, wollen Sie beginnen?"
Nickend nahm sie einen großen Schluck aus ihrem Kaffeebecher, bevor sie von Birgitta Jensens Besuch auf dem Revier berichtete. „Fiete und ich sind mit ihr nach Katingsiel gefahren, wo sie uns das Objekt gezeigt hat. Interessanterweise verstärkte sich ihr verängstigtes Verhalten vor Ort. Wir brachten sie nach Kating und kehrten zu

dem Haus zurück, das einen völlig verlassenen Eindruck machte. Alle Rollläden waren geschlossen, auch bei dem Fenster zur Straße hin, an dem Birgitta Jensen den Jungen gesehen haben will. Es war also nicht möglich, einen Blick in das Haus zu werfen. Der Garten ist verwildert, nicht einmal der Rasen wird gemäht."
„Hat sie sich dazu geäußert, ob die Außenjalousien sonst ebenfalls immer heruntergelassen waren?", fragte Knud.
„Das konnte sie nicht mehr mit Bestimmtheit sagen. Sie meint, es wäre ihr wohl aufgefallen, wenn es dauerhaft so gewesen wäre, aber sicher war sie sich nicht", antwortete Charlotte, der die Unzufriedenheit über diese vage Aussage anzusehen war. „Da wir vor Ort nicht weitergekommen sind, haben wir recherchiert." Sie bedachte ihren Kollegen mit einem Lächeln, bevor sie ihre Ausführungen fortsetzte. „Fiete hat herausgefunden, dass sich der Eigentümer seit sechs Jahren in einem Pflegeheim für Demenzkranke in Husum befindet. Sein Name ist Gotthilf Köhler. Wir werden nachher Kontakt zu der Einrichtung aufnehmen. Er selbst wird nichts damit zu tun haben, aber vielleicht gibt es Verwandte, die das Haus offensichtlich nicht pflegen, aber trotzdem nutzen. Noch sind wir uns nicht sicher, was wir von der Aussage von Birgitta Jensen halten sollen, aber wir bleiben dran. Fiete wird nachher einen Durchsuchungsbeschluss beantragen, den der Richter bestimmt bewilligen wird. Danach wissen wir hoffentlich mehr. Die Suche nach Angehörigen läuft. Habe ich etwas vergessen, Fiete?"
„Nein, Charlotte. Ich bin allerdings mit der Recherche ein Stück weiter gekommen. Gotthilf Köhler ist verwitwet und kinderlos. Er hatte eine Schwester, die zwar bereits verstorben ist, jedoch Mutter von zwei Kindern war. Da bin ich gerade dran. Ich hoffe, Euch gegen Mittag mehr berichten zu können." Zufrieden lehnte sich Fiete

wieder zurück. Endlich schien es in dem Fall ein wenig voranzugehen. Die Erleichterung darüber war ihm anzusehen.

„Tja, da habt ihr mehr erreicht als wir", setzte Knud den Bericht an die Kollegen fort. „Wie Ihr wisst, war ich gestern den ganzen Tag mit einem großen Team aus Heide auf Eiderstedt unterwegs. Dabei haben wir uns besonders auf die abgelegenen Höfe, Scheunen sowie Wiesen und Felder konzentriert. Um es kurz zu machen: Wir haben nichts Verdächtiges oder Auffälliges gefunden. Wir waren in diesem Zuge noch einmal bei dem Bauern Heinrich, der Timo und Gloria von Brandenburg quasi aus dem Maisfeld gerettet hat. Sowohl Torge als auch die Journalistin fanden es ja etwas merkwürdig, wie schnell er danach verschwunden ist, ohne zumindest ihren Dank anzunehmen. Ich denke, wir können seine Beteiligung in dem Fall ausschließen. Nichts wies auf den Aufenthalt von Lena auf dem Hof hin. Heinrich war gestern entspannt und freundlich. Wir haben einen Tee zusammen getrunken, ihm war keine Spur von Nervosität anzumerken. Sein Haus ist nicht unterkellert. Es war zwar unordentlich und nicht ganz sauber, aber dafür scheint er alleine verantwortlich zu sein." Knud legte eine Pause ein. Einen Moment überlegte er, seine Kollegen in die geplante Zeichnung von der mittlerweile achtjährigen Nele einzuweihen. Er wollte sich insbesondere nicht vor Charlotte und Goldblum lächerlich machen.

Interessanterweise hielt sich der Profiler bisher komplett im Hintergrund. Schweigend lauschte er den Berichten, ohne sie zu kommentieren. Knud war gespannt, wie sein Ergebnis für den gestrigen Nachmittag aussah. Ob er endlich etwas vorzuweisen hatte?

„Okay, das ist nicht viel, war aber leider zu erwarten. Immerhin hat es insofern sein Gutes, dass Ihr die kleine

Lena nicht ... leblos gefunden habt." Es war Fiete anzumerken, wie sehr es ihm widerstrebte, das Wort tot auszusprechen. „Hast du weitere Fakten zu berichten, Knud?"

„Ja, da ist noch etwas. Nach der vergeblichen Suche bin ich an den Strand gefahren, um wieder einen freien Kopf zu bekommen. Durch Zufall habe ich dort Gloria von Brandenburg getroffen." Knud warf einen kurzen Blick zu Charlotte, konnte aber ihren Gesichtsausdruck nicht deuten. „Natürlich sind wir auf Lena zu sprechen gekommen. Sie sieht in der großen Ähnlichkeit der beiden Mädchen einen Ansatzpunkt. Bei ihren Überlegungen geht sie davon aus, dass Nele am Leben ist, was sie auf die Idee brachte, eine Zeichnung anfertigen zu lassen, wie das Mädchen heute mit acht Jahren vermutlich aussieht." Nun war es heraus. Knud war gespannt, wie die anderen auf den Vorschlag reagieren würden.

Fiete meldete sich als Erster: „Find ich gut. Das könnte doch Bernie Fischer übernehmen. Wenn einer so etwas kann, dann Bernie!", rief er begeistert aus.

„Und dann?" Zum ersten Mal meldete sich Goldblum zu Wort. „Wollen Sie die Zeichnung veröffentlichen? Ich kann mir kaum vorstellen, dass Imke und Friedrich Hansen damit einverstanden sein werden."

„Und was bringt Sie zu der Überzeugung?" Es ärgerte Knud, ausgerechnet von dem Profiler Gegenwind zu bekommen.

„Das liegt ja auf der Hand", antwortete Goldblum in seinem überheblichen Tonfall, der Knud erst recht auf die Palme brachte. „Die Hansens sind endlich zur Ruhe gekommen. Den Verlust des Kindes werden sie nie verwinden, aber sie haben es nach großer Anstrengung geschafft, eine neue Normalität zu finden. Durch ihren Sohn Bente waren sie in der Lage, ihre Ehe zu retten. Die

Veröffentlichung so einer Zeichnung würde die Qualen wieder neu befeuern. Es ist nicht wirklich wahrscheinlich, Nele durch so eine Aktion wiederzufinden."

„Woher wollen Sie das wissen?" Knud war ungewöhnlich auf Krawall gebürstet. Das Auftreten des Profilers brachte den sonst so pragmatischen Nordfriesen aus der Fassung.

„Aus meinem Wissen und meiner Erfahrung", belehrte Goldblum Knud, wobei er seine Arroganz einmal mehr zur Geltung brachte. Am liebsten hätte der Kommissar ihm wieder eine reingehauen.

„Geht das etwas genauer?", fragte er mit vorgetäuschter Ruhe.

„Klar! Ich habe mich gestern den gesamten Nachmittag mit Dr. Anke Berg ausgetauscht. Mir sind dabei einige Aspekte aufgefallen, die ich aber erst in Gesprächen mit den Beteiligten der ersten Serie verifizieren möchte. Dafür habe ich heute Nachmittag einige Termine mit den entsprechenden Eltern vereinbart. Aber natürlich haben Anke und ich uns ebenfalls ausführlich über die Familie Hansen unterhalten ..."

Bei der selbstverständlichen Nennung des Vornamens der Psychologin wechselten Charlotte und Knud einen Blick. Wieder fiel es dem Kommissar schwer, die Mimik seiner Kollegin zu deuten. War da ein wenig Eifersucht zu erkennen? Ihm gab diese Vorstellung einen Stich.

„Anke hat nach wie vor Kontakt zu der Familie, genau genommen zu Imke Hansen. Die beiden haben tatsächlich eine Therapie gemacht, um den Verlust zu verkraften und für Bente zusammen zu bleiben - mit Erfolg. Mittlerweile wendet sich Imke nur noch in dunklen Stunden an die Psychologin, was selten, aber doch gelegentlich vorkommt. Wenn die Veröffentlichung so einer Zeichnung zum Wiederfinden der Tochter führen würde, wäre es natürlich großartig, aber wie wahrscheinlich ist das?"

„Das kann man im Vorwege nie sagen", meldete sich endlich Charlotte zu Wort. „Ich finde die Idee gar nicht so abwegig. Lassen Sie Bernie das Bild auf jeden Fall anfertigen, Knud. Wir können im Anschluss mit Imke Hansen sprechen. Vielleicht sieht sie darin ja eine Chance, auch wenn die noch so klein ist. Du willst also heute mit den Eltern der damals verschwundenen Kinder sprechen. Eigentlich wäre es schön gewesen, wenn du das mit uns abgestimmt hättest, Martin."

„Nein, das sehe ich anders. Du hast mich um Hilfe in diesem Fall gebeten. Ein Täterprofil kann ich nur erstellen, wenn ich umfangreiche Informationen habe. Das Gespräch mit Anke gestern hat mich schon ein paar Schritte weitergebracht. Ich denke, ich kann Euch morgen früh einen ersten Entwurf präsentieren. So viel freie Hand brauche ich schon. Du weißt doch, wie ich arbeite!", konterte Goldblum selbstbewusst.

„Also gut", übernahm Knud die Führung. Im Grunde war es ihm ganz recht, dass Goldblum seinen eigenen Weg einschlug. Das gab ihm hoffentlich heute endlich die Gelegenheit, mit Charlotte das mittlerweile lang ersehnte Gespräch zu führen, um ihre Harmonie wieder herzustellen. Dieses ständige Hoffen auf den nächsten Tag, war nicht nur albern, sondern zerrte an seinen Nerven. „Wir werden sehen, was dabei herauskommt. Goldblum spricht heute mit den Familien. Charlotte und ich untersuchen das Haus in Katingsiel, wenn der Beschluss da ist. Für alle Fälle werde ich ein Team von der Spurensicherung anfordern. Danach fahren wir zur *Weißen Düne*, um Bernie Fischer zu treffen – und zu schauen wie es Torge geht. Vielleicht braucht er etwas Unterstützung." Wohlweislich erwähnte Knud nicht, dass sein Freund ebenfalls einen Plan verfolgte. Das würde er Charlotte anvertrauen, wenn sie alleine waren. „Fiete, du hältst hier die Stellung. Grab weiter bei der Familie von Gotthilf Köhler. Das könnte endlich mal eine Spur sein, die zu etwas führt."

Nach dem Eintreffen des Durchsuchungsbeschlusses brachen Charlotte und Knud sofort nach Katingsiel auf. Ihre Vertrautheit, gewachsen in dem letzten knappen Jahr der gemeinsamen Tätigkeit sowie der beginnenden Freundschaft, war heute überschattet von der Unstimmigkeit, die sie nicht aus dem Weg räumen konnten, seit Goldblum aufgetaucht war. Nach den richtigen Worten suchend fuhren sie schweigend durch die platte Landschaft, die in gleißendes Licht getaucht war. Knud entschied sich aus diesem Grund für die Strecke über Westerdeich, die einen kleinen Umweg bedeutete, aber direkt an die Küste führte. Der Blick über die Weiten des Watts würde sie sicherlich entspannen.
„Sie geraten auf Abwege", kommentierte Charlotte sofort, als sie das Abweichen von der Route bemerkte und gab ihm damit eine Steilvorlage, die einmal wieder sein so typisches Grienen zum Vorschein brachte, das ihm die letzten Tage vergangen war.
„Dabei hatte ich den Eindruck, Sie würden auf Abwege geraten", konterte er mit freundlichem Ton, der ihr vermitteln sollte, er meinte es zwar ernst, wollte aber nicht streiten.
„Ernsthaft?" War Charlotte wirklich verblüfft oder tat sie nur so?
„Ernsthaft." Knud war gespannt, wie sie darauf reagieren würde.
„Wie meinen Sie das?", fragte sie nach. Da sie Westerdeich erreicht hatten, parkte Knud den Wagen hinter der

Eindämmung. „Kommen Sie, wir steigen kurz aus. Schnackt sich besser, wenn man sich in die Augen gucken kann."

„Oh, dann ist es wohl doch ernst", versuchte sie zu scherzen. So ganz konnte Knud ihre Stimmung nicht einordnen, aber nun hatten sie endlich die Gelegenheit zu klären, was die letzten Tage schiefgelaufen war. Oben auf dem Deich angekommen, genossen sie erst einmal für einen Moment den großartigen Blick über das Wattenmeer. Das Wasser lief wieder auf. Typischerweise brachte die Nordsee auch heute Wind mit an Land.

„Nun spucken Sie es schon aus", setzte Charlotte das Gespräch fort. „Sie sind genervt über meinen Alleingang, was die Anforderung von Goldblum betrifft, oder?"

„Wäre schön gewesen, wenn Sie es mit mir besprochen hätten, um es im Anschluss gemeinsam zu entscheiden", kommentierte Knud sachlich, ohne es nach einem Vorwurf klingen zu lassen.

„Ja, da haben Sie recht", gab Charlotte zu.

„Sie geben aber schnell klein bei. Sonst argumentieren Sie doch gerne erst einmal gegenan." Die Enttäuschung in Knuds Stimme brachte Charlotte zum Lachen.

„Ehrlich gesagt, habe ich mir selbst mehr davon versprochen. Goldblum bringt nicht die gleiche Leistung, wie ich es von ihm aus Hamburg kenne. Es war allerdings nur ein Fall. Damals schien er mir klar. Er hatte genau den richtigen Riecher und hat uns nicht nur schnell, sondern zielgerichtet der Aufklärung nähergebracht. Vielleicht war es nur ein Glückstreffer", mutmaßte die Kommissarin.

„War er in Hamburg ebenfalls so ein arrogantes Arschloch?", wollte Knud abschließend wissen, obwohl er sich sonst nicht so drastisch ausdrückte.

„Sind Sie nur verärgert über seine Art oder auch eifersüchtig?"
„Habe ich Grund dazu?" Knud war sich nicht sicher, ob er die Antwort hören wollte, aber nun war die Frage gestellt.
„Nein", kam es von Charlotte im Brustton der Überzeugung. „Ist aber schmeichelhaft."
Knud verzichtete darauf einzugehen. Stattdessen kam als Kommentar nur ein „Na, dann ist ja gut."
„Dann sind wir wieder Freunde?", wollte Charlotte wissen.
„Das sind wir, aber das nächste Mal lassen Sie mich so etwas mitentscheiden. Der behandelt uns alle, als wären wir Dorftrottel vom Lande."
„Ja, das gefällt mir auch nicht. Und großes Ehrenwort, keine Alleingänge mehr. Schön, dass wir heute wieder zusammen unterwegs sind, das habe ich vermisst", fügte Charlotte hinzu. „Goldblum hat an mir geklebt wie ..."
„Möwenschiet", antwortete Knud prompt. „Sagt man hier so. Ich finde, es passt vortrefflich."
„Wollen wir uns jetzt das Haus in Katingsiel angucken? Die Spusi ist bestimmt schon da", schlug sie vor, ohne die Bemerkung zu kommentieren. Sie warf einen abschließenden Blick auf die Weite des Meeres und kletterte den Deich wieder hinunter. Knud folgte ihr mit einem erleichterten Gefühl.

Tatsächlich war die Spurensicherung bereits bei der Arbeit, als die Kommissare eintrafen. Im Grunde hätte ihnen sofort auffallen müssen, dass nicht nur die Haustür, sondern ebenfalls alle Fenster sperrangelweit offen standen, doch beide waren in ihre Gedanken vertieft. So bemerkten sie den typischen ekelhaften Gestank, der eindeutig aus dem Gebäude drang, erst, als Charlotte

kurz vor der Türschwelle abrupt stehen blieb. Knud stolperte in seine Kollegin hinein, was sie wiederum ins Taumeln brachte. Instinktiv griff er nach ihren Armen, um sie zu stützen. Einen Moment waren sie sich ganz nah – so nah wie nie zuvor. Knud spürte ein wohliges Kribbeln in der Magengegend, bis Charlotte sich von ihm löste.
„Boah, was ist denn hier passiert?", rief sie spontan aus. Dann schien die Ursache des üblen Geruchs in ihr Bewusstsein zu sickern und sie wurde blass. „Doch nicht etwa Lena?", flüsterte sie entsetzt.
Einer der Kriminaltechniker erschien im Flur. „Moin! Hier streichen Sie sich etwas von der Minzpaste unter die Nase, damit wird es erträglicher."
Mechanisch griff Charlotte nach der Dose, die er ihr reichte. „Ist es das kleine Mädchen, das wir suchen?"
„Nein, Kommissarin Wiesinger, es ist wohl ein Landstreicher, der sich hier einquartiert hatte. Es sind keine äußerlichen Gewalteinwirkungen erkennbar. Ich habe bereits die Gerichtsmedizin informiert. Ansgar Johannsen ist auf dem Weg hierher. Wollen Sie es sich anschauen?"
Knud wäre am liebsten zurück zum Deich gefahren, und auch Charlotte schien nicht begeistert zu sein, dieses Haus betreten zu müssen. Da sie aber nach wie vor auf der Suche nach Torges Enkelin waren, hatten sie keine Wahl. Und zu allem Überfluss wurde der smarte Gerichtsmediziner erwartet! Halb spanischer Abstammung hatte er unglaublich Schlag bei Frauen, genau genommen war er der Casanova von Nordfriesland, der nicht einmal die Kollegin verschont hatte. Erst Goldblum, jetzt Johannsen – und das vor dieser Kulisse. Das Kribbeln, das ihn gerade inspiriert hatte, wich einer Anwandlung von schlechter Laune. Doch Knud riss sich zusammen.

Erst einmal mussten sie endlich diesen Fall klären! Immerhin war die Harmonie mit Charlotte wieder hergestellt.

„Gehen wir", antwortete er an ihrer Stelle, bevor sie dem Spurensucher folgten, der sich in der Vergangenheit als sehr kompetent erwiesen hatte.

Das Haus befand sich in einem heruntergekommenen Zustand. Einst hochwertig eingerichtet, war von der ehemals heimeligen Atmosphäre nichts mehr übrig. Das altmodische Inventar war mit einer Staubschicht überzogen, nur in der Küche und in dem hinteren Zimmer, in dem der Tote tatsächlich in einem Bett lag, war eine Nutzung erkennbar. Trotzdem war alles schmuddelig. Der üble Geruch, der sich im gesamten Haus verbreitet hatte, machte es nicht besser.

„Haben Sie außer dem Toten etwas Interessantes gefunden?", fragte Knud, um die Angelegenheit zu beschleunigen.

„Ja, ich habe so wie von Ihnen gewünscht, an dem Fenster mit der Suche nach Fingerabdrücken begonnen und konnte tatsächlich einige isolieren. Aufgrund der Größe kann ich schon sagen, dass sie zu einem Kind gehören – und sie sind frisch. Auch in anderen Räumen sind wir fündig geworden."

„Das klingt ja mal vielversprechend. Haben Sie sonst etwas gefunden, das auf den Aufenthalt von Kindern im Haus hinweist?", hakte Charlotte nach.

„Nein, bislang nicht. Interessanterweise ist die Energieversorgung nicht abgemeldet, es gibt Strom und Wasser", informierte der Techniker die Kommissare über die weiteren Fakten.

„Okay, wir gehen einmal durch, um uns ein Bild zu machen, aber lange halte ich es hier nicht aus." Charlotte sprach Knud damit aus der Seele.

Der Rundgang ergab außer der Erkenntnis, wie traurig ein so vernachlässigtes Haus war, nichts Bahnbrechendes. Gerade wollten Charlotte und Knud wieder gehen, als ein anderer Techniker nach ihnen rief: „Frau Wiesinger, Herr Petersen, kommen Sie mal nach oben in den ersten Stock."
Als Charlotte das Gesicht verzog, rief Knud zurück: „Was gibt es denn?"
„Es gibt eine Bodenklappe, die nicht sofort zu erkennen ist. Hier stehen einige Kartons mit Kinderspielzeug und -bekleidung."
Elektrisiert hielten die beiden Kommissare inne. Schnell hatten sie das erste Stockwerk erreicht. Knud war bewusst, dass auf vielen Speichern Kartons mit Kindersachen standen, aber in Verbindung mit einem frischen Fingerabdruck in einem Haus, das offensichtlich seit Jahren nicht mehr bewohnt wurde, erhielt diese Informationen eine neue Brisanz.
„Hier vornean steht ein Karton, in dem sich nur wenige Gegenstände befinden. Im Gegensatz zu den anderen, sieht er fast sauber aus, so als würde er hier noch nicht lange stehen", führte der Spurensucher weiter aus. „Ich untersuche ihn eben genauer, dann gehört er Ihnen. Wollen Sie schon einen Blick in die Kartons werfen oder im Garten warten, bis ich sie rausbringe?"
In diesem Fall machte es Knud nichts aus, als Weichei eingestuft zu werden. Hier oben war der Geruch nicht ganz so intensiv, dafür war es brütend heiß.
„Danke, dann warten wir gerne unten", antwortete Charlotte in diesem Moment. Sie warfen sich einen Blick zu, der ihre Verbundenheit widerspiegelte. Knud war froh, sie zumindest für die Ermittlung wieder an seiner Seite zu wissen.

Um sich die Zeit zu vertreiben, wanderten sie durch den Garten, der jedoch einen genauso deprimierenden Eindruck hinterließ wie das Haus. Zwar war zu erkennen, dass er irgendwann einmal mit viel Liebe und Sorgfalt angelegt worden war, trotzdem wunderte Knud sich über die Ignoranz, die hier ausgelebt wurde. Warum kümmerte sich niemand um dieses Anwesen? Er hielt es für ausgesprochen unwahrscheinlich, den Landstreicher als Täter zu entlarven. Irgendjemand war vielleicht mit Timo hierhergekommen, auch wenn dieses Umfeld für den Kleinen eine wahre Zumutung gewesen wäre. Hatte der Unbekannte zu jenem Zeitpunkt bereits tot in dem Haus gelegen? Sie waren eindeutig auf die Ergebnisse der Gerichtsmedizin sowie der Spurensicherung angewiesen. Bei allen offenen Fragen war Knud trotzdem zum ersten Mal seit Jahren wieder optimistisch, den Fall endlich aufklären zu können. Hoffentlich kamen sie für Lena nicht zu spät!

„So, wir sind soweit. Kommissarin Wiesinger? Petersen? Wo stecken Sie denn?" Der Techniker kam schwer beladen aus der Haustür als Charlotte und Knud gerade von ihrem Rundgang durch den Garten zurückkehrten.

„Hier, das sind die Ersten, es sind drei weitere Kartons da. Sie können ja schon mal anfangen. Dies hier ist derjenige, der relativ sauber vornean stand." Er überreichte ihn Charlotte, bevor er zurück auf den Boden kletterte.

„Er ist kleiner als die anderen. Jetzt bin ich aber gespannt!" Sie stellte die Schachtel auf den Tisch im Vorgarten, dessen Entfernung zum Haus groß genug war, um dem Geruch zu entgehen, und hob den Deckel ab. Darin lag ein buntes Sammelsurium verschiedenartiger Gegenstände. Knud war näher gekommen, um ebenfalls einen Blick hineinzuwerfen. Charlottes Nähe, verbunden mit dem leicht blumigen Duft ihres Parfums, lenkte ihn

allerdings von der Begutachtung des Inhaltes ab, während sie sich voll darauf konzentrierte.
„Das ist ja eine seltsame Mischung", murmelte sie. „Was halten Sie davon, Knud?"
„Hhm."
„Wo sind Sie denn schon wieder mit Ihren Gedanken? Sie schauen in diese Kiste, nehmen aber den Inhalt gar nicht wahr!", empörte sich Charlotte.
„Störe ich?" Wieder erschien der Techniker mit den restlichen Kartons. „So das wäre dann alles. Unseren Bericht mit den ersten Ergebnissen bekommen Sie heute vor Feierabend. Einiges wird aber erst morgen analysiert sein."
„Ja, danke." Knud war wieder an den Ort des Geschehens zurückgekehrt. Er nickte dem Kollegen aus Heide kurz zu, dann befasste er sich ebenfalls mit der Sammlung in der Schachtel. „Stofftiere, ein Tuch, Schlüsselanhänger, ein Spielzeugauto, eine Haarspange, ein Drachen, eine Fahne ... was hat das zu bedeuten?"
Zwischen Charlottes Augen bildete sich eine kleine Falte: „Es sind zwölf Gegenstände", überlegte sie laut. „Zwölf."
„Ja, und?" Knud war ratlos. Die Zahl zwölf sagte ihm nichts. „Was ist damit?"
„Zwölf Kinder sind verschwunden und wieder aufgetaucht!", antwortete Charlotte eine Spur lauter, als würde Knud dadurch begreifen, was ihr durch den Kopf ging.
„Sie meinen der Täter hat von jedem dieser Kinder ein Souvenir behalten? Mit Timo sind es jetzt aber dreizehn ... und was ist mit Nele? Warum gibt es kein Andenken von ihr?" Knud war nicht überzeugt von der Theorie seiner Kollegin.
„Wenn es wirklich Timo am Fenster war, was aufgrund dieser Funde recht wahrscheinlich ist, hat er sich hier

nicht lange aufgehalten. Kann es nicht sein, dass der Entführer mit dem Jungen in das Haus gekommen ist und dann den Toten gefunden hat? Er bringt ihn woanders hin, wo sich jetzt auch die Trophäe befindet." Charlotte redete sich mal wieder in Rage, für Knud ein Zeichen, dass sie an ihre Überlegungen glaubte.

„Aber angenommen der Täter bringt Timo hierher. Nachdem er den Landstreicher gefunden hat, beschließt er, nicht bleiben zu können. Warum ist er dann so unvorsichtig und lässt den Jungen aus dem vorderen Fenster gucken? Das klingt nicht schlüssig." Knud zweifelte weiterhin an der These.

„Ja, das kann ich Ihnen jetzt nicht erklären. Warten wir die Ergebnisse der Spusi ab. Mal abgesehen von der Anzahl. Was halten Sie von der Idee, es könnte sich um Gegenstände von den Kindern handeln?" Charlotte ließ nicht locker.

Knud warf erneut einen Blick in die Schachtel und holte einige Sachen heraus, um sie näher zu betrachten. „Wäre eine Möglichkeit", antwortete er vage. „Fahren wir doch mit den Kartons zurück zum Revier und gleichen sie mit der Liste der verschwundenen Kinder ab. Mal schauen, ob uns eine Zuordnung gelingt."

„So gefallen Sie mir schon besser!", kommentierte Charlotte trocken.

„Ja, aber eine Frage habe ich dazu: Wenn wir kein Souvenir von Nele haben. Was bedeutet das dann?"

Gloria in SPO | Freitag, den 24. Juli

Gloria hatte den gemeinsamen Abend mit Knud in vollen Zügen genossen. Ja, klar, sie liebte Herbert, aber sie waren schon fast fünfundzwanzig Jahre ein Paar – da war an die Stelle der Leidenschaft viel Gewohnheit getreten. Nie würde sie ihren Mann verlassen, wozu auch? Mit jedem anderen erlosch die Glut früher oder später ebenfalls und Herbert war ein zuverlässiger Gefährte, ein empathischer Mann, der ihr viele Freiheiten ließ. Außerdem hatte er Humor. Eine Eigenschaft, die nicht selbstverständlich war. Wäre sie allerdings nicht mit diesem wunderbaren Ehegatten hier gewesen, hätte sie bei aller Verbundenheit nichts gegen ein kleines Techtelmechtel mit dem attraktiven Nordfriesen einzuwenden gehabt. Eine Weile hatte sie den Eindruck, er wäre ebenfalls nicht abgeneigt, doch dann sprach er immer wieder von der Kollegin Charlotte Wiesinger. Nicht nur seine Stimme ver-

änderte sich, er bekam dabei diesen sehnsüchtigen Gesichtsausdruck, gegen den sie vermutlich keine Chance hätte, auch wenn das Begehren unerfüllt schien.
Im Grunde war es ja Quatsch. Auf einer Reise mit Herbert gehörte sie zu ihrem Mann. Ein amüsanter Abend war es trotzdem gewesen. Knud Petersen war nicht nur ein guter Zuhörer, er war außerdem offen für Vorschläge von Menschen außerhalb der Polizeibehörde, so wie von seinem Freund Torge Trulsen und von ihr. Sie konnte es kaum abwarten, zu sehen, was der ehemalige Phantomzeichner aufs Papier brachte.

Am Donnerstagmorgen verkündete ihr Göttergatte, er hätte sein Krankenlager endgültig satt. Gleiches gelte ebenfalls für diese wirklich schöne Ferienanlage. Er wollte endlich einmal was von der herrlichen Umgebung sehen, auf die er sich das gesamte Jahr freute. Beim Frühstück solle sie sich darüber Gedanken machen. Nach einigem Hin und Her einigten sie sich schließlich auf einen kleinen Ausflug zum Eidersperrwerk. Viel lieber wäre Herbert auf einem langen Spaziergang durch die Salzwiesen bis zu dem Westerhever Leuchtturm gelaufen, aber er gab Glorias Bedenken letztlich nach. Es war bestimmt zu anstrengend und er wollte auf keinen Fall einen Rückfall riskieren. Von dem für hiesige Verhältnisse recht imposanten Bauwerk würden sie sowohl einen schönen Blick auf die Eider als auch auf das Wattenmeer haben. Beides sah nach Herberts Meinung bei Ebbe ganz besonders bezaubernd aus. Da der Urlaub für ihn bisher nicht viele Highlights bereitgehalten hatte, stimmte sie zu, auch wenn sie das Eidersperrwerk alles andere als spannend fand. Lieber wäre sie zum Shoppen nach Husum gefahren. Sie erinnerte sich aus einem der letzten Urlaube an die interessanten kleinen Geschäfte, die in einer Reihe verbunden so etwas wie eine Mall darstellten. Sogar das Hafenbecken sah bei Niedrigwasser wirklich ulkig aus – wie leergepumpt. Aber nun war Herbert mal mit seinen Wünschen dran, das war schon in Ordnung.

Knud hielt Wort und schickte ihr eine SMS, in der er ihr mitteilte, dass der Zeichner Bernie Fischer gegen 15 Uhr in die *Weiße Düne* kommen werde, um mit Torges Enkel einen Zeichenkurs abzuhalten. Da er nicht mehr dazu schrieb, hatte es wohl mit dem Fall nichts zu tun. Im Anschluss jedenfalls wollte er Nele zeichnen, wie sie jetzt im Alter von acht Jahren vermutlich aussah.

Gloria nahm sich fest vor, spätestens um 16 Uhr wieder in der Ferienanlage zu sein – am besten ein bisschen früher, denn Knud hatte nicht geschrieben, wo das Treffen stattfinden sollte. Es stellte sich jedoch heraus, dass ihre Sorge, die Runde zu verpassen, unbegründet war. Es machte Spaß auf dem Bauwerk spazieren zu gehen, und Gloria entdeckte einmal wieder ihre Leidenschaft für das Fotografieren. Begeistert bekam sie einige Stelzenläufer vor die Linse. Die typischen langen, roten Beine des sonst schwarz-weißen Vogels mit dem langgezogenen spitzen Schnabel faszinierten Gloria besonders. Als Herbert die Erschöpfung von dem ungewohnten Spaziergang zu spüren bekam, lud er seine Frau zum Essen ein.

„Was hältst du davon, wenn wir mal wieder an dem kleinen Flugplatz in Tating essen? Vielleicht startet oder landet ja gerade eine Maschine." Herberts Begeisterung für Technik brach durch.

„Na klar. Das Essen war dort wirklich lecker. Aber danach sollten wir in die *Weiße Düne* zurückkehren. Ich möchte nicht, dass du dich gleich am ersten Tag überanstrengst." Gloria ließ ihre Stimme besorgt klingen, aber Herbert durchschaute sie.

„Du meinst, du willst nicht zu spät zu deinem Termin kommen."
„Woher weißt du davon?", entgegnete sie aufgebracht. „Hast du etwa mein Handy gecheckt?"
„Gundi, mach mich nicht sauer! Du weißt ganz genau, so etwas ist unter meiner Würde. Ich kenne dich jetzt schon eine halbe Ewigkeit. Der Sonnenstich hat außerdem nicht mein Hirn weggebrutzelt. Da das kleine Mädchen noch nicht wieder da ist, bist du doch bestimmt weiterhin an dem Fall dran. Der Rest war nur Mutmaßung", gab er bereitwillig zu.
„Ach, duuuu ...!" Gespielt verärgert schlug sie ihm die leere Kameratasche gegen die Schulter.
„Komm, fahren wir was essen. Du bekommst dazu einen süßen Nachtisch, um deine Nerven zu beruhigen."

Bereits vor 15 Uhr hielt Gloria es in dem Bungalow nicht mehr aus und machte sich auf die Suche nach Torge und dem Zeichner, auf den sie äußerst gespannt war. Herbert hatte sich mit einem verständnisvollen „Geh schon, du bist ja mit den Gedanken sowieso woanders" von ihr verabschiedet. Insgeheim war er wahrscheinlich froh, sich endlich wieder ausruhen zu dürfen. Es dauerte eine ganze Weile, bis sie das Trio gefunden hatte. Als erklärte Sonnenanbeterin suchte sie auf der Nordterrasse ganz zum Schluss.
Hochkonzentriert lauschte Lukas den Ausführungen seines heutigen Lehrers, der mit seiner Pfeife urgemütlich aussah, um sie dann in die Tat umzusetzen. Torge saß entspannt dabei, ausnahmsweise einmal, ohne selbst etwas zu tun. Gloria sah zum ersten Mal seit Tagen den Anflug eines Lächelns in seinem Gesicht. Nachdem sie der Szene bereits eine Weile beigewohnt hatte, entdeckte der

Hausmeister seine Beobachterin und winkte sie daraufhin sofort an den Tisch.

„Gloria, wie schön Sie zu sehen! Wie geht es Ihnen?"

„Mir geht es gut. Danke. Wie ich sehe, haben Sie Privatunterricht für Ihren Enkel organisiert. Es scheint ihm sehr zu gefallen", antwortete Gloria, bevor sie auf dem angebotenen Stuhl Platz nahm.

„Eigentlich wollte ich auf diese Weise ebenfalls Timo begeistern. Mein Plan beinhaltete die Zusammenführung der beiden Jungen, damit sie sich ein wenig anfreunden. Dadurch hätten wir vielleicht Informationen über den Aufenthaltsort während seines Verschwindens erhalten. Leider habe ich die Aktion nicht gut genug vorbereitet, aber so kann ich wenigstens Lukas eine Freude bereiten."

Das steckte also hinter der Malstunde. Knuds Verdacht, Torge würde etwas aushecken, war richtig gewesen. Gloria fand die Idee genial. Das könnte klappen, wenn die Organisation in einem zweiten Versuch optimiert wurde.

Kurz nach vier erschien Knud mit seiner Kollegin Charlotte Wiesinger auf der Terrasse. Vermutlich waren sie ebenfalls gespannt auf die Zeichnung der *älteren Nele*. Ein wenig bedauerte Gloria die Begleitung der Kommissarin, denn sie sah darin die Hoffnung vereitelt, einen weiteren Abend mit Knud zu verbringen. Er dagegen schien die Gesellschaft zu genießen.

„Moin Bernie", begrüßte Knud den Zeichner, der nur einmal kurz von dem Werk seines neuen Schülers aufschaute.

„Na, könnt Ihr es nicht abwarten? Moin Ihr beiden! Setzt Euch dort an den Nachbartisch und bestellt was zu trinken, es geht gleich los. Wir brauchen noch einen Moment."

„Was geht gleich los?" Torge wurde hellhörig. „Ich dachte schon, Ihr kommt mit Neuigkeiten, aber Ihr wollt ebenfalls zu Bernie. Weiht Ihr mich ein?"
Knud winkte ihn ebenfalls von dem Tisch mit Lukas weg, woraufhin sich Gloria wie selbstverständlich zu ihnen gesellte. Torge kam aus dem Staunen gar nicht mehr heraus, als er die Neuigkeiten hörte. Die Hoffnung stand ihm ins Gesicht geschrieben.
„Ihr meint, über so eine Zeichnung eine Spur zu Lena zu finden?", fragte er atemlos.
„Torge, wir wissen es nicht. Vielleicht ist es ein Irrtum, aber einige Indizien weisen darauf hin. Natürlich hoffen wir, Nele lebendig zu finden – auch wenn fünf Jahre ohne die eigenen Eltern sicherlich schwierig zu verkraften sind."
Der Hausmeister wurde unruhig. Er konnte es gar nicht abwarten, dass Bernie mit dem quasi Phantombild begann, auch wenn er Lukas den Spaß nicht verderben wollte, das sah Gloria ihm deutlich an.
Endlich war es soweit. Bernie Fischer gab Lukas eine weitere Aufgabe, mit der er die Übungen alleine fortsetzte.
Eine geraume Weile studierte der alte Mann die mitgebrachten Fotos von Nele, bevor er anfing zu zeichnen. Die Unterhaltung der vier Beobachter war komplett versiegt. Gebannt starrten alle auf das Papier, auf dem Bernie zauberte. Gloria spürte ein Kribbeln in der Magengrube, das sich langsam zu einer Gänsehaut auf den Armen entwickelte. Würde ihre Idee dazu führen, Nele wiederzufinden? Ja, zu befreien? Sie konnte kaum stillsitzen, aufgeregt rutschte sie auf ihrem Stuhl hin und her. Am liebsten hätte sie eine Zigarette geraucht, obwohl sie vor Jahren aufgehört hatte, weil es ihren Teint ruinierte. Mit jedem Bleistiftstrich war das Antlitz der achtjährigen

Nele deutlicher zu erkennen. Gloria war beeindruckt, was der alte Nordfriese mit den großen Händen aufs Papier brachte. Ganz eindeutig verstand er etwas von seinem Handwerk, Knud hatte nicht zu viel versprochen.
Torge brach das spannungsgeladene Schweigen als Bernie fast fertig war: „Und was machen wir damit? Habt Ihr schon bei Imke und Friedrich Hansen nachgefragt, um die Veröffentlichung absegnen zu lassen?"
„Nein, wir dachten, wir fragen mit dem Endergebnis. Willst du das übernehmen, als quasi selbst Betroffener?", fragte Knud seinen Freund, der jedoch zur Überraschung aller, sofort energisch mit dem Kopf schüttelte.
„Nein, danke für Euer Vertrauen und den Versuch, mich einzubinden. Ich war gestern schon auf dem Hof. Nach Imke Hansens Auskunft will ihr Mann von dem Fall nichts mehr hören. Sie haben lange gebraucht, zu akzeptieren, Nele nicht mehr wiederzusehen. Friedrich wird Euch nicht einmal bis zum Ende anhören, sondern gleich vom Hof jagen. Sie wäre vielleicht dafür aufgeschlossen, aber ohne seine Einwilligung könnt Ihr es vergessen."
„Und das von dir!", kommentierte Knud Torges Ausführungen.
„Glaub mir, sie war sehr bestimmt."
Die Kommissarin zeigte sich nicht begeistert von Torges Initiative: „Sie waren gestern auf dem Hansen-Hof, ohne das mit uns abzustimmen? Trulsen, Sie haben im Moment mehr Spielraum als ohnehin schon, aber solche Alleingänge in einer so brisanten Ermittlung kann ich nicht dulden."
„Aber ich bin persönlich betroffen, es ist nicht nur ein spannender Kriminalfall für mich, es geht um meine Enkelin!", betonte er, als ob dieser Umstand nicht allen bewusst war.

„Das macht die Sache nicht besser, im Gegenteil! Eigentlich müssten Sie sich ganz heraushalten. Selbst Polizisten werden von einem Fall abgezogen, wenn sie persönlich involviert sind. Tun Sie nicht so, als wüssten Sie das nicht."

Gloria war erstaunt über die Energie, die in dieser kleinen, schlanken Persönlichkeit steckte. Obwohl ihr klar war, dass Charlotte Wiesinger mit jedem Wort, welches sie dem Hausmeister an den Kopf warf, recht hatte, fand sie die Vorgehensweise doch etwas hart. Da vermutlich ihre Meinung zu dem Thema nicht gefragt war, hielt sie sich wohlweislich zurück. Torge schien der Kommissarin insgeheim zuzustimmen, aber vielleicht fehlte dem Hausmeister lediglich die Kraft für ein Wortgefecht. Jedenfalls nickte er, ohne etwas hinzuzufügen.

Wieder folgte Schweigen. Alle schienen zu überlegen, wie sie das Kunstwerk für die Fahndung nach den beiden Mädchen einsetzen konnten. Gloria registrierte außerdem Enttäuschung – ein Gefühl, das sie teilte. War das alles umsonst gewesen?

Ein wenig ratlos hatten sie schließlich die angefertigten Kopien aufgeteilt. Torge fuhr mit Lukas und Bernie zu seinem Haus nach Tating. Auch Gloria verabschiedete sich von den Kommissaren, um sich mit Herbert zu beraten. Vielleicht steuerte ihr Mann eine konstruktive Idee bei. Knud und Charlotte Wiesinger planten, es mit Fiete zu besprechen, wie sie die Hansens von der Veröffentlichung des Bildes überzeugen konnten.

Am Freitagmorgen war es entgegen der Wettervorhersage nicht ganz so heiß wie an den Tagen davor. Gloria und Herbert saßen nach dem Frühstück bei einer Tasse Kaffee im geschützten Bereich des Restaurants der *Weißen Düne*, dessen Blick dem Namen der Ferienanlage alle Ehre machte. Das Brainstorming des vorherigen Abends war ergebnislos geblieben, aber Gloria war nicht so erfolgreich, weil sie leicht aufgab. Als könnte sie dadurch einen Geistesblitz erzwingen, starrte sie auf die Zeichnung, die Nele mit mutmaßlich acht Jahren darstellte.

„Gloria", rief eine Kinderstimme nach ihr. „Erinnerst du dich an mich? Wir waren gestern den ganzen Tag am Strand und heute gehen wir ins Watt. Hast du schon einmal eine Wattwanderung gemacht? Da gibt es ganz viele kleine Tiere zu beobachten." Ein aufgekratzter Timo kam an ihren Tisch gestürmt. Er kramte aus seiner Hosentasche ein besonders schönes Exemplar einer Wellhornschnecke, um sie ihr zu reichen.

„Guck mal, die habe ich gestern gefunden. Sie ist selten", strahlte er sie an. „Ich schenke sie dir, weil du mich aus dem Maisfeld gerettet hast."

Voller Freude über die Überraschung nahm Gloria die Meeresschönheit entgegen. „Das ist aber lieb von dir. Vielen Dank, da freue ich mich sehr."

Nickend warf Timo einen Blick auf die Zeichnung. „Warum hast du Kristina gemalt?", fragte er Gloria.

„Kristina?"

„Ja, das Mädchen dort auf dem Bild. Das ist Kristina. Woher kennst du sie?"

Nicht nur Gloria spürte die Aufregung durch ihren Körper prickeln, auch Timo war ganz aus dem Häuschen. Einen Moment wusste die selbstbewusste Journalistin nicht, was sie sagen sollte. Gerade hatte sie ratlos auf das Gesicht gestarrt, jetzt schien es, als hätte ihre Strategie, eine Antwort erzwingen zu wollen, funktioniert. Doch was sagte sie zu Timo?

„Warum hast du Matti nicht gezeichnet?", fragte der Junge in dem Moment, obwohl sie bislang keine seiner Fragen beantwortet hatte.

„Matti?" Gloria ahnte eine wichtige Fährte, auf die der Junge sie gerade brachte. Um nichts in der Welt wollte sie ihn bremsen oder mit den falschen Worten gar zum Schweigen bringen. Ein kurzer Blick zu Herbert zeigte ihr, er sah es genauso wie sie. Schweigend beobachtete er die Szene und signalisierte ihr mit einem zustimmenden Nicken, so fortzufahren.

„Matti! Kristinas Wattwurm!", rief Timo aus. „Sie hatte ihn nicht dabei, als du sie gesehen hast? Das kann ich mir gar nicht vorstellen! Sie hat ihn nie hergegeben. Ich durfte ihn nur einmal ganz kurz anfassen."

Gloria und Herbert wechselten einen weiteren Blick. Ihre Gedanken rasten. Was sollte sie nur tun? Einen Moment wünschte sie, Kommissar Knud Petersen wäre hier, aber sie konnte ihn schlecht anrufen. Das dämpfte mit Sicherheit Timos Euphorie, vielleicht sagte er später gar nichts mehr dazu. Sie musste ihn irgendwie am Reden halten. Wie fand sie bloß heraus, wo er diese Kristina getroffen hatte? Handelte es sich dabei um Nele? War sie tatsächlich am Leben? Vor Aufregung fiel Gloria das Denken schwer.

Schließlich kam ihr Gatte zur Hilfe: „Timo, ich bin Herbert, Glorias Mann. Hast du Lust, Matti für uns zu zeichnen? Gloria kann sich nicht mehr an ihn erinnern. Hier hast du einen Bleistift", redete er einfach weiter, damit Timo gar nicht mehr überlegte, ob er das wollte. „Ich hole dir vom Eingang ein paar Buntstifte, dann kannst du ihm anschließend die richtigen Farben verpassen. Ist das eine gute Idee?"

Eifrig nickend griff Timo nach dem Bleistift, den Herbert ihm hinhielt. Er hatte kaum die ersten Striche auf dem frischen Bogen gezeichnet, da schallte eine leicht hysterische Stimme durch den Außenbereich des Restaurants: „Timo! Timo, bist du hier?"

Gloria zuckte zusammen. Schnell drückte sie Timo die Hand. „Ich sag deiner Mama, dass du bei uns bist. Ich bin so neugierig, wie Matti aussieht, willst du ihn für mich zu Ende malen?"

Timo schaute unschlüssig zwischen seiner Mutter und Gloria hin und her. Einen Moment lang sah es aus, als würde er den Bleistift auf den Tisch legen, um loszulaufen, doch dann überlegte er es sich anders.

„Na gut, sag du ihr Bescheid, ich kümmere mich um Matti", antwortete er, bevor er die nächsten Striche positionierte.

Gloria schickte ein Stoßgebet zum Himmel. Schnell war sie bei Simone Hasenfeld, um ihr zu erklären, was gerade passierte. Sie versprach Timo zu ihr zurückzubringen, wenn sie alles von dem Jungen erfahren hatte, was dieser bereit war preiszugeben. Die Mutter hatte sich schnell wieder beruhigt. Sofort war sie mit dem Vorgehen einverstanden.

Timo zeichnete fleißig weiter. Als Herbert mit den farbigen Stiften wieder an den Platz zurückkehrte, wurde Matti koloriert. Interessiert betrachtete Gloria die Skizze. Der Junge hatte Talent. Aber auch das Objekt erregte ihre Aufmerksamkeit. Sie war sich bewusst, nicht gerade eine Expertin für Stofftiere zu sein, aber durch die jährlichen Urlaube hier in St. Peter-Ording war sie mit den Souvenirs, die in den kleinen Läden im Bad verkauft wurden, vertraut. So einen Wattwurm hatte sie noch nie gesehen! Den im Verhältnis zum langgezogenen Körper großen Kopf zierten nicht nur zwei Augen, sondern ebenfalls eine Zipfelmütze. Vermutlich war es doch kein touristisches Andenken. Vielleicht handelte es sich um eine

Einschlafhilfe für kleine Kinder. Hütete Nele es seit fünf Jahren wie ihren Augapfel, weil es die Verbindung zu ihrem Zuhause war?

„Hatte Matti genau diese Farben oder hast du es nach deinem Geschmack verändert?", fragte Gloria Timo leise, nachdem er fast fertig war.

„Ich habe nichts verändert, allerdings war er ein bisschen angeschmuddelt. Mama hätte ihn bestimmt mal in die Waschmaschine gesteckt, aber Kristina hat das nicht zugelassen. Ich glaube, ihrer Mutter war das egal", antwortete Timo in sachlichem Ton.

„Hat Kristina etwas über Matti erzählt? Zum Beispiel, woher sie ihn hatte oder wie lange schon?", tastete sich die Journalistin langsam vor. Sich auf unterschiedliche Personen einzustellen sowie diese dabei auszufragen, gehörte zu ihren Stärken.

„Nö, darüber haben wir nicht gesprochen." Timo betrachtete kritisch seine eigene Zeichnung, bevor er sie Gloria reichte. „Ja, so hat er ausgesehen. Ich schenke sie dir."

„Worüber habt ihr denn gesprochen?" Gloria überlegte fieberhaft, wie sie ihm weitere Informationen entlocken konnte.

„Ja, das war komisch. Ich habe sie gefragt, wie alt sie ist und sie sagte, sie ist acht. Dann wollte ich wissen, wie ihr die Schule gefällt, weil ich ja jetzt in die Schule komme, wenn wir wieder zu Hause sind. Aber sie wird daheim unterrichtet. Vielleicht ist ihre Mutter ja Lehrerin, aber ich kenne sonst niemanden, der nicht zur Schule geht. Du etwa?" Timo schien darüber sehr erstaunt.

„Nein", antwortete Gloria. „Es ist wirklich spannend in der Schule. Es macht viel mehr Spaß zusammen mit Freunden zu lernen. Vor allem ist es lustig, sich Streiche auszudenken, mit denen man die Pauker ärgern kann."

„Ja, das hat mir mein Cousin auch erzählt. Kristina wurde ganz traurig, als ich ihr das verraten habe. Ich glaube, sie hat nicht viele Freunde. Niemand kam zu Besuch, als ich dort war."

Gloria vibrierte. Es wurde immer wahrscheinlicher, dass es sich um die seit fünf Jahren vermisste Nele handelte. Wie bekam sie nur heraus, wo sie sich jetzt befand? Timo konnte dazu bestimmt nichts Konkretes sagen, aber einen Versuch war es wert.

„Weißt du, wo du gewesen bist, als du Kristina besucht hast?", fragte sie sanft, fast beiläufig.

Sie hatte die Frage nicht ganz ausgesprochen, schon versteifte Timo sich und wich dem Blickkontakt mit Gloria aus. Er warf einen abschließenden Blick zu der Zeichnung von Kristina, bei der es sich vermutlich um Nele handelte, öffnete den Mund, als ob er etwas hinzufügen wollte, schloss ihn aber wieder, ohne es zu tun. Gloria ließ ihm Zeit. Sie hoffte sehr, mehr zu erfahren, glaubte aber nicht wirklich daran. Vermutlich war es ihm verboten worden, also verzichtete sie darauf, nachzufragen. Vielleicht wusste der Psychologe einen Weg, Timo weiter zu öffnen.

„Möchtest du jetzt zurück zu deinen Eltern? Soll ich dich hinbringen?", fragte sie ihn, woraufhin er sich sofort wieder entspannte.

Gloria brannte darauf, der Polizei mitzuteilen, was sie herausbekommen hatte. Ihr Smartphone schon in der Hand, überlegte sie es sich schließlich anders.

„Ich fahre mit der Zeichnung von dem Wattwurm zu den Kommissaren. Ich bin mir so gut wie sicher, dass es sich bei dem Mädchen um Nele handelt. Bestimmt stammt das Stofftier aus ihren Kindertagen in ihrem ursprünglichen Zuhause. Jede Wette, Imke Hansen hat es selbst für ihre Tochter genäht", teilte sie Herbert voller Enthusiasmus mit. Nie im Traum wäre er auf die Idee gekommen, zu widersprechen, das sah sie ihm an.

„Bist du anderer Meinung?", fragte sie aus diesem Grund noch einmal nach.

„Würde das etwas ändern?", war seine trockene Antwort, die sie zum Lächeln brachte.

„Ich nehme an, du willst mich nicht begleiten?", fragte sie ein wenig manipulativ.

„Nein, ich sehe schon, du bist nicht zu bremsen. Mach du nur."

Sie verabschiedete sich mit einem flüchtigen Kuss und war bereits ein Stück entfernt, als er ihr hinterherrief: „Gloria!" Sie drehte sich zu ihm um, und er fügte hinzu: „Das war ein richtig gutes Interview! Ich drück dir die Daumen, dass es die Basis für das Wiederfinden der Mädchen bildet."

Sie formte ein „Danke" mit ihren Lippen und eilte zu ihrem Wagen. Hoffentlich traf sie die Kommissare auf dem Revier an!

Charlie in SPO | Freitag, den 24. Juli

Nach dem Treffen mit Bernie Fischer blieben Knud und Charlie allein auf der Terrasse der *Weißen Düne* zurück. Einen Moment lang fragte sich die Kommissarin, ob sie angesichts der besonderen Situation ein bisschen zu hart zu Trulsen gewesen war, aber er schien ihr die Zurechtweisung nicht übel zu nehmen. Sie hatte sich schon fast an seine Alleingänge und Eskapaden gewöhnt, aber gelegentlich brauchte er scheinbar ein bisschen Gegenwind, damit er sich wenigstens an gewisse Regeln hielt bzw. ihre Ermittlungsstrategien nicht torpedierte.
„Wir sollten mal schauen, ob die Hasenfelds wieder zurück sind, damit wir von Timo eine Referenzprobe nehmen können", holte Knud sie aus ihren Gedanken.
„Hhm." Charlie war von der Idee, dem Jungen Fingerabdrücke abzunehmen, nicht begeistert.
„Hhm? Was bedeutet *Hhm*?"

„Lassen Sie uns mit den Eltern sprechen, und dann ein Glas mitnehmen, das Timo angefasst hat, oder so. Ich möchte nicht mit einem Stempelkissen dort auftauchen. Das hat irgendwie einen seltsamen Beigeschmack", antwortete sie.

„Vielleicht findet er es ja ganz lustig, Wir sagen ihm, er könne helfen, die Enkelin des Hausmeisters wiederzufinden", verteidigte Knud seine Strategie. „Die Qualität der Abdrücke wäre im Zweifel besser."

„Ach, das ist nicht gesagt." Charlie war nicht überzeugt. „Keins der Kinder aus der ersten Serie hat etwas über den Täter oder den Aufenthaltsort erzählt. Daraus schließe ich, sie wurden unter Druck gesetzt, nichts zu verraten – sehr wahrscheinlich verbunden mit bestimmten Sanktionen. Wir sollten ganz behutsam mit dem Jungen umgehen. Ich möchte kein Trauma auslösen."

„Aber wir sind immer noch auf der Suche nach Lena", gab Knud zu bedenken.

„Ja, danke für die Erinnerung!" Charlie spürte selbst die Gereiztheit, die in ihr aufwallte, wollte aber die gerade hergestellte Harmonie mit Knud nicht wieder gefährden. „Es ist eben eine Gratwanderung. Lassen Sie es uns mit einem Glas oder so versuchen. Wenn die Abdrücke zu schlecht sind, können wir mit dem Stempelkissen anrücken."

„Dadurch verlieren wir aber wertvolle Zeit." Knud blieb hartnäckig.

„Ja, aber was bringt uns die Bestätigung in diesem Moment? Wir werden die Spur so oder so verfolgen. Vielleicht sollten wir die Hasenfelds jetzt gar nicht behelligen. Lassen Sie uns zum Revier fahren und gucken, ob Fiete mit der Recherche zu dem Eigentümer weitergekommen ist. Es bringt uns mehr, wenn wir Familienmitglieder finden, die das Haus in Katingsiel in den letzten

Jahren genutzt haben." Schließlich ließ sich Knud von Charlies Argumenten überzeugen.

„Es gibt aber ein weiteres Problem", verkündete er mit ernster Miene.

„Schießen Sie los!" Die Kommissarin war gespannt.

„Ich habe einen Bärenhunger!" Knuds vertrautes und in den letzten Tagen vermisstes Grienen kam wieder zum Vorschein. „Wir haben seit dem Frühstück nichts gegessen! Wollen wir uns nicht hier etwas bestellen, bevor wir in die nächste Runde gehen? Viel können wir heute sowieso nicht mehr ausrichten. Ich finde, wir haben es uns verdient."

Nachdem er es ausgesprochen hatte, bemerkte Charlie ihren knurrenden Magen. „Fiete meldet sich bestimmt, wenn er etwas herausfindet ... gibt es schon eine Mail von der Spusi?" Als Knud den Kopf schüttelte, willigte sie ein. Der Schatten tat gut, der leichte Wind brachte eine angenehme Kühle. „Danach könnten wir zur Verdauung ein wenig am Strand spazieren, dabei haben wir gewöhnlich die besten Ideen", schlug sie vor. Knud war sofort einverstanden.

„Haben Sie eigentlich heute mal was von unserem Superprofiler gehört? Ist der an dem Fall dran oder macht er mittlerweile Urlaub?" Goldblum schien Knud nach wie vor ein Dorn im Auge zu sein. Charlie fragte sich, ob er merkte, wie zickig sein Tonfall klang, sobald die Sprache auf den neuen Kollegen kam.

„Er hat versprochen, sich abends zu melden. Wir kommen ja ohne ihn im Moment gut voran." Charlie verspürte wenig Lust, sich jetzt die Laune mit einem Gespräch über Martin verderben zu lassen. Insgeheim war sie froh über die Distanz, nachdem sie ihn tagelang nicht losgeworden war. Also wechselte sie das Thema, worauf Knud sich gerne einließ.

Als Charlie nach einem schmackhaften Essen und dem geplanten Spaziergang an der rauschenden Nordsee mit der üblichen Ausbeute an Muscheln zu ihrem Haus im ruhigeren Dorf von St. Peter zurückkehrte, war sie nicht nur satt, sondern redlich erschöpft. Knuds Einladung auf einen Absacker hatte sie freundlich abgelehnt. Sie freute sich jetzt auf ein entspannendes Schaumbad mit einem Glas Wein. Danach würde es ihr völlig ausreichen, sich eine Schmonzette im Fernsehen anzuschauen, um einmal wieder auf andere Gedanken zu kommen. So eine seichte Berieselung war die perfekte Vorbereitung für einen erholsamen, traumlosen Schlaf.

Doch jäh wurden die Pläne für einen geruhsamen Abend durchkreuzt, als sie auf ihre Auffahrt fuhr. Der Wagen, der dort parkte, gehörte eindeutig Martin Goldblum. Einen Augenblick lang ärgerte sich Charlie, dass sie Knuds Einladung auf einen abschließenden gemeinsamen Schlummertrunk abgelehnt hatte, aber vielleicht kam der Profiler ja mit Neuigkeiten, die sich anzuhören lohnten. Eine telefonische Ankündigung wäre ihr zwar lieber gewesen, aber sie konnte es ja kurz halten. Sollte er Bericht erstatten und dann wieder abschwirren. Sogar sie hatte einmal ein Recht auf einen freien Abend!

Doch wo war er abgeblieben? In seinem Wagen saß er nicht. Hatte er hier lediglich geparkt und war zu Fuß zum Hotel gelaufen, weil sie nicht auftauchte? Die leise Hoffnung wurde zerstört, als sie ihren Garten betrat. In aller Seelenruhe saß er mit einem Bier aus einem mitgebrachten Sixpack in ihrem Strandkorb. Er hatte ihn so weit nach hinten geklappt, dass er genau genommen fast lag. Charlie fragte sich, ob er eingedöst war.

Der Strandkorb war ihr ganzer Stolz. Es handelte sich nicht um so ein flötiges Ding aus dem Baumarkt, sondern ein echtes SPO-Modell, das im letzten Sommer noch am

Ordinger Strand gestanden hatte. Einmal im Jahr wurden die ausgemusterten Exemplare versteigert. Als sie im Frühling davon hörte, war sie sofort Feuer und Flamme gewesen. Trulsen hatte ihr dann mit einem seiner zahlreichen Kumpel geholfen, das überaus schwere Möbel hier in ihren Garten zu wuchten. Bei der Erinnerung an die Aktion umspielte ein Schmunzeln ihre Lippen.

„Du siehst wunderschön aus, wenn du so gedankenverloren vor dich hin lächelst, meine Kommissarin aus Hamburg", kam prompt der Kommentar aus den Tiefen der nordischen Sitzgelegenheit.

Charlie war zwischen Amüsiertsein sowie Verärgerung hin- und hergerissen. Goldblum ließ also seinen Charme spielen. Nach allem, was in den letzten Tagen vorgefallen war, wusste sie nicht so recht, wie sie darauf reagieren sollte. Nach wie vor plante sie, den Abend allein zu verbringen, den Profiler also so schnell wie möglich loszuwerden.

„Martin! Moin, du hättest anrufen können! Ich hoffe, du hast weiterführende Infos dabei, ich hatte mich eigentlich auf ein Schaumbad gefreut." Sogar in Charlies Ohren klangen ihre Worte abweisend, aber Goldblum ließ sich nicht davon beeindrucken.

„Tu dir keinen Zwang an. Ich kann dir ja den Rücken schrubben." Kurz flackerte ein anzügliches Grinsen auf, dann hatte er sich wieder im Griff.

„Ja, genau! Und danach kommst du dann mit in die Wanne." Charlie kostete es Mühe, einen leichten Tonfall anzuschlagen.

„Ich hätte jetzt nicht gewagt, es vorzuschlagen, aber wenn du mich darum bittest ..." Den Rest des Satzes verschluckte er unter Charlies warnendem Blick. „Schon gut! Sollte nur ein Scherz sein. Komm wieder runter.

Wenn du hörst, was ich herausgefunden habe, wirst du milder gestimmt sein."

Die Kommissarin war skeptisch. Bisher waren seine Ergebnisse eher mager gewesen. Konnte er das toppen, was sie im Team heute ermittelt hatten?

„Darf ich dir als Friedensangebot ein Bier anbieten?" Goldblum griff zu seinem Vorrat; nahm eine Flasche, um sie ihr zu hinzuhalten.

„Jever? Du hättest wenigstens ein Hiesiges kaufen können. Dithmarscher zum Beispiel", nörgelte Charlie. „Nein, danke. Ich hole mir lieber ein Glas Weißwein."

Ihr ungebetener Besucher zuckte mit den Schultern und stellte die Flasche zurück auf den Boden.

„Hast du etwas zum Knabbern da?", rief er ihr hinterher, nachdem sie bereits ins Haus gegangen war. In der Küche holte sie tief Luft, um sich zu beruhigen. Es war Energieverschwendung sich jetzt mit Martin zu streiten, aber alles in ihr sehnte sich geradezu danach. Das würde ihr einen triftigen Grund geben, ihn rauszuschmeißen. Sie nahm die Flasche aus dem Kühlschrank und erfrischte sich einen Moment damit, indem sie sie gegen ihre Wangen drückte. Als sie den Garten wieder betrat, wirkte sie nach außen entspannt. Sie wollte wenigstens in Erfahrung bringen, was er herausgefunden hatte. Danach konnte sie weitersehen.

„Komm, setz dich zu mir", forderte Goldblum sie auf. Immerhin hatte er die Rückenlehne wieder in eine aufrechte Position gebracht. Um nicht albern zu wirken, indem sie sich einen Stuhl von der Terrasse vor den Strandkorb stellte, nahm sie ergeben an seiner Seite Platz, auch wenn sie dadurch im Grunde zu sehr auf Tuchfühlung ging.

„Nichts zum Knabbern?", hakte er nach.

„Nein!" Es lag ihr auf der Zunge, ihn zu fragen, warum er das nicht ebenfalls mitgebracht hatte, aber ihr guter Vorsatz, zumindest nicht sofort einen Streit anzufangen, hielt sie davon ab. „Also schieß los, was hast du herausgefunden? Hat dein Fachgespräch mit Frau Dr. Berg was Interessantes ergeben?"

„Ach, Fachgespräch! Von wegen. Ich wollte ihr auf den Zahn fühlen. Sowohl das Verhalten ihrer Empfangsschnecke als auch ihre aufgesetzte kühle Möchtegern-Souveränität fand ich überaus verdächtig."

Charlie fragte sich wieder, ob er damals in Hamburg schon so ein arrogantes Arschloch gewesen war, konnte sich aber beim besten Willen nicht daran erinnern. Immerhin war ihr Eindruck von den beiden Frauen ähnlich.

„Und?" Sie war gespannt, was er zu erzählen hatte.

„Ich bin mir nicht ganz sicher, aber ich glaube, die beiden haben ein Verhältnis." Goldblum wiegte seinen Kopf, als würde er weiterhin darüber nachdenken.

„Aha, und was bringt dich zu der These? Die Tatsache, nicht bei ihr landen zu können?" Charlie hatte keine Kontrolle über diese Spitze.

„Bist du etwa eifersüchtig?" Sich zur Seite drehend schaute Goldblum ihr direkt in die Augen. Sie spürte eine leichte Hitze aufwallen, was sie erst recht ärgerte.

„Bild dir bloß nichts ein!", rief sie aus. „Sie konnte also nichts Konstruktives zu dem Fall beisteuern?"

„Wer?"

„Na, Anke Berg!"

„Nicht wirklich. Ich bin davon überzeugt, dass sie etwas weiß, was sie nicht preisgibt, aber ich gestehe, ich konnte sie nicht knacken."

Charlies Ungeduld wuchs. Wusste Goldblum wirklich etwas oder war ihm bloß langweilig? Wenn er bei der Berg nichts herausgefunden hatte, dann hoffentlich bei seinen

Besuchen der Familien, die von der ersten Serie der verschwundenen Kinder betroffen waren.

„Hast du nun Neuigkeiten oder willst du nur den Abend in meinem Strandkorb verbringen?", fragte sie mit leichtem Ärger in der Stimme, den er komplett ignorierte.

„Ja, ist ein tolles Teil. Hast du den vom Strand geklaut?" Obwohl die Frage wirklich hirnrissig war, musste sie unwillkürlich lachen. Allein die Vorstellung, wie sie mit ihrer Körpergröße von lediglich 1,58m das schwere Outdoor-Möbel hierherschleppte, ließ sie für einen Moment den Unwillen gegen Goldblum vergessen.

„Ja, das war enorm anstrengend, aber wie du siehst, habe ich es geschafft."

„Du bist eben eine echt starke Frau. Nur deine kriminelle Energie war bisher eher latent vorhanden. Da kannst du mal sehen, was die pragmatischen Nordfriesen aus dir machen", scherzte er weiter herum.

Charlie nahm einen großen Schluck Wein und entspannte sich. Eigentlich war es doch herrlich, hier so zu sitzen. Sie hatte den kleinen Garten im Grunde viel zu wenig als Oase zum Krafttanken genutzt. Egal, was Goldblum zur Klärung des Falles beitrug, sie waren auf einem guten Weg, und der Profiler war in einigen Tagen sowieso wieder verschwunden. Sollte er doch sabbeln, mittlerweile war es ihr gleichgültig, ob etwas Zielführendes dabei war.

Als hätte er ihre Gedanken gelesen, kam er endlich zum Punkt: „Nee, das mit der Berg war ein Schuss in den Ofen, aber heute war ich, wie du ja weißt, auf Tour. Sag mal, dieser Torge Trulsen ist hier Euer Lokalmatador, oder? Egal, wo ich angerufen habe; ich brauchte nur seinen Namen erwähnen und schon öffneten sich alle Türen."

Lokalmatador! Charlie war sich sicher, dass ihm diese Bezeichnung gefallen würde! Wie war er ihr anfangs auf die Nerven gegangen! Naja, genau genommen tat er das zwischendurch nach wie vor, aber sie musste zugeben, sich an ihn gewöhnt zu haben. Und wenn man Hilfe brauchte, Trulsen sagte nie *Nein*.

„Ja, er kennt gefühlt jeden hier auf Eiderstedt, ist mit allen per Du und erfreut sich großer Beliebtheit, was nicht von ungefähr kommt. Er unterstützt einfach jeden, wenn er kann, wobei er selten etwas zurückfordert. Kein Wunder, dass alle ihm helfen wollen." Charlie lächelte in Gedanken an den schrulligen Hausmeister.

„Ja, so war es", bestätigte Goldblum. „Von den dreizehn Kindern der Serie von vor fünf Jahren wohnten – wie du ja weißt – sechs fest hier in der Gegend, Nele eingeschlossen. Ich habe mich erst einmal auf diese Familien konzentriert. Mit Ausnahme der Hansens habe ich heute alle besucht." Der Profiler legte eine künstlerische Pause ein. In Charlies Augen eine überflüssige Effekthascherei, trotzdem war sie gespannt, was er jetzt offenbaren würde.

„Der Entführer – oder die Entführerin – hat von allen Kindern ein Souvenir behalten: Ein Tuch, eine Haarspange, ein Stofftier, ein Spielzeugauto und sogar einen Drachen!" Goldblums Gesichtsausdruck war so stolz, als hätte er gerade den Nobelpreis gewonnen. Nein, so aufgeblasen war er damals in Hamburg definitiv nicht gewesen! Fast hätte sie schon bei der Vorstellung laut losgelacht, wie seine Mimik in sich zusammenfallen würde, wenn sie ihm gleich mitteilte, wie sie diese Andenken heute in Katingsiel gefunden hatten.

Sie versuchte, es möglichst gelassen auszusprechen: „Ja, sie liegen in einer Schachtel, die bei der heutigen Hausdurchsuchung entdeckt wurde. Wir sind ebenfalls von einem Zusammenhang mit den verschwundenen Kindern ausgegangen."

Tatsächlich klappte Goldblum quasi der Unterkiefer herunter. Charlie prustete den Schluck Weißwein, den sie gerade genommen hatte, in hohen Bogen in den Garten. „Du solltest mal dein Gesicht sehen!" Es fiel ihr schwer, sich zu beruhigen. Unerwarteterweise fiel Martin in das Gelächter ein, was ihn wieder sympathischer werden ließ. Gemeinsam saßen sie schließlich kichernd in dem Strandkorb. Nach der Anspannung der letzten Tage tat es gut, einfach unbeschwert und fröhlich zu sein.

Goldblum war als Erster wieder in der Lage, sprechen zu können: „Wow, Ihr seid mit Euren Ermittlungen schon wirklich weit gekommen", sagte er anerkennend.

„Das klingt so, als würde es dich überraschen!", kommentierte Charlie seine Bemerkung trocken.

„Ehrlich gesagt: Ja! Du hast mich hergebeten, weil Ihr überfordert seid. Das waren jedenfalls deine Worte. Die habe ich für bare Münze genommen." In dieser Aussage war er entwaffnend aufrichtig.

„Das hast du dann doch ein bisschen falsch verstanden. Ich meinte damit den emotionalen Aspekt. Für Knud ist es ein *cold case*; ein Fall, den er damals nicht aufklären konnte. Weil Nele überhaupt nicht gefunden wurde – weder tot noch lebendig – nagt der Misserfolg doppelt an ihm. Und dann überhaupt ein verschwundenes Kind! Ich selbst habe schon viel Elend in Bezug auf die kleinen Schwachen gesehen, so eine Serie kann einem nur an die Nieren gehen", rückte Charlie seine Behauptung ins richtige Licht.

„Du hast mich also als seelischen Beistand angefordert? Nicht weil ich so ein genialer Kinderpsychologe und Profiler bin?" Den Geknickten spielte er hervorragend. „Das geht mir jetzt echt aufs Ego!", behauptete er, bevor er es sich plötzlich überlegte. „Andererseits stehe ich dir gerne als Tröster zur Verfügung. Soll ich dich gleich hier in den Arm nehmen, oder möchtest du erst noch ein paar Gläser Wein trinken?"

„Du bist wirklich unmöglich!", stellte Charlie mit vorgetäuschter Empörung fest, während sie ihm den Ellenbogen in die Rippen stieß.

„Aua, du kleines brutales Weib! Machst du das mit deinem Kollegen Knud Petersen genauso?" Goldblum rieb sich demonstrativ die Seite.

„Klar, wenn er sich blödsinnig benimmt!"

„Läuft da was zwischen Euch?" Offensichtlich war er nicht mehr in der Lage seine Neugierde zu zähmen. Charlie hielt in der Bewegung inne.

„Ich weiß zwar nicht, was dich das angeht, aber: Nein, da läuft nichts zwischen uns."

„Sollte es vielleicht. Er ist auf jeden Fall verknallt in dich", stellte Goldblum nüchtern klar.

„Quatsch! Wir sind einfach Kollegen, die sich auch privat gut genug verstehen, um mal ein Bier oder einen Friesengeist zusammen zu trinken", wehrte sich Charlie gegen seine Behauptung.

„Denk an meine Worte! Es wird bestimmt nicht mehr lange dauern, bis er dich anbaggert." Er nahm einen Schluck von seinem Bier, das mittlerweile recht warm geworden war. „Was spricht denn dagegen? Du bist Single, er ist Single und hier auf dem platten Land ist die Auswahl ja ohnehin beschränkt. Warum amüsierst du dich nicht ein bisschen mit ihm?"

„Das geht dich ´n feuchten Kehricht an! Wenn du den Abend nicht abrupt beenden willst, überlass mein Liebesleben bitte mir. Erzähl lieber, was du außerdem bei den Eltern herausgefunden hast. So wie du es angekündigt hast, kann das ja wohl nicht alles sein", versuchte Charlie, ihn zu provozieren und dabei von dem Thema abzulenken, was ihr schließlich gelang.

„Das war jetzt fies!", wurde er wieder ernst, woraufhin sie lediglich mit den Schultern zuckte. „Also gut. Ich habe bewusst darauf verzichtet, mit den Kindern über die Entführung zu sprechen, das sollten wir als äußerste Maßnahme einsetzen, wenn wir das Mädchen gar nicht finden können. Allerdings glaube ich nicht, dass sie wissen, wo sie festgehalten wurden."

„Komm zum Punkt", forderte die Kommissarin ihn mit wachsender Ungeduld auf.

„Wie damals", grinste Goldblum. „Also gut. Zwei der Kinder sind künstlerisch begabt. Zum einen handelt es sich um Merle Janns aus Tümlauer Koog. Sie ist mittlerweile elf und schreibt eine Geschichte. Man kann es auch als Roman bezeichnen, was in diesem Alter ja wirklich eine außergewöhnliche Leistung ist. Sie kam kurz dazu, als ich im Gespräch mit der Mutter war, die mir bereits von dem Inhalt erzählt hat. Merle arbeitet eindeutig ihre Erlebnisse in diesem Roman auf. Ich durfte einen Blick hineinwerfen. Ich spanne dich noch einen Moment auf die Folter." Mit einem Lächeln nahm er einen weiteren Schluck aus der Bierflasche. „Bah, jetzt ist es nicht mehr genießbar. Ist noch was von dem Tequila da, oder hast den neulich restlos vernichtet?"

„Lenk nicht ab. Erst berichtest du mir jetzt von den Erkenntnissen. Danach bekommst du deine Belohnung – wenn es sich denn lohnt", kommandierte Charlie, die endlich wissen wollte, welche Informationen er zu bieten hatte. „Hast du eine Kopie von den Aufzeichnungen?"

„Nein. Sie schreibt alles mit der Hand in eine Kladde. Außerdem würdest du so ein Werk vor der Veröffentlichung in fremde Hände geben?"
„Nein, wahrscheinlich nicht", gab Charlie zu.
„Also, hör zu. Es gibt außerdem *zum anderen*: Kevin Grosse aus Welt. Auch er ist jetzt elf Jahre alt und malt seit der Entführung. Beide Kinder verarbeiten eindeutig ihre Erlebnisse in ihrer Kunst. Ich gehe davon aus, dass es sich um ein Täterpaar handelt, nicht nur um eine Einzelperson. Keins der Kinder ist ja in irgendeiner Form körperlich oder sexuell misshandelt worden. Vielleicht ist der Auslöser für ihr Handeln ein Familiendrama. Möglicherweise haben sie selbst ein Kind verloren – durch einen Unfall oder eine schwere Krankheit."
„Und dann entführen sie die Kinder anderer Leute? Sie wissen in so einem Fall doch ganz genau, wie viel Leid sie damit verursachen!" Charlie war skeptisch.
„Das klingt erst einmal unlogisch, aber das haben sie wahrscheinlich für die Zeit, in denen die Kinder bei ihnen waren, ausgeblendet. Ich habe mir außerdem die genauen Umstände an den Tattagen angeschaut. Da wir selbst nicht dabei waren, und die Berichte subjektiv sind, müssen wir ein paar Abstriche machen. Alle beteiligten Eltern haben aber zugegeben, ihren Sprösslingen an den jeweiligen Tagen nicht die volle Aufmerksamkeit entgegengebracht zu haben. Sie waren abgelenkt durch Einkäufe, Telefonate, irgendwelchen Ärger, Streit mit dem Partner und so weiter." Goldblum lächelte ihr direkt ins Gesicht. „Habe ich mir einen Drink verdient?"
„Ja, geht gleich los." Charlie spürte das Kribbeln, das sie immer erfasste, wenn sich der Nebel über einem Fall langsam lichtete. In diesem Moment hätte sie Goldblum am liebsten umarmt. Vielleicht war es doch keine so

blöde Idee gewesen, ihn in das Team zu holen. „Hältst du es für möglich, dass sie Nele behalten haben?"
„Möglich wäre es – klar."
„Und warum setzen sie die Entführungen fünf Jahre später fort?" So viele Fragen wirbelten durch Charlies Kopf.
„Dafür kann es viele Gründe geben. Wenn Nele wirklich noch bei ihnen ist, wollten sie vielleicht ein zweites Kind. Es kann auch bei Timo einfach wieder einen Trigger gegeben haben, der den Täter provoziert hat. Immerhin war er ja ganz alleine auf der Seebrücke Richtung Sankt Peter-Bad unterwegs. Das kann schon ausreichen, um die zweite Serie in Gang zu bringen."
„Hhm. Ja, so könnte es gewesen sein. Weißwein oder Friesengeist?"
„Tequila wäre mir lieber", kam die nüchterne Antwort von dem Profiler. „Und gerne ein Wasser dazu."
„Na gut, weil du heute wirklich vielversprechende Ergebnisse geliefert hast."
„Da habe ich ja Glück. Trinkst du einen mit? Auf die baldige Aufklärung des Falles?"
Als sie ein Tablett mit Getränken, Gläsern sowie einer Schale mit Erdnüssen in den Garten zurückbalancierte, hatte Goldblum bereits einen kleinen Tisch vor den Strandkorb gestellt.
„Wir sollten morgen als Erstes recherchieren, ob es hier in der Gegend vor fünf bis sechs Jahren Kinder gab, die bei einem Unfall oder durch eine Krankheit starben", weihte sie ihn in ihre Gedanken ein. „Oder ist es wahrscheinlicher, von einem Entführerpaar von außerhalb auszugehen?"
„Das kann natürlich sein, aber aufgrund des relativ langen Zeitraumes, in dem die Kinder damals verschwanden und schließlich wieder auftauchten, glaube ich eher

an hiesige Täter. Sie müssten ja nicht unbedingt auf Eiderstedt wohnen, aber schon in Schleswig-Holstein." Der Profiler stopfte sich eine großzügig bemessene Portion der gesalzenen Erdnüsse in den Mund. Mechanisch schenkte Charlie währenddessen die Gläser voll. Nachdem sie ihm ein Glas gereicht hatte, stießen sie an und prosteten einander zu. Die neuen Erkenntnisse hatten Charlie milde gestimmt. Ausgelassen sprachen sie über die alten Zeiten in Hamburg. Goldblum berichtete außerdem von den Einsätzen, die ihn in die gesamte Republik führten. Wenn er wollte, konnte er ein unterhaltsamer Erzähler sein, der seine Geschichten mit Humor zu würzen verstand. Beide genossen den Tequila an diesem lauen Abend in dem Strandkorb. Der Wind war fast vollständig eingeschlafen, doch das nordische Sitzmöbel bot ohnehin einen hervorragenden Schutz.
Trotz der ausgelassenen Stimmung kam Charlie schließlich an den Punkt, den Abend beenden zu wollen. Der nächste Tag brachte mit Glück den Durchbruch in dem Fall, dafür sollte sie konzentriert sein. Im Grunde war der Alkohol in zu großer Menge geflossen, wofür sie sich insgeheim verfluchte. Dass sie sich immer wieder so hinreißen ließ! Und ausgerechnet mit Martin Goldblum!
„Ich glaube, es ist besser, wenn du jetzt gehst, Martin. Wir haben morgen wieder einen anstrengenden Tag vor uns, und ich brauche eine Mütze voll Schlaf", versuchte sie, ihn vorsichtig zum Aufbruch zu bewegen.
„Das würde ich ja gerne, aber ich weiß nicht, wohin", kam die unerwartete Antwort.
Der Tequila hatte eindeutig die Geschwindigkeit ihres Denkapparates reduziert. „Wieso, was ist mit deinem Zimmer?"
„Vielleicht erinnerst du dich, dass ich es lediglich für drei Nächte buchen konnte. Da liegt jetzt ein anderer im

Bett", fügte er schmunzelnd hinzu, was Charlie überhaupt nicht lustig fand.
„Gab es keine Alternativen?", fragte sie nach, obwohl sie die Antwort bereits kannte.
„So ist es", kam die nüchterne Erwiderung. Goldblum wirkte dabei absolut gelassen, was sie beunruhigend fand. Da sie ihn mitten in der Hochsaison hierher gebeten hatte, konnte sie ihm kaum ihr Gästezimmer verwehren. Das war ja vordergründig überhaupt kein Problem, aber sie war sich nicht sicher, was dabei herauskam, mit ihm die Nacht unter einem Dach zu verbringen – insbesondere nach dieser Alkoholmenge in der ausgelassenen Stimmung der letzten Stunden. Knuds Gesicht schob sich vor ihr geistiges Auge. Sie hoffte inständig, er würde morgen früh nicht mit einer bahnbrechenden Neuigkeit vor ihrer Tür stehen. Er wäre vermutlich außer sich, wenn er sie mit Goldblum beim ersten gemeinsamen Kaffee erwischte. Beim Gedanken an den Nordfriesen musste sie unwillkürlich lächeln, was ihr Überraschungsgast prompt falsch verstand.
„Ah, ich sehe, du freundest dich mit dem Gedanken an, mit mir die Nacht zu verbringen." Das anzügliche Grinsen erschien wieder in seinem Gesicht, was Charlie innerlich einen weiteren Schritt Abstand nehmen ließ.
„Damit eins klar ist: Du bekommst mein Gästezimmer, das ist aber alles. Keine Fisimatenten, kein Techtelmechtel. Wenn du dich nicht an die Regeln hältst, schmeiße ich dich raus. Die Nacht ist lau, du kannst auch hier im Garten oder noch besser am Strand schlafen."
Der Nachdruck in ihrer Stimme, ließ Goldblum Haltung annehmen. Zerknirscht äußerste ein „Jawohl, Chefin."
Charlie war es egal, ob er es ernst meinte, oder ob er sie veräppeln wollte. Sie hatte ihre Entscheidung dazu getroffen. Sie nahm sich fest vor, davon nicht abzuweichen.

Als sie am Freitagmorgen aufwachte, fühlte sie sich - nach der Menge Tequila - besser als erwartet. Erst mit dem gedanklichen Wiedererleben des Abends kam ihr ins Gedächtnis, einen Hausgast zu beherbergen. Sie hätte ihre Hand nicht dafür ins Feuer gelegt, doch Goldblum war brav in seinem Zimmer geblieben, statt sich über ihre deutliche Ansage hinwegzusetzen. Vielleicht hatte ihn der Alkohol umgehauen. Wenn sich Charlie richtig erinnerte, hatte er dem Hochprozentigen intensiver zugesprochen als sie selbst.

So gern sie an diesem Morgen liegen geblieben wäre, entschloss sie sich, die Morgentoilette in Angriff zu nehmen, bevor ihr neuer Mitbewohner sich bemerkbar machte. Gegen ihre Gewohnheit nahm sie zuerst eine Dusche, bevor sie sich der Kaffeezubereitung widmete. Als sie bereits bei ihrem zweiten Pott angekommen war, erschien er in T-Shirt und Boxershorts sowie mit verstrubbelten Haaren in der gemütlichen Küche.

„Guten Morgen! Mann, dein Tequila hat es ja in sich. Wie spät ist es denn?", fragte er, bevor er herzhaft gähnte und sich ausgiebig streckte.

„Der Tag läuft schon. Am besten gehst du gleich unter die Dusche. Ich brenne darauf, die Ergebnisse mit den anderen zu teilen und eine entsprechende Recherche durchzuführen, damit wir die Entführer endlich schnappen!"

„Du bist ja schon richtig munter! Also gut, ich hatte zwar auf einen Kaffee gehofft, aber den bekomme ich hoffentlich danach."

„Kommt drauf an, wie sehr du herumbummelst", rief sie ihm hinterher, als er die Küche schon wieder verlassen hatte.

Wenig später saßen sie im Auto, um zum Revier zu fahren.

Knud in SPO | Freitag, den 24. Juli

Wie üblich war Knud ebenfalls an diesem Freitag früh aufgestanden und seine zehn Kilometer gelaufen. Gerade in der Hauptsaison genoss er die frühen Stunden des Tages, wenn sogar die Strände leer waren, weil die Urlauber sich in ihre Kissen kuschelten oder gerade einmal das Frühstücksbuffet ansteuerten. Die Nordsee hatte ihren höchsten Stand an diesem Morgen bereits kurz nach vier. Das Wasser lief wieder ab, wodurch es die glänzende Fläche des Watts freilegte. Das war die Zeit, zu der man etwas Besonderes finden konnte, das das Meer auf seiner nicht endenden Reise mitbrachte, einen Bernstein oder eine außergewöhnliche Muschel. Doch für so eine Suche fehlte dem sonst so ausgeglichenen Nordfriesen an diesem Tag die Muße.

Die Überzeugung, dem Täter näher als je zuvor zu sein, verursachte ihm eine innere Unruhe, der er nur mit einer Laufrunde begegnen konnte. Dieses Mal gab es keinen

Raum für Fehler! Sie durften nichts übersehen, was den Entführer wieder entkommen ließ – außerdem mit ihm womöglich die kleine Lena. Knud bewunderte Torges Geduld und Ruhe, die er am Vortag gezeigt hatte. Er wusste nicht, wie er in der Lage war, so eine Situation auszuhalten, wenn er selbst persönlich betroffen wäre.

Als er schließlich etwas entspannter gegen acht auf dem Revier eintraf, war Fiete schon mit der Recherche nach der Familie von Gotthilf Köhler beschäftigt. Es tat gut, den alten Kollegen bei der Arbeit zu sehen und sich seiner Unterstützung sicher zu sein.

„Moin Fiete! Du bist ja heute früh dran. Konntest du auch nicht schlafen?", begrüßte ihn Knud.

„Nee, ich spüre uns ganz nah am Durchbruch, da hat mich nichts im Bett gehalten", antwortete Fiete motiviert. „Bringst du mir einen Pott Kaffee mit? Ich komme der Familie langsam auf die Spur. Bis heute Mittag kann ich bestimmt konkrete Ergebnisse liefern."

Das hörte sich vielversprechend an! Als Knud mit den dampfenden Bechern aus der Küche zurückkehrte, trafen Charlotte und Goldblum ein. Sofort verspürte der Kommissar einen eifersüchtigen Stich, weil sie gemeinsam das Revier betraten und in ein Gespräch vertieft waren, das so klang, als hätten sie es nicht erst vor der Tür begonnen. Charlotte hatte den gemeinsamen Absacker gestern Abend mit der Begründung abgelehnt, sich mit einem Schaumbad einen entspannten Ausklang des Tages gönnen zu wollen. Nun schien es so, als wäre daraus eine Nacht mit dem Profiler geworden. War das möglich oder sah er Gespenster?

Eigentlich war Charlotte nicht die Sorte Frau, die sich für eine Nacht auf ein Abenteuer einließ.

„Moin Knud, moin Fiete! Stellen Sie sich vor, Martin hat gestern mit einigen betroffenen Müttern der verschwundenen Kinder von damals gesprochen, was ihn befähigt, endlich ein Täterprofil aufzustellen. Außerdem wurde bestätigt, dass die Sachen in der Schachtel zu dem Fall gehören. Wir sind dem Täter auf der Spur! Goldblum geht von einem Entführerpaar aus." Übersprudelnd vor Euphorie erklärte sie die weiteren Details. „Lassen Sie uns mit der Recherche nach verunfallten sowie an einer Krankheit verstorbenen Kindern gleich jetzt beginnen, Knud. Fiete sind Sie an Gotthilf Köhlers Familie dran?"
Knud konnte Charlottes Begeisterung zwar nicht teilen, hatte sich aber geschworen, keinen Ermittlungsansatz zu ignorieren, nur weil er von dem vermeintlichen Nebenbuhler vorgeschlagen wurde.
„Bin mittendrin, Charlotte", kam es bestens gelaunt von Fiete. „Vielleicht landet Ihr ja mit Eurer Spurensuche bei den gleichen Namen, das wäre doch schon im Vorwege eine zusätzliche Bestätigung, auf dem richtigen Weg zu sein."
„Was fangen wir jetzt mit der Zeichnung von Nele an? Wollten wir nicht damit zu dem Hof der Hansens fahren, um deren Erlaubnis einzuholen, diese zu veröffentlichen?", fragte Knud, weil er sich von der Vorstellung, Nele lebendig zu finden, nicht wieder verabschieden wollte.
„Was für eine Zeichnung?", fragte Goldblum.
„Ach, davon habe ich dir gestern gar nichts erzählt ...", fiel es Charlotte wieder ein.
„Gestern?" Knud wurde sofort hellhörig. Also doch!
„Ja, Martin kam gestern Abend zu mir, um von seinen Ergebnissen zu berichten. Das ist doch jetzt egal, Knud!" Schnell fasste sie das Treffen mit Bernie Fischer zusammen, bei dem das Phantombild der achtjährigen Nele

entstanden war. Goldblum war skeptisch, ließ sich aber schließlich auf das Gedankenspiel ein, Nele könnte noch bei den Entführern sein.

„Aber das Bild jetzt zu veröffentlichen, halte ich für keine gute Idee. Das bedeutet einen Riesenstress für die Eltern. Dafür ist die Theorie zu vage. Es gibt ja keinen Anhaltspunkt für die Richtigkeit der Vermutung", widersprach er dem Plan, zu dem Hof der Hansens zu fahren.

„Männer, ich brauche jetzt erst einmal einen Kaffee. Wen darf ich ebenfalls versorgen?" Charlotte nahm Goldblums Nicken als Zustimmung entgegen, Knud schüttelte den Kopf. „Okay, bin gleich wieder da."

Am liebsten hätte er den Profiler gefragt, ob er die Nacht bei Charlotte verbracht hatte, aber schon die Vorstellung seines überheblichen Grinsens ließ ihn lieber schweigen. Das musste er, wenn überhaupt, mit ihr klären. Es ärgerte Knud selbst, dass sich diese Überlegungen immer wieder in den Vordergrund drängten. Wichtiger war die rasche Aufklärung des Falles. Das würde hoffentlich nicht nur die kleine Lena zurück zu Torge bringen, sondern außerdem die Zusammenarbeit mit Goldblum beenden. In das Schweigen hinein kam Charlotte zu ihnen zurück.

„Eigentlich würde ich gern mit Timo reden. Das halte ich für wesentlich sinnvoller, um weitere Informationen über den Entführer zu bekommen – vor allem frische Hinweise." Goldblum fragte die anderen nicht nach ihrer Meinung, er teilte mit.

„Was versprechen Sie sich davon? Er wird nicht wissen, wo er gefangen gehalten wurde. Das bedeutet für den Jungen unnötigen Stress. Torge wollte das gestern elegant lösen, indem er seinen Enkel zu einem Malkurs mit Bernie Fischer einlud. Er hatte gehofft, auch Timo dafür zu begeistern. Die Familie war jedoch den ganzen Tag unterwegs. Vielleicht können wir das wiederholen, indem wir Timo gezielt dazu einladen", schlug Knud vor.

„Und dem Hausmeister der *Weißen Düne* ein psychologisches Gespräch überlassen?" Goldblum stieg schon wieder auf die Palme.

„Trulsen kann sehr gut mit Kindern umgehen. Es soll ja ein spielerisches Gespräch zwischen den beiden Jungen sein", insistierte Charlotte, wodurch Knud sie wenigstens auf seiner Seite wusste.

„Das ist ja nun wirklich Quatsch!", regte sich der Profiler auf, was der Kommissar völlig übertrieben fand.

Es trat ein betretenes Schweigen ein. Sogar Fiete an seinem Computer hatte den Kopf ein wenig eingezogen. Knud bezweifelte, dass aus ihnen jemals ein Team werden würde, aber das war ja glücklicherweise nicht notwendig. Was sie doch für ein Glück mit Charlotte hatten! Er konnte es gar nicht mehr abwarten, den Profiler wieder loszuwerden, um in der vertrauten Harmonie zusammenzuarbeiten. Die ständigen Streitereien entsprachen nicht seiner Natur.

In diese Gedanken versunken stürmte plötzlich Gloria von Brandenburg in die Polizeistation. Da sie völlig aus der Puste war, fragte sich Knud unwillkürlich, ob sie den Weg von der *Weißen Düne* hierher gerannt war. Ihre Wangen glühten und ihre Augen blitzten. Knud war gespannt, was sie zu berichten hatte. Es war etwas passiert, das war eindeutig!

„Oh, großartig, Sie hier alle anzutreffen! Guten Morgen erst einmal in die Runde. Sie werden nicht glauben, was gerade passiert ist ... oh, ich bin vor Aufregung ganz aus der Puste! Darf ich mich setzen? Haben Sie vielleicht ein Glas Wasser für mich? Oh, Entschuldigung! Ich bin ganz aus dem Häuschen", fügte sie überflüssigerweise hinzu.

Knud war gespannt, was sie berichten würde, immerhin

war durch den Auftritt die Stimmung schon einmal aufgelockert. Auf allen Gesichtern entdeckte er ein Lächeln. Sogar Goldblum schien sich zu amüsieren.

Nach wie vor atemlos erzählte Gloria schließlich, wie Timo an diesem Morgen nach dem Frühstück an ihren Tisch gekommen war und dabei das Antlitz von Nele erkannte. Erst jetzt fiel Knud die kleine Mappe auf, die Gloria mitgebracht hatte. Kurz darauf holte sie eine weitere Zeichnung daraus hervor. Sie zeigte einen farbenfrohen Wattwurm – vermutlich ein selbst genähtes Stofftier. In dieser Form hatte der Kommissar es noch nie gesehen, obwohl es für die Touristen immer wieder neue Modelle gab, um ihnen das Geld für alberne Urlaubssouvenirs aus der Tasche zu ziehen.

Er schob den Gedanken beiseite, um sich auf die Ausführungen der Journalistin zu konzentrieren. Sie zog in diesem Moment den Schluss, es müsse sich um das Kuscheltier von Nele handeln. Timo sei ihr begegnet und habe sie auf der Zeichnung wiedererkannt. Das Mädchen sei am Leben!

Aus dem Schweigen der Runde war Sprachlosigkeit geworden. Gloria schaute triumphierend in die erstaunten Gesichter ihrer Zuhörer. „Und fahren wir nun zu dem Hof der Hansens, um ihnen die frohe Botschaft mitzuteilen?", fragte sie euphorisch.

„Noch haben wir sie nicht gefunden!", bremste Knud sie ein wenig aus. „Es ist aber die Frage, ob wir Imke Hansen diese Zeichnung von dem Wattwurm zeigen sollten. Wenn er wirklich Nele gehört, wird sie ihn wiedererkennen. Vermutlich hat sie ihn selbst genäht."

„Wir schüren aber große Hoffnungen mit so einem Besuch. Was ist, wenn wir Nele nicht finden? Dann beginnt das Trauma für die Familie von Neuem." Natürlich widersprach Goldblum.

„Wir finden sie!", hielt Knud dagegen. „So nah dran waren wir noch nie. Aber inwiefern bringt es uns an diesem Punkt weiter, die Bestätigung über einen Zusammenhang zwischen Nele und dem Stofftier zu erhalten? Vermutlich kann Imke Hansen uns trotzdem nichts hinzufügen, was den jetzigen Aufenthaltsort ihrer Tochter betrifft, oder?" In diesem Punkt musste er dem Profiler zustimmen.

„Hat Timo irgendetwas über die Fahrt oder den Ort erzählt, an dem die beiden festgehalten wurden?", hakte Goldblum bei Gloria nach.

Sie schüttelte den Kopf. „Nein, ich habe es versucht, aber er war sofort verschlossen wie eine Auster. Vielleicht haben Sie mehr Glück, wenn Sie ihn befragen. Ich wollte ihn nicht verschrecken. Es war offensichtlich, dass die Frage Druck auf ihn ausübte."

Goldblum schien zu überlegen. „Es ist nicht sehr wahrscheinlich, konkrete Anhaltspunkte von dem Jungen zu erhalten. Ich würde ihn natürlich gerne befragen, aber was nützt uns die Bestätigung, dass er erst in dem leeren Haus mit dem toten Landstreicher war und dann woanders hingefahren wurde? Ich gehe fest davon aus, so ist es gewesen. Lassen Sie uns den heutigen Tag nutzen, um über die Recherche der Familie des Gotthilf Köhler und der verstorbenen Kinder vor Beginn der ersten Serie, etwas über die Identität der Entführer herauszubekommen. Wenn uns das nicht weiterbringt, befragen wir Timo und vielleicht Imke Hansen. Als zusätzliche Option können wir Informationen an die Presse erwägen – sowohl was die Zeichnung von Nele als auch die des Stofftiers angeht. Vielleicht ist sie irgendwo einmal gesehen worden – beim Einkaufen oder so. Eigentlich ist Nele ja bereits schulpflichtig, aber ich fürchte, sie wird privat unterrichtet."

Endlich einmal ein konstruktiver Vorschlag! Wenn er auf sein aufgeblasenes Gehabe verzichtete, war Goldblum scheinbar doch ein kompetenter Ermittler, der mehr Empathie aufbrachte, als sein arrogantes Auftreten vermuten ließ.

„Das klingt doch vernünftig! Gibt es Einwände?", fragte Knud seine Kollegen, doch niemand meldete sich zu Wort.

„Kann ich Sie unterstützen?" Gloria war wieder zur Ruhe gekommen. „Recherchieren gehört zu meinen Stärken", verkündete sie nicht ohne Stolz. „Wenn ich etwas beitragen kann, bin ich gerne dabei."

Goldblum wollte schon widersprechen, doch an diesem Punkt schaltete sich Charlotte ein: „Gern, Frau von Brandenburg. Wir können jede Hilfe gebrauchen. Stürzen Sie sich doch auf die Presse. Alles im Zeitraum von einem Jahr vor Beginn der ersten Serie, also Ende Juni vor fünf Jahren. Wenn wir nicht fündig werden, können wir den Zeitraum weiter in die Vergangenheit ausdehnen: Zeitungsartikel über Unfälle, plötzliche Todesfälle durch Krankheiten oder tragische Verläufe unheilbarer Erkrankungen. Checken Sie außerdem die Todesanzeigen. Beginnen Sie mit den Veröffentlichungen hier in der Region und ziehen Sie den Radius langsam weiter, je nachdem, was sie finden. Wir sollten uns vorerst auf Schleswig-Holstein konzentrieren. Natürlich könnten sie auch in der Großstadt Hamburg untergetaucht oder über die Grenze nach Dänemark verschwunden sein, aber wir sollten uns in der ersten Phase auf das direkte Umfeld von St. Peter-Ording konzentrieren."

„Darf ich hier bei Ihnen bleiben? Haben Sie einen Platz, an dem ich arbeiten kann? Ich habe meinen Laptop im Auto." Gloria war Feuer und Flamme, jetzt ein Teil des Teams zu sein. Knud fühlte sich an die Begeisterung von

Torge erinnert. Gern hätte er seinen Kumpel auf dem Laufenden gehalten, wollte ihm aber keine Hoffnung geben, die sie am Ende nicht einlösen konnten. Er beschloss, die nächsten Stunden abzuwarten und sich gegen Abend bei dem Hausmeister zu melden. Es war schon seltsam ungewohnt, ihn in der heißen Phase einer Ermittlung nicht dabei zu haben.

„Na klar." Charlotte zeigte auf einen Schreibtisch, der etwas abseits in dem großen Raum stand, weil er nicht regelmäßig genutzt wurde. Gloria strahlte.

„Also gut, bleiben für uns Ärzte, Krankenhäuser, Beerdigungsinstitute, Friedhöfe ... habe ich etwas vergessen? Gehen wir an die Arbeit. Die Zeit läuft!" Die Kommissarin gab wie gewohnt die Strukturen vor. Es war ihr anzumerken, dass sie den Fall so schnell wie möglich zu einem positiven Ende bringen wollte. Bis zum Mittag arbeiteten alle konzentriert. Else Nissen brachte an diesem Tag wieder eine Stärkung, die sie achtlos in sich hineinstopften, um schnell die Recherchen fortzusetzen.

Zwei Stunden später erhob sich Charlotte von ihrem Stuhl, reckte sich einmal kräftig, um im Anschluss das Fenster zu öffnen, und ein wenig frische Luft in den Raum zu lassen.

„Na, Kollegen, wie sieht es aus? Haben wir genug Ergebnisse, die wir abgleichen können? Ich würde gerne heute noch etwas erreichen!" Es folgte zustimmendes Gemurmel. „Gut, ich brauche jetzt definitiv ein bisschen Bewegung und außerdem etwas Süßes. Wollen Sie auch etwas vom Bäcker? Dann gehe ich eben los, vielleicht können Sie sich derweil um Kaffee für alle kümmern."

„Ich komme mit, wenn ich darf", meldete sich Gloria zu Wort. „Hier, schreiben Sie auf, welchen Kuchen Sie mögen. Die Runde geht auf mich."

Alle sortierten ihre Notizen, während Fiete in der Küche verschwand, um den Wachmacher vorzubereiten. Knud kümmerte sich derweil um das Whiteboard, auf dem er die Informationen der Kollegen sammeln wollte. Als die Frauen zurückkehrten, verteilten sie die Leckereien, starteten aber parallel gleich in die Besprechung. Am meisten interessierte den Kommissar, was Fiete herausgefunden hatte, doch der winkte ab.

„Gotthilf Köhler war verheiratet, aber kinderlos. Das wussten wir bereits. Seine Schwester hatte einen Sohn und eine Tochter, die sind Ende der Achtziger nach Neuseeland ausgewandert. Sie selbst ist vor zwanzig Jahren an Krebs gestorben. Ich grabe weiter nach entfernteren Verwandten, brauche dafür noch etwas mehr Zeit", berichtete Fiete in einem niedergeschlagenen Tonfall. Die Enttäuschung war ihm anzumerken.

Der Bericht über die verstobenen Kinder ergab das Gegenteil. Es hatte nicht nur zahlreiche Unfälle, sondern ebenfalls tödliche Krankheitsverläufe in dem Jahr vor Beginn der Entführungsserie gegeben. Knud war für einen Moment erschüttert über die große Anzahl. Es überforderte ihn, all diese Detailinformationen auf der Wand zu notieren. Er starrte die weiße Fläche an. Alles in ihm sträubte sich, auf ihr eine Vielzahl von Todesfällen zu dokumentieren. Da keiner der Anwesenden ihn drängte, vermutete er bei ihnen ähnliche Emotionen.

In das nachdenkliche Schweigen wirbelte plötzlich Torge. Schwungvoll hatte er die Tür geöffnet und stürmte energiegeladen in das Revier.

„Moin Leute. Ich habe es nicht mehr ausgehalten, wollte mal nachfragen, ob es etwas Neues gibt!" Seine Stimme stockte, als er die Atmosphäre wahrnahm, die in dem Raum herrschte. „Oh Gott, ist was Schlimmes passiert?

Etwa mit Lena? Nun sag schon, Knud. Ich muss es wissen!", wechselte seine Stimmung abrupt in große Besorgnis, wodurch wieder Leben in den Kommissar kam.

„Nein, beruhige dich, Torge. Im Gegenteil, wir haben eine Spur, finden nur momentan nicht den Schlüssel, der uns die letzte Tür öffnet." Bewusst erwähnte er nicht den Grund für das aktuelle Tief.

Torge entspannte sich sofort wieder ein wenig. Knud war sich des Vertrauens seines Freundes bewusst.

„Was ist mit Gotthilf Köhler aus Katingsiel?", fragte der Hausmeister in diesem Moment, als er die einzigen Worte entdeckte, die auf das Whiteboard geschrieben waren.

„Ihm gehört das Haus, das wir gestern durchsucht haben", klärte Knud ihn auf.

„Welches Haus? Davon hast du mir gar nichts erzählt! Du weihst mich doch sonst immer in alle Details ein", beschwerte sich Torge mit Nachdruck. Aus den Augenwinkeln bemerkte Knud, wie Goldblum eine Grimasse schnitt.

„Die Situation ist dieses Mal anders. Du bist persönlich betroffen, darüber haben wir doch schon geschnackt!" Knud blieb geduldig mit seinem Kumpel. Im Grunde konnte er ihn gut verstehen, weshalb er an diesem Punkt die Fakten der Hausdurchsuchung mit ihm teilte.

„Und Ihr glaubt an eine Verwicklung seiner Familie in den Fall?"

„Jo, davon sind wir ausgegangen, allerdings bisher in einer Sackgasse gelandet", gab Knud zu.

„Habt Ihr den Zweig seiner unehelichen Tochter verfolgt?", fragte Torge, was ihm schlagartig die Aufmerksamkeit aller Anwesenden einbrachte, die nur mehr oder weniger gelangweilt dem Gespräch zwischen Knud und Torge gefolgt waren.

„Köhler hat eine uneheliche Tochter?" Selbst Knud war von der Neuigkeit überrascht. „Woher weißt du das?"
„Keine Ahnung. Wenn ich mir merke, wer mir was erzählt, platzt mir ja der Schädel. Auf jeden Fall war es damals ein Skandal – keiner der in der Zeitung stand, aber Anfang der Sechziger ging man hier auf dem Lande nicht so entspannt mit Ehebruch um." Torge freute sich sichtlich, etwas Nützliches zu der Ermittlung beitragen zu können.
„Und was ist aus ihr geworden?", hakte Knud im gleichen Moment nach.
„Das kann ich Euch nicht sagen. Gotthilf Köhler ist auf jeden Fall bei seiner Frau geblieben, was aus der Geliebten und dem Kind geworden ist – keine Ahnung."
„Kannst du dich an die Namen erinnern?", bohrte Knud nach. Jetzt wollte er es so genau wie möglich wissen.
Torge raufte sich die blonden Locken. „Wer hat mir bloß davon erzählt? Irgendetwas war markant an dieser Geschichte, weswegen sie Jahre später immer noch kursierte." Sein Blick fiel auf das Tablett mit dem Kuchen. „Darf ich mir vielleicht ein Stück davon nehmen? Zucker hilft mir wahnsinnig beim Denken!"
„Bedienen Sie sich", antwortete Charlotte. „Warten Sie, ich hole Ihnen einen Teller."
Kaum hatte er die ersten Bissen vertilgt, kam ihm der Geistesblitz: „Hah, jetzt fällt es mir wieder ein! Sie ist am 24. Dezember 1960 geboren. Ihre Mutter gab ihr den Namen Kristina."
„Ist nicht dein Ernst!" Knud war sich nicht sicher, ob sein Freund ihn auf den Arm nehmen wollte, obwohl es im Grunde nicht der passende Augenblick für dumme Scherze war.

„Kristina?" An diesem Punkt wurde Gloria hellhörig. „Timo sagte, das Mädchen, das er in dem Haus getroffen hat, hieß ebenfalls Kristina."
Wieder fing Knud einen verständnislosen Blick von Torge auf. Den Mund voller Kuchen fragte er entrüstet: „Was habt Ihr mir denn noch alles verschwiegen?"
„Das hat sich gerade entwickelt. Ich wäre heute Abend zu dir gekommen. Ich wollte keine falschen Hoffnungen wecken, aber wir vermuten, ganz nah dran zu sein. Fiete überprüf mal bitte Torges Angaben", forderte er den älteren Kollegen auf. Gloria bot ihre Unterstützung an, die dieser gerne annahm.
Nach einer Weile meldete er sich wieder zu Wort: „Ja, Torge hat recht. Dein Gedächtnis möchte ich haben! Am 24. Dezember 1960 wurde in Kiel eine Kristina Darius geboren, Mutter Magdalena Darius, Vater unbekannt."
„Und lebt sie noch? Hat sie ebenfalls Kinder?", stürmten die Fragen auf ihn ein, die er lachend abwehrte. „Leute, das ist hier das Geburtsregister von Kiel, nicht ihr vollständiger Lebenslauf. Wie wäre es, wenn Ihr Euch an der weiteren Recherche beteiligt, dann kommen wir schneller voran."
Mit vereinten Kräften setzten sie bis zum späten Nachmittag das Puzzle zusammen. Weder Torge noch Gloria konnten sich losreißen, um sich in dieser heißen Phase der Ermittlung mit etwas anderem zu beschäftigen.
Knud fasste schließlich die Ergebnisse an dem Whiteboard zusammen, so wie sie es schon vor Stunden geplant hatten.
Kristina Darius verstarb bereits 2010, sie war jedoch 1986 selbst Mutter geworden. Bezeichnenderweise hatte sie ihre Tochter auf den Namen Maria taufen lassen.

Diese wiederum war vor dreizehn Jahren die Ehe mit einem Jens Quint eingegangen. Vor elf Jahren wurde ihr Sohn Markus geboren.

„Und nun wird es wirklich interessant!" Knud legte eine effekthaschende Pause ein, als ob sie die Pointe der Geschichte noch nicht kannten: „Im Winter vor fünfeinhalb Jahren brach Markus Quint auf einem im Grunde lächerlich kleinem Tümpel ins Eis ein und ertrank."

Der Kommissar kam nicht umhin, einen Blick zu Goldblum zu werfen, der wie erwartet mit einem selbstzufriedenen Grinsen dasaß. Vermutlich wartete er auf das große Lob des gesamten Teams. Was für ein Kotzbrocken! Knud hoffte sehr, dass Charlotte nicht mehr solcher schrägen Typen anschleppte.

Wieder schaltete sich Fiete ein, der aufgrund seiner Erfolge gar nicht mehr zu bremsen war: „Ich habe jetzt die Adresse von Maria und Jens Quint herausgefunden. Sie besitzen einen abgelegenen Hof zwischen Schülp und Strübbel – das ist südlich der Eider und nördlich von Wesselburen", fügte er für alle hinzu, die nicht die gesamte Landkarte des benachbarten Dithmarschen vor dem geistigen Auge hatten. „Ich fordere einen Durchsuchungsbeschluss an, aber ob das heute was wird, ist fraglich."

„Lassen Sie das Knud erledigen, er hat die Handynummer des zuständigen Richters. Wir sollten auf jeden Fall heute zu dem Hof fahren!" Charlotte warf beiden Männern einen ihrer Blicke zu, die keinen Widerspruch duldeten. Torge atmete hörbar aus. Er schien erleichtert über das Machtwort der Kommissarin zu sein. Knud war gespannt, ob sie ihn mitfahren lassen würde – und ob Goldblum dann das nächste Theater anfing.

Torge in Dithmarschen | Freitag, den 24. Juli

Während der Wartezeit auf den Durchsuchungsbeschluss war Torge nicht in der Lage, ruhig auf einem Stuhl sitzen zu bleiben. Am liebsten hätte er sich sofort in seinen alten Kombi gesetzt, um zu dem Quint-Hof zu düsen, aber die schlecht vorbereiteten Aktionen der letzten Tage, die ihn schließlich nicht einen Schritt weitergebracht hatten, hielten ihn davon ab. Natürlich mussten sie auf den richterlichen Beschluss warten. Was nützte es, einfach vor der Tür zu stehen und zu klingeln? Wenn das Ehepaar wirklich nicht nur für die Entführung seiner kleinen Lena verantwortlich war, sondern die ganze Zeit auch Nele bei sich hatte, war eine gute Vorbereitung umso wichtiger.
Innerlich brodelnd drehte Torge seine Runden durch das Revier. Wenn er an der Fensterfront vorbeikam, legte er

jedes Mal eine Pause ein, um hinaus zu schauen, obwohl die Aussicht nichts wirklich Interessantes bot.

„Trulsen! Können Sie sich bitte hinsetzen? Sie machen mich ganz verrückt mit ihrem Gekreisel durch den Raum." Die Kommissarin warf ihm trotz ihrer Ermahnung einen verständnisvollen Blick zu. „Es geht bestimmt gleich los. Ich kann mir nicht vorstellen, dass der Richter uns den Beschluss verweigert."

Torge tat wie ihm geheißen, fragte sich aber insgeheim, wie lange er es sitzend aushalten würde. Alle hatten nach dem arbeitsreichen Tag in einen erschöpften Dämmerzustand geschaltet, um ein wenig Kraft für den bevorstehenden Einsatz zu tanken. Nur Knud starrte weiterhin das Whiteboard an. Sein Blick war wach, er schien über etwas nachzudenken.

Gerade als Torge ihn darauf ansprechen wollte, wandte er sich an Fiete, der ebenfalls einen ausgelaugten Eindruck machte.

„Fiete, hast du Energie, deine Recherchen fortzusetzen?", sprach Knud den Kollegen an.

„Für dich immer! Was ist dir eingefallen?" Mit einem unterdrückten Seufzer rappelte sich der Ältere aus der entspannten Position.

„Guck doch mal, ob Maria und Jens Quint weitere Kinder bekommen haben. Je besser wir informiert sind, wenn wir den Hof durchsuchen, desto konsequenter können wir auftreten."

„Gute Idee", kommentierte Kommissarin Wiesinger, wodurch sie wieder lebendiger wurde. Als ob es den Prozess beschleunigen würde, stand sie auf, um sich hinter Fiete zu stellen und ihm über die Schulter zu schauen. Vermutlich suchte sie selbst nur einen Anlass, wieder aktiv zu werden.

Dieses Mal gab es eine schnelle Antwort von Fiete: „Nein, es gibt keine weitere registrierte Geburt von den beiden. Wenn Ihr dort Kinder findet, sind es wohl nicht deren Eigene."

Wieder wurde Torge von großer Unruhe erfasst. Er war mittlerweile davon überzeugt, dass seine Enkelin von diesen Leuten entführt worden war. Ob sie auch Neles Schicksal endlich klären konnten?

„Wollen wir den Richter noch einmal anrufen? Vielleicht gab es ein Problem beim Faxen", fragte er in Richtung der Kommissare, worauf er ein eindeutiges „Nein" sowohl von Knud als auch von der Wiesinger erntete.

„Schon gut!" Automatisch zog er den Kopf ein wenig ein.

Dann war es endlich soweit, der Durchsuchungsbeschluss lag vor. Wie erwartet wollte Goldblum weder Torge noch Gloria dabeihaben – Letztere erst recht nicht, wie es dem Hausmeister schien, aber Knud winkte ab.

„Wir fahren mit zwei Autos. Torge und Gloria – Ihr könnt mitkommen, haltet Euch aber absolut im Hintergrund! Ihr überlasst uns die Durchsuchung und insbesondere die Gesprächsführung. Ist das klar?"

„Was soll das, Petersen? Das sind Zivilisten, die haben bei so einem Einsatz nichts verloren." Der Profiler fuhr wieder hoch, was Knud dieses Mal nur ein müdes Lächeln abrang.

„Dann versuchen Sie mal, Torge Trulsen in dieser Situation davon abzuhalten, zu dem Hof zu fahren. Ich fürchte, dafür müssen Sie ihn hier an den Stuhl ketten – Ihre Entscheidung! Tja, und die Presse ist in der Regel nicht zu bremsen." Knud zuckte mit den Schultern. „Fahren wir! Goldblum, wenn Sie mitwollen, kommen Sie mit mir", kommandierte er den Profiler mit einer leichten Provokation. Der Wiesinger nickte er zu. „Torge, du folgst uns mit Gloria in deinem Wagen – oder du lässt sie fahren, macht das unter Euch aus. Und denkt an den Abstand! Es geht jetzt um Lena und vermutlich um Nele. Vergesst das nicht. Ich will keine Extratouren, die uns den Einsatz vermasseln. Ist das deutlich?"

Sowohl Gloria als auch Torge stimmten zu. Natürlich wussten beide, wie viel auf dem Spiel stand.

Auf dem Hof angekommen, empfing sie die gleiche Stille, die Torge bei den Hansens bemerkt hatte. Ohne konkrete Vorstellung war er überrascht, wie groß sowohl das Bauernhaus als auch das in L-Form angebaute Gebäude war, das als Stall und Scheune diente. Mächtige Bäume wiesen auf das Alter des Anwesens hin, das einen überaus gepflegten Zustand aufwies - das komplette Gegenteil zu dem verwahrlosten Haus in Katingsiel. Kaum zu glauben, dass dafür die gleichen Menschen verantwortlich waren. Torge konnte sich nicht erinnern, je so eine imposante Fassade mit einer schier nicht endenden Fensterfront gesehen zu haben – jedenfalls nicht bei dem Wohnhaus eines landwirtschaftlichen Betriebes.

Von den besonderen Umständen einmal abgesehen, war das hier ein kleines Paradies. Nur gut zwanzig Fahrminuten von dem Trubel in Sankt Peter-Ording entfernt, herrschte hier absolute Ruhe. Nichts war von dem Touristenstrom der Hochsaison zu spüren.

Während Torge sich am Rande des Hofplatzes seinen Betrachtungen des Kleinods hingab, waren die Kommissare in Begleitung des Profilers ausgestiegen und zu dem Haus gegangen. Als ihnen auf ihr Klingeln kurz darauf geöffnet wurde, trat Torge unwillkürlich einen Schritt nach vorne. Am liebsten wäre er losgerannt, aber Gloria hielt ihn am Ärmel fest.

„Torge! Warten Sie. Lassen Sie die Kommissare arbeiten. Wenn alles gut läuft, halten Sie Ihre Enkelin gleich wieder in Ihren Armen!"

So schwer es dem Hausmeister fiel, er blieb neben ihr stehen. Gloria hatte natürlich recht. Auf keinen Fall wollte er den Erfolg des Einsatzes gefährden. Vielleicht hätte er doch lieber bei Annegret in Tating warten sollen. Im Grunde war es nicht fair, sie schon wieder allein zu lassen, aber dafür war es jetzt zu spät. Nun war er hier. Um nichts in der Welt brachte er es fertig, mittendrin nach Hause zu fahren. Leider standen sie zu weit entfernt, um zu verstehen, was dort an der Tür gesprochen wurde. Er erkannte lediglich, dass sie im Gespräch mit einer Frau waren, mit aller Wahrscheinlichkeit handelte es sich um Maria Quint. Als die Kommissarin ihr ein Blatt Papier hinhielt, drehte sie sich kurz um. Kurz darauf erschien ein Mann im Türrahmen. Nachdem er den Beschluss kurz studiert hatte, ließ er das Trio ins Haus. Die Tür fiel hinter ihnen zu, wodurch Torge der Blick auf die weiteren Geschehnisse verwehrt wurde. Unruhig trat er von einem Fuß auf den anderen; unfähig, das Gebäude aus den Augen zu lassen. Um sich irgendwie zu beschäftigen, fing er an, die Fenster zu zählen. Diese Fassade war wirklich beeindruckend!

„Kommen Sie, Trulsen. Das wird eine Weile dauern. Lassen Sie uns in einem großen Bogen einmal um das Anwesen laufen. Ich halte es für unwahrscheinlich, aber vielleicht entdecken wir im hinteren Garten etwas Interessantes", forderte Gloria ihn auf.

Alles war besser als nur herumzustehen und zu warten! Trotzdem war er nicht in der Lage, seine Gedanken an Lena abzuschütteln. War sie wirklich hier? Wie ging es ihr? Nichts auf dem Hof wies auf die Anwesenheit der

Mädchen hin. Kein Spielplatz – nicht einmal eine Schaukel oder ein Fahrrad. Oder lag es nur daran, dass die Entführer im Falle eines Verdachts, schnell alle Hinweise auf ein Kind beseitigen mussten? Wenn sie Nele wirklich seit fast fünf Jahren gefangen hielten, waren sie vermutlich perfekt auf eine Durchsuchung wie diese vorbereitet. Torges Sinne schärften sich. Mit solchen Überlegungen war ihm klar geworden: Es kam nicht auf die großen Beweise an, er musste die kleinen Spuren finden; möglicherweise handelte es sich lediglich um Indizien, die schließlich zum Erfolg führten. Er folgte Gloria durchs Gestrüpp, das sie davor schützte, entdeckt zu werden, obwohl die Quints vermutlich durch die Durchsuchung genug in Anspruch genommen waren, um nicht aus dem Fenster zu gucken. Doch Vorsicht war besser als Nachsicht. Wenn er schon im Haus nicht dabei war, wollte Torge seine Chance wahrnehmen, hier im Außenbereich etwas herauszufinden, was wichtig war, falls die Kommissare - aus welchen Gründen auch immer – nicht ans Ziel kamen. Einen Gedanken, den er voller Furcht gleich wieder ausblendete.

Schließlich hatten sie das Gebäude im großen Bogen umrundet. Der Stall war für Kühe vorgesehen, jetzt aber leer. Vermutlich standen die Tiere auf der Weide. Bei dem kurzen Blick, den Torge hineinwarf, konnte er ebenfalls keinen Hinweis auf die Mädchen entdecken. Das Gleiche galt für den Garten. Das gepflegte Bild setzte sich fort, aber etwas Verdächtiges war nicht zu sehen. In sicherer Entfernung legten Gloria und Torge eine Pause ein. Es war nicht zu erkennen, was sich gerade im Inneren des Hauses tat.

Dem Hausmeister sank der Mut. Kraftlos ließ er sich auf den Boden plumpsen, was ihm einen erstaunten Blick von Gloria einbrachte.

„Ich brauche eine kleine Auszeit", erklärte er ihr entschuldigend. Im Grunde war es ihm peinlich, sich so gehen zu lassen. „Wir hätten etwas Wasser mitnehmen sollen. Das Gebäude ist so groß, das artet ja zu einer richtigen Wanderung aus", versuchte er zu scherzen, um von seinem Schwächeanfall abzulenken.
„Im Auto habe ich Wasser", antwortete seine Begleiterin. „Es ist ja nicht weit. Wollen wir zurückgehen?"
„Noch einen Moment bitte. Das war die anstrengendste Woche meines Lebens", vertraute er ihr an. „Ich glaube, ich kann mich hier gerade besser entspannen, als wenn ich die Eingangstür im Blick habe und ständig darauf warte, ob sie sich öffnet."
Nickend nahm Gloria einfach neben ihm im Gras Platz. Diese Frau war wirklich unkompliziert, das hätte er nach dem ersten Eindruck gar nicht von ihr vermutet. Schweigend hingen beide ihren Gedanken nach, während Torge an dem schattigen Platz ein wenig Kraft schöpfte.
„Geht es Ihnen besser, Torge?", fragte sie nach einer Weile. „Soll ich einmal schauen, ob sich auf der Vorderseite des Hauses schon etwas tut, während Sie hier ein wenig sitzen bleiben?" Offensichtlich beantwortete sein Blick bereits ihre Frage, denn sie nickte und sagte abschließend: „Alles klar, ich peile mal die Lage und schicke Ihnen dann eine SMS. Haben wir hier in dieser Einöde überhaupt ein Netz?" Nach kurzer Prüfung nickte sie erneut. „Kommen Sie klar?", fragte sie mit einem letzten besorgten Blick, aber Torge konnte sie beruhigen, woraufhin sie sich auf den Weg machte.
Wieder schaute er sich die Fassade des Hauses an. Der Aufbau schien der gleichen Symmetrie zu folgen wie die der Vorderseite, allerdings war sie wesentlich schlichter gehalten. Das Leben spielte sich auf dem Hof ab, offen-

sichtlich hatte der Baumeister es als Energieverschwendung betrachtet, hier die gleichen Verzierungen anzubringen. Naja, war ja auch egal. Torge konnte sich nicht erinnern, sich jemals so ausführlich mit den Details der Architektur eines fremden Hauses auseinandergesetzt zu haben. Das war wohl eindeutig der Sorge geschuldet. Oder es kam von der Hitze. Erschöpft ließ er sich nach hinten fallen und schaute in den blauen Himmel, an dem sich heute wieder so gut wie keine Wolke zeigte. Eigentlich liebte er diese Jahreszeit mit den langen Tagen, an denen es quasi erst mitten in der Nacht dunkel wurde. Wenn nur Lena schon wieder da wäre!
Kurz schloss er die Augen – in der Hoffnung nicht einzuschlafen oder wenigstens das Handy piepsen zu hören, wenn Gloria die versprochene SMS schickte.
Als es soweit war, öffnete er nur unwillig die Augen, um zu gucken, was sie ihm geschrieben hatte: „Bitte kommen Sie zurück, die Kommissare haben das Haus wieder verlassen." Ein wenig enttäuscht starrte er auf das Display. Was bedeutete das? Hatten sie die Mädchen gefunden oder nicht? Von innerer Unruhe erfasst, rappelte er sich auf, nahm aus einer Eingebung heraus ein Foto von der Rückseite des Hauses auf, um anschießend schnell zurück zu den anderen zu gelangen. Seine innere Stimme flüsterte ihm pessimistisch zu, es gäbe keine erlösenden Neuigkeiten. Sonst hätte Gloria es ihm doch gleich geschrieben!
Getrieben von der Furcht legte Torge an Tempo zu, wodurch er fast über eine Wurzel gestolpert wäre, die weit aus dem Boden hervorragte. Gerade konnte er sich noch abfangen. Er schwitzte, was sein Durstgefühl verstärkte. Als endlich die wartende Gruppe am Rande des Hofes in Sicht kam, hatte er die zuvor aufgeladene Energie fast wieder verbraucht.

Schon von Weitem war zu erkennen, dass sie die beiden vermissten Mädchen nicht bei sich hatten. Außerdem wirkten sie unruhig. Sie wollten den Ort so schnell wie möglich wieder verlassen, was in Anbetracht der Niederlage verständlich war. Nachdem er sie erreicht hatte, wurde er von dem ungeduldigen Profiler begrüßt:
„Na endlich, Trulsen, wo haben Sie denn gesteckt? Wir warten schon die ganze Zeit. Die beiden hier wollen ohne Sie nicht losfahren." Er zeigte mit einer lapidaren Handbewegung auf die Kommissare.
Torge vermutete seine Unfreundlichkeit in dem erneuten Misserfolg begründet. Ein wenig mehr Empathie würde ihm als Psychologe allerdings nicht schaden.
„Ihr habt sie wirklich nicht gefunden?", fragte er nach, obwohl er es selbst sah. „Wie kann das nur sein? Was haben wir denn dieses Mal verbockt?"
Knud versuchte, ihn zu beschwichtigen. „Beruhige dich, Torge. Wir fahren jetzt zurück zu Fiete. Wir erzählen Euch dort alles. Irgendetwas stimmt hier nicht, aber ich komme nicht drauf. Lass uns gemeinsam in Ruhe überlegen."
„Aber wenn wir jetzt fahren, dann verschwinden sie, weil sie vorgewarnt sind." Torges Angst um seine Enkelin nahm in Anbetracht der Überlegung zu. „Bitte lasst uns nicht aufgeben. Sie ist in diesem Haus – das spüre ich!"
Goldblum gab einen seiner verächtlichen Laute von sich, was Torge zu ignorieren versuchte. Er hatte keine Energie übrig, die er an diesen Blödmann vergeuden konnte!
„Torge, wir haben uns alles angeschaut! Glaub mir, wir hätten Lena finden müssen, wenn sie dort wäre." Knud schien ebenfalls verzweifelt zu sein. Wieder waren sie so nah dran gewesen, alles hatte zusammengepasst. Keiner von ihnen wusste eine Erklärung dafür, warum es erneut ein Fehlschlag war. Die Erkenntnis, dass es keine andere

heiße Spur gab, drückte bei dem gesamten Team auf die Stimmung. Die Kommissarin starrte weiter schweigend auf das Haus, in dem sich nichts zu regen schien.

Kraftlos sackte Torge in sich zusammen. Mühsam schaffte er es bis zu seinem Wagen, wo er sich auf den Beifahrersitz fallen ließ. „Gloria, bitte fahren Sie. Ich kann nicht garantieren, uns heil bis St. Peter zu bringen." Während sich Knud, die Wiesinger und Goldblum in den zweiten Wagen setzen, starrte Torge wieder auf die Fassade des Anwesens. Er war sich sicher, seine Enkelin befand sich dahinter. Was konnte er bloß tun?

Gloria startete den Motor und beide Autos fuhren langsam die lange Auffahrt zurück zu der Straße. Torge hätte seinen ganzen Frust am liebsten herausgeschrien.

Was sollte er Annegret sagen? Wieder war ein Tag verstrichen, der ihnen ihre Enkelin nicht zurückbrachte! Nach den Ergebnissen des heutigen Tages war er sich sicher gewesen, auf der richtigen Spur zu sein. Um sich abzulenken, nahm der Hausmeister sein Mobiltelefon aus der Tasche, um sich einige Fotos von der kleinen Lena anzuschauen. Vielleicht würde es helfen, ein paar Wünsche ins Universum zu schicken. Annegret hatte ihm von dieser Methode der Visualisierung erzählt. Natürlich hatte er es erst einmal als Mumpitz abgetan, aber so wie mit dem Brunnen konnte es ja letzten Endes nicht schaden.

Durch die Fotos seines Handys wischend, gelangte er schließlich wieder zu der Aufnahme der rückseitigen Fassade des Hauses, die er erneut ausgiebig studierte.

„Heilige Sanddüne! Das ist es! Gloria, halten Sie sofort an! Wir müssen zurück. Ich rufe eben Knud an, damit er umkehrt." Aufgeregt schaute Torge aus dem Fenster, um sich zu orientieren. Sie hatten schon fast das Eidersperrwerk erreicht.

„Alles klar, Torge?" Knud war sofort herangegangen.
„Ich hab´s! Ich glaube, ich weiß jetzt, wo die Mädchen festgehalten werden. Bitte kehrt um, wir müssen zu dem Hof zurück." Vor Aufregung überschlug sich Torges Stimme. Knud dagegen schien es die Sprache verschlagen zu haben.
„Knud! Wir müssen zurück!" Torge wurde noch eindringlicher.
„Ich habe es verstanden. Wie kommst du jetzt darauf? Nein, sag nichts, wir erreichen gleich das Sperrwerk. Lass uns dort halten. Wir können uns beim Aussichtspavillon zusammensetzen. Du erzählst von deiner Idee und wir beraten uns." Wie immer war Knud nicht so schnell aus der Ruhe zu bringen – erst recht nicht, wenn Torge einmal wieder mit einem seiner manchmal abwegigen Einfälle um die Ecke kam, das war dem Hausmeister bewusst. Trotzdem nahm er seinen Freund ernst.
„Sie wissen, wo die Mädchen sind? Sind Sie sicher?", fragte Gloria neugierig. Torge zappelte auf dem Sitz neben ihr herum. Beim besten Willen war er nicht mehr in der Lage ruhig zu sitzen.
„Ich erzähle es gleich allen gemeinsam. Halten Sie beim Pavillon – bitte."
Sie hatten Glück und ergatterten einen freien Tisch, gegen Abend war hier nicht mehr so viel los, wie am Tag. Alle schienen gespannt zu sein, was Torge ihnen vertellen würde, allein bei dem Profiler überwog die Skepsis, wodurch sich Torge aber nicht bremsen ließ.
„Ich bin mir sicher, dass es in dem Gebäude einen Raum gibt, den Ihr nicht betreten konntet", platzte er heraus, was erst einmal nur Schweigen zur Folge hatte. „Während Ihr das Innere des Hauses untersucht habt, habe ich mir in der Wartezeit die Fassade genau angeschaut. Erst einfach nur, um die Zeit zu überbrücken, und weil sie

schön gestaltet ist. Außerdem fand ich die Fensterfront imposant und habe sie gezählt – die Fenster", fügte er hinzu, nachdem er verständnislose Blicke erntete.
„Ja, und?" Goldblum wurde schon wieder ungeduldig.
„Einen Moment, ich erkläre es ja. Gloria und ich sind dann, in einem weiten Bogen um das Gebäude herum, zu der Rückseite gegangen, eigentlich um zu schauen, ob sich im Außenbereich Spuren finden lassen. Im hinteren Garten habe ich dann schlapp gemacht und musste mich für eine Weile im Schatten ausruhen." Etwas peinlich berührt wuselte er sich verlegen durch die blonden Locken. „Naja, auf jeden Fall hatte ich wieder Zeit, die Fenster zu zählen. Es sind einige mehr als auf der Vorderseite, obwohl die Symmetrie zu stimmen scheint. Hier schaut mal!" Torge kramte das Telefon aus der Tasche, um seinen Zuhörern das Foto zu zeigen, das er aufgenommen hatte. „Ich vermute, hier hinten in der Ecke der L-Form befindet sich ein Zimmer, zu dem es für Euch keinen Zugang gab." Erwartungsvoll guckte er in ihre Gesichter. „Könnte das sein? – Es muss so sein!"
„Hast du auch von der Vorderseite ein Foto gemacht?", fragte Knud in seiner sachlichen Art.
„Nein, leider nicht. Die Idee kam mir eben erst im Wagen, aber was die Anzahl der Fenster angeht, bin ich mir sicher. Hinten gibt es vier mehr als vorne. Ein oder zwei könnten sich in dem Bereich der Haustür befinden. Bleiben mindestens zwei für einen Raum in der Ecke. Überlegt doch mal", wurde Torge eindringlich. „Wenn sie wirklich für die Entführung von Nele verantwortlich sind, hatten sie Jahre Zeit, es so hinzubauen, um bei einem Verdacht und einer Durchsuchung nicht aufzufliegen. Wer weiß, wodurch sie vorgewarnt wurden, aber

bitte lasst uns zurückkehren, um zu schauen, ob es diesen Raum wirklich gibt. Es ist eine große Chance, die Mädchen zu finden!"

Alle starrten auf das Foto. Als das Mobiltelefon in den Energiesparmodus schaltete, wodurch das Display dunkel wurde, fragte Knud in die Runde: „Also, was meinen Sie zu der Theorie?"

„Wenn Trulsen sich mit der Anzahl der Fenster sicher ist, halte ich es für möglich", schaltete sich zu Torges Erleichterung die Kommissarin ein. Wenn er sie von seiner These überzeugte, standen die Chancen für eine wiederholte Durchsuchung sehr gut. „Können Sie sich an den Raum erinnern, der dann davor liegen muss? Stand da nicht ein großer Bauernschrank an der Wand?"

Es war deutlich zu sehen, wie Knud sein Gedächtnis durchforstete, und sogar Goldblum ließ sich auf die Überlegungen ein.

„Ja, da stand ein mächtiger Schrank, gefüllt mit Winterklamotten", erinnerte sich der Profiler, woraufhin Knud nickte.

„Möglicherweise befindet sich darin eine Tür zu einem versteckten Zimmer", stimmte sein Freund zu, was bei Torge die Aufregung weiter steigen ließ.

„Und reicht Euch das? Fahren wir?", fragte er ungeduldig von seinem Sitz aufspringend.

„Ja, wir fahren!", kam es von den Kommissaren wie aus einem Mund. Nach einer kurzen Abstimmung über das weitere Vorgehen stiegen alle wieder in die Autos, um zurück zu dem Quint-Hof zu fahren. Torge hatte Mühe seine Hände still zu halten, nervös nestelte er an einem Faden herum, der auf Kniehöhe aus der Naht seiner Hose baumelte. Gloria wirkte konzentriert. Wieder hatten die beiden die Anweisung bekommen, sich im Hintergrund zu halten. Dieses Mal würde es Torge noch schwerer fallen, nicht einfach in das Haus zu stürmen, um seine kleine Lena zu befreien. Hoffentlich behielt er recht!

Die Atmosphäre auf dem Anwesen hatte sich nicht geändert. Nach wie vor herrschte eine friedliche Stille, die der Hausmeister mit den Vermutungen für trügerisch einschätzte. Sogar aus der Entfernung war Maria Quint die Überraschung anzusehen, nachdem sie auf das Klingeln hin die Tür öffnete und erneut die Kommissare davor stehen sah. Mit dem Versuch, sie ihnen vor der Nase zuzuschlagen war sie einen Wimpernschlag zu spät. Schon drängten die Männer die Frau zurück, um sich Einlass zu verschaffen. Dieses Mal gingen sie weder zurückhaltend noch höflich vor. Es schien, dass Torge sie mit seinen Überlegungen überzeugt hatte. Nervös stieg er aus dem Wagen und fing an, ihn zu umrunden, weil er einfach nicht mehr stillsitzen konnte. Keinen Moment ließ er allerdings die Tür aus den Augen. Gloria schien es ähnlich zu ergehen. Wie sehr sich diese Frau in der Sache engagierte! Torge war bei aller Anspannung von der überwältigenden Anteilnahme beeindruckt.

Wieso dauerte das nur so lange? Die Kommissare und der Profiler schienen schon vor einer kleinen Ewigkeit in dem Haus verschwunden zu sein, doch ein Blick zur Uhr auf dem Armaturenbrett zeigte ihm, es waren erst ein paar Minuten vergangen. Torge merkte selbst, wie zappelig er wurde und mahnte sich zur Ruhe, weil er befürchtete, gleich umzukippen.

„Haben Sie noch einen Schluck Wasser für mich, Gloria?", fragte er mit trockener Kehle. Die Angesprochene schien froh zu sein, etwas zu tun zu bekommen. Sie holte eine Flasche aus ihrem Beutel, um sie Torge zu reichen. Gierig trank er sie zur Hälfte leer. Als er sie zurückgeben wollte, winkte die Journalistin ab.

„Behalten Sie sie ruhig, ich habe noch mehr."
Endlich schien sich im Eingang zum Haus etwas zu bewegen. Kommissarin Wiesinger trat auf den Hof in die langen Schatten, die die Abendsonne aus den umstehenden Bäumen warf. Torge hielt den Atem an. Was bedeutete das? Hatten sie die Mädchen gefunden oder mussten sie tatsächlich unverrichteter Dinge nach St. Peter-Ording zurückkehren, um die Ermittlung wieder ganz von vorne anzufangen?
Als sie ihm schließlich winkte, zu ihr zu kommen, gab es für Torge kein Halten mehr. Er rannte los.
Kurz darauf erschienen Knud und Goldblum. Auf ihren Armen trugen sie die beiden schlafenden Mädchen aus dem Haus. Lena erkennend wurden seine Knie weich. Einen Moment drohte er zu stürzen, doch Gloria war bereits an seiner Seite, um ihn aufzufangen. Gemeinsam erreichten sie Knud und ließen sich die Enkelin überreichen. Nie hatte Torge solche Glücksgefühle empfunden, wie in diesem Moment, als er Lena wieder in seinen Armen hielt! Er musste unbedingt Annegret anrufen, um sie von der Last der Sorge zu befreien.

Epilog

Knud hatte sich schon lange nicht mehr so entspannt und ausgeglichen gefühlt wie bei dieser Abschlussbesprechung, die nur drei Tage später stattfand. Im Grunde war die Zusammenkunft eine kleine Feier. Else Nissen und Annegret Trulsen hatten angeboten, Kuchen oder sogar Torte zu backen, da es aber wieder ein heißer Tag zu werden schien, entschieden sich die Beteiligten für eine großartige Portion Eis, die Torge vom *Eiscafé Venezia* aus St. Peter-Bad holte. Den Vorschlag zusammenzulegen, hatte der glückliche Großvater rundherum abgelehnt – zu dankbar war er für den engagierten Einsatz des gesamten Teams.
Knud wurde bei der Zubereitung des obligatorischen Pharisäers von Gloria unterstützt, die es sich im Gegensatz zu Martin Goldblum nicht nehmen ließ, den Fall gemeinsam zu den Akten zu legen. Knud war nicht traurig gewesen, dass der Profiler am späten Abend des Freitags

mitteilte, er würde dringend woanders gebraucht. Vermutlich wollte er einfach nur weg, aber wer aus dem Team sollte etwas dagegen haben? Offensichtlich war sogar Charlotte froh, ihn wieder loszuwerden, was Knud natürlich am meisten freute.

Versorgt mit den kulinarischen Köstlichkeiten ließen sie die Geschehnisse des Abends der Befreiung der beiden Mädchen erneut Revue passieren.

Tatsächlich war es Torges verlässlicher Beobachtungsgabe zu verdanken, den Fall abschließen zu können. So wie vermutet, fanden die Kommissare hinter dem wuchtigen Bauernschrank eine Tür zu dem Zimmer, in dem Nele seit Jahren wohnte. Es war wunderschön eingerichtet, aber trotzdem ein Gefängnis, das sie nur selten verlassen durfte. Weit von dem Hof hatte sie sich nach den Aussagen der Entführer kaum wegbewegt.

Diese waren noch am Freitagabend festgenommen worden. Entgegen Knuds Befürchtung leisteten sie keinen Widerstand. Jens Quint erweckte im Gegenteil sogar den Eindruck, froh zu sein, dass es endlich vorbei war. Wenn man seinen Ausführungen glauben konnte, wollte er Nele damals ebenfalls wieder zurückgeben. Die vorübergehenden Entführungen waren als erzieherische Maßnahme für die Eltern gedacht, doch besser auf ihre Sprösslinge aufzupassen. Seine Frau habe sich dann in die kleine Nele verliebt und sie einfach nicht mehr hergegeben. Die Mutter sei doch wieder schwanger, dazu im Grunde schon mit einem Kind überfordert und sie selbst konnten keine eigenen Kinder mehr bekommen.

„Das ist wirklich nicht zu glauben", unterbrach Torge Knuds Zusammenfassung der Ermittlungsergebnisse. „Haben die sich keine Gedanken darüber gemacht, wie viel Leid sie den Eltern zufügen? Insbesondere in dem Fall der kleinen Nele?"

„Sie haben sich ihre Wahrheit zurechtgestrickt, um ihren eigenen Schmerz zu lindern", antwortete Knud. „Das bedeutet nicht, dass ich das gutheiße, Torge", fügte er hinzu, nachdem er den erbosten Blick seines Freundes sah.

„Und warum ging die Serie jetzt nach fünf Jahren erneut los?", wollte Fiete wissen, der an den Vernehmungen des Paares nicht beteiligt gewesen war.

„Bei Jens Quint ist einfach die große Sehnsucht nach einem Sohn geblieben. Seine Frau hat sich auf Nele fixiert, was die Beziehung des Paares extrem belastet hat. So richtig haben sie den Unfalltod des eigenen Kindes nie verwunden. Leider haben sie sich einer psychologischen Betreuung verweigert. Als Quint Timo sah, wie er ganz alleine über die Seebrücke ins Bad lief, hat bei ihm alles ausgesetzt. Das war wohl der Trigger, von dem Goldblum sprach."

„Aber warum andere Eltern bestrafen? Letztlich ist doch auch ihr eigener Sohn im Eis eingebrochen, weil er alleine unterwegs war und sie ihre Aufsichtspflicht verletzt haben. Ist das nicht ein Widerspruch?" Torge schien ratlos.

„Ja, genau davor wollten sie die Kinder bewahren, indem sie die Eltern erziehen. Ich gebe ja nur das wieder, was ich gehört habe, Torge. Mir fällt es ebenfalls schwer, dieses Denken nachzuvollziehen." Knud nahm einen Schluck von dem Pharisäer.

„Was hat es denn nun eigentlich mit dem Haus in Katingsiel auf sich?", schaltete sich Gloria in das Gespräch ein, nachdem sie bisher nur schweigend gelauscht hatte.

Knud überließ nach einem kurzen Blickwechsel Charlotte das Antworten: „Das Haus wurde von Jens Quint quasi als Fluchtpunkt genutzt, wenn er Ruhe brauchte und ihm die gesamte Situation zu Hause zu viel wurde.

Er wollte Nele nicht behalten, hatte aber den Punkt verpasst, sich durchzusetzen. Er stürzte sich in die Arbeit auf seinem Hof, brauchte aber zwischendurch mal Abstand. Dann ist er nach Katingsiel gekommen. Nach seinen Aussagen wollte er mit Timo nur ein bisschen Zeit verbringen und ihn dann wieder zurückgeben. Als er den toten Landstreicher fand, musste er umdisponieren. Da Timo auf die Toilette wollte, nutzte er die Zeit, um die Schachtel mit den Souvenirs der Kinder, die er sich immer wieder anschaute, auf den Boden zu bringen. Offensichtlich war Timo schneller als vermutet fertig und guckte neugierig aus dem Fenster. In dem Moment fuhr Birgitta Jensen an dem Haus vorbei."

„Was war mit den Sachen?", fragte Gloria nach.

„Er hat sie gehütet wie einen Schatz und wähnte sie auf dem Boden sicher. Er wusste nicht, was er mit dem Toten machen sollte. Auf keinen Fall wollte er die Aufmerksamkeit der Polizei auf sich lenken. Jedenfalls nahm er Timo nur mit nach Hause, weil der Landstreicher in Katingsiel Quartier bezogen hatte. Das wiederum gefiel seiner Frau überhaupt nicht. Bei ihr hat es alle Wunden aufgerissen, wieder einen Jungen auf dem Hof zu haben. Allerdings sah sie, wie gut Nele die Gesellschaft tat. Deswegen fasste sie den Entschluss, quasi eine Schwester zu kidnappen. Als sie Lena entdeckte, die *ihrem Mädchen* verblüffend ähnlich sah, nahm sie sie mit."

„Maria Quint ist mit dem Plan in den Park gefahren, sich ein kleines Mädchen zu schnappen?" Die Journalistin war fassungslos.

„Ja, so war es." Charlotte nickte. Schweigend schauten die Anwesenden in ihre Kaffeepötte.

„Leute, bei so viel verqueren Gehirnwindungen freut man sich doch glatt mal auf einen handfesten Nachbarschaftsstreit, weil ein paar vorwitzige Schweine immer

wieder die Zäune durchbrechen", wollte Fiete die Stimmung mit seiner ablenkenden Bemerkung heben. „Sag mal", wechselte er dann erneut das Thema. „Wie geht es denn Lena, Torge?"
Sofort strahlte der Hausmeister über das ganze Gesicht. „Es geht ihr gut. Die ärztliche Untersuchung der Mädchen ist absolut positiv ausgefallen. Natürlich müssen beide psychologisch nachbetreut werden - Nele viel intensiver mehr als meine Enkelin, aber körperlich geht es ihnen gut. Ich glaube, für Lena war es ein Glück, dass sie nicht alleine, sondern mit Nele zusammen war. Jetzt ist sie einfach froh, wieder bei ihrer Oma zu sein."
„Erzählt noch einmal, wie die Hansens reagiert haben, als Ihr Nele zu ihnen gebracht habt", schaltete sich Fiete wieder ein. Auch ihm war anzusehen, welche Last von ihm abfiel, diesen alten Fall jetzt endgültig zu den Akten legen zu können.
„Ja, das war unglaublich. Natürlich waren sie außer sich vor Freude. Sogar der immer so brummige Friedrich ist in Tränen ausgebrochen. Imke Hansen hatte das Stofftier *Matti, den Wattwurm* wirklich selbst genäht und sofort wiedererkannt. Naja, zu ihrer eigenen Tochter muss sie jetzt erst einmal ein Verhältnis aufbauen, aber wir haben eine sehr kompetente Frau vom psychologischen Dienst bekommen. Es ist wahrscheinlich ein langer Weg, aber sie werden es schon schaffen." Charlottes Augen strahlten über das positive Ende des Falles. „Nun haben Sie fast Ihren gesamten Urlaub mit dieser Ermittlung verbracht, Frau von Brandenburg", wandte sie sich an die Journalistin. „Das haben Sie sich doch auch bestimmt ganz anders vorgestellt!"
„Ja", lächelte Gloria verschmitzt. „Viel langweiliger. Im nächsten Jahr komme ich zum ersten Mal richtig gerne nach St. Peter-Ording!"

Kleines Lexikon norddeutscher Begriffe

Moin/Moin Moin	Begrüßung für den ganzen Tag
zu Potte kommen	weitermachen, fertig werden
Gosch	Fischrestaurant aus Sylt
sabbelig	redselig
piesacken	zusetzen, triezen
Gezuckel	langsames Fahren
„mach hinne"	mach weiter, werde fertig!
Klönschnack	gemütliche Plauderei
schnacken	sich unterhalten
dumm Tüch	dummes Zeug
lütt	klein
Buddel Köm	Flasche Korn
scheun	schön
grienen	Grinsen, lächeln
Priel	Rinne im Wattenmeer, in der sich auch bei Ebbe Wasser befindet
min seute Deern	mein süßes Mädchen
vertellen	erzählen
Schiet	Scheiße
Kopp in Nacken	Kopf in den Nacken
verklickern	erklären
Friesengeist	nordischer Schnaps
Pharisäer	Kaffeespezialität mit Rum und Schlagsahne
Pott Kaffee	Becher Kaffee
aufgebretzelt	chic angezogen/zurecht gemacht
schnieke	Chic
Rundstück	einfaches helles rundes Brötchen
Alsterwasser	Bier und weiße Limonade
Gedöns	als überflüssig erachtete Gegenstände

Scheibenkleister	s. Schiet
Butter bei die Fische	Klartext reden, nichts zurückhalten
Auf dem Kieker	Besondere Aufmerksamkeit, wörtlich Fernglas
Franzbrötchen	Plunderteig mit Zimt und Butter, ursprünglich aus Hamburg
Jo	Ja
fünsch	wütend, ärgerlich
vertüdeln	vergeuden
Wo geiht di dat?	Wie geht es Dir?

Die Handlung und alle handelnden Personen sind frei erfunden. Jegliche Ähnlichkeit mit lebenden oder realen Personen wäre rein zufällig und nicht beabsichtigt.

Schleswig-Holstein

Torges Tipps für Ihren Urlaub in SPO und dem schönen Nordfriesland

Folgen Sie dem schrulligen Hausmeister der Ferienanlage *Weiße Düne* auf Facebook:
www.facebook.com/TorgeTrulsen

Hat Ihnen die Geschichte gefallen?
Dann freue ich mich sehr über eine positive Rezension bei *amazon* oder auf einem anderen Portal, denn Bewertungen werden für uns Autoren immer wichtiger. Das muss kein langer Text sein, schreiben Sie einfach, was Sie anderen Lesern gerne zu dem Buch mitteilen wollen. (Aber natürlich nicht verraten, wie die Geschichte endet ☺.)
Ich danke Ihnen im Voraus!

Herzlich
Ihre Stefanie Schreiber

Oder wollen Sie in „Torge Trulsens Haus" Ihren eigenen Urlaub verbringen?

Ferienhaus Reetkate Tating

Urlaub mit dem eigenen Haustier

Kleines Doppelhaus für
2x 4 Personen und 3 Hunde

www.Reetkate.de
www.facebook.com/ReetkateTating

Über die Autorin

Stefanie Schreiber ist Fach- und Krimiautorin.
Ihre kleine Reetkate Tating, die sie an Feriengäste vermietet, steht bei St. Peter-Ording und liegt ihr genauso am Herzen wie das Schreiben ihrer Regional-Krimis. Die Verbundenheit sowohl mit dem Landstrich als auch mit der Mentalität der Küstenbewohner lässt sie in ihre Romane einfließen.
Inspiriert durch ihr Journalismus-Studium veröffentlicht sie seit 2014 erfolgreich Praxis-Ratgeber zum Thema Vermögensaufbau mit Ferienimmobilien.
2019 erschien ihr Krimi-Debut.

www.StPeterOrding-Krimi.de

Danksagung

Wenn ein Buch in der ersten Fassung fertig ist, erfüllt mich das mit Freude und Erleichterung. Ein großes Stück Arbeit ist geschafft. Ich räume meinen Schreibtisch auf und bringe die Notizen sowie die zahlreichen Erinnerungszettel für Recherchedetails ins Archiv oder werfe sie in den Papierkorb.

Dann wird der Text mehrfach überarbeitet! Ich freue mich sehr, dass ich dafür so großartige Unterstützung habe. Ich danke meinem Lektoren-Team Elke und Wolfgang Lensch. Mir ist niemand bekannt, der mehr Kriminalromane gelesen hat als diese beiden Experten, die außerdem auf lange Jahre der redaktionellen Arbeit zurückblicken. Danke für Eure Anregungen und Eure kritischen Augen.

Ich danke meinem Korrektor Sándor Sima, der mit seiner gründlichen Arbeit dazu beiträgt, das Buch möglichst fehlerfrei zu produzieren.

Großer Dank gebührt meiner Illustratorin Sabine Schulz, die nun nicht nur Torge, sondern auch Charlie und Knud genau das Gesicht verliehen hat, das in meiner Vorstellung war. Großartig!

Schließlich gilt mein Dank einigen Testlesern und Torge-Fans, die mich im Schreibprozess unterstützt haben.

Danke!
Stefanie Schreiber

Bibliografische Information der Deutschen Nationalbibliothek

Die Deutsche Nationalbibliothek verzeichnet diese Publikation in der Deutschen Nationalbibliografie; detaillierte bibliografische Daten sind im Internet über www.dnb.de abrufbar.

Covergestaltung und Buchdesign: anonymus Design
Umschlagfoto: Adobe Stock
Lektorat: Elke und Wolfgang Lensch
Korrektorat: Sándor Sima
Kapitelfotos:
Paul Fröls, Manfred Meyer und Stefanie Schreiber
Illustrationen *Torge Trulsen, Charlotte Wiesinger und Knud Petersen*: Sabine Schulz
Printed in Germany

Broschiert ISBN 978-3-96608-016-3
ebook ISBN 978-3-96608-017-0

© servitus Verlag
  Alter Elbdeich 124
  21217 Seevetal-Over
  www.servitus-verlag.de

Alle Rechte vorbehalten. Vervielfältigung – auch auszugsweise – nur mit schriftlicher Genehmigung des Verlages.

Bereits von der Autorin erschienen:

Mord im Watt vor St. Peter-Ording
Der erste Fall für Torge Trulsen und Charlotte Wiesinger

Todesfalle Hochzeit in St. Peter-Ording
Der erste Fall für Torge Trulsen und Charlotte Wiesinger

20 Jahre Reetkate Tating - Aus dem Ferienhaus geplaudert | Erstaunliche Geschichten und emotionale Momente aus dem Alltag der Vermietung

Mit Ferienimmobilien Vermögen aufbauen und Steuern sparen! In elf Schritten zur erfolgreichen Vermietung

Das Arbeitsbuch! Mit Ferienimmobilien Vermögen aufbauen und Steuern sparen | Ihr persönlicher Begleiter auf den elf Schritten zur erfolgreichen Vermietung

Erfolgreiche Vermarktung Ihrer Ferienimmobilie!
Der optimale Marketing-Mix inklusive Social Media für Ihren Vermietungserfolg

Ihr Ferienimmobilien-Marketingplaner!
Eine strukturierte Arbeitsvorlage für Ihren optimalen Marketing-Mix inklusive Social Media

Reihe Ferienimmobilie aktuell

Band 1: Richtige Kaufentscheidung und erfolgreicher Start mit Ihrer ersten Ferienimmobilie!

Band 2: Wirtschaftlichkeitsberechnung und Finanzierung Ihrer erfolgreichen Ferienimmobilie!
wird fortgesetzt

Kennen Sie schon den ersten Fall?

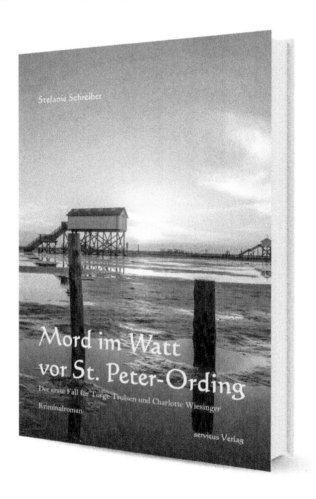

Leseprobe: Mord im Watt vor St. Peter-Ording

Prolog

Die Nacht senkte sich über das Watt vor St. Peter-Ording. Ein wenig Restlicht vom Tage ließ den Dunst fast wie Nebel und ein bisschen gespenstisch aussehen – doch das störte ihn nicht. Am besten konnte er seinen düsteren Gedanken entfliehen, wenn er über den freigelegten Meeresboden marschierte – vorzugsweise nachts in aller Stille und ganz allein. Er war dann eins mit der Umgebung, hörte lediglich ein paar späte Vögel, das sanfte Plätschern in den Prielen sowie das leicht schmatzende Geräusch, das jeder seiner Schritte im Schlick hinterließ. Er spürte die leichte Brise im Gesicht, schmeckte das Salz des Meeres auf seinen Lippen. Vor einigen Stunden hatte es sich zurückgezogen. Schon bald würde es wiederkehren, die Spuren mit sich nehmen, so dass aus dem Watt erneut der makellose Boden der Nordsee wurde.

Gleiches geschah bei diesen Wanderungen sonst auch mit seiner Seele, doch heute funktionierte es nicht. Er fühlte sich angespannt; die Gedanken kreisten um den Verlust. Die Wunden, die nicht heilen wollten, ließen ihn immer wieder auf Rache sinnen. Würde ihm das endlich die ersehnte Ruhe geben und seinen Seelenfrieden zurückbringen? Die Zweifel überwogen.
Einige Möwen schrien im schwindenden Licht. Wie er den Norden mit all seinen Facetten liebte!
Die Geräusche, die Gerüche, die Farben.
Das Licht des Tages war jetzt verschwunden, doch hell leuchtete der Mond über das Watt. Vereinzelte Wolken warfen Schatten, in denen die Umgebung fast schwarz aussah. Tief sog er den Duft des Meeres in seine Lungen, unter seinen Füßen knackte eine Muschel. Sein Blick streifte kurz den Boden und nahm die vertrauten gedrehten Sandtürmchen der Wattwürmer wahr. In einer Mulde hatte sich eine Pfütze gebildet.
Ein Geräusch riss ihn aus den flüchtigen Betrachtungen seiner Umgebung. Er lauschte, ob es sich wiederholte. Angst empfand er nicht.
Stille – bis auf ein leichtes Rauschen des Windes, der hier nur selten einschlief. Nein, nichts Ungewöhnliches.
Er ließ seinen Blick schweifen und erkannte, dass er sich bereits weit vom Strand von St. Peter-Ording entfernt hatte. Klein schienen die imposanten Pfahlbauten im matten Mondschein. Was für eine herrliche Nacht! Wäre sie doch jetzt bei ihm. Jetzt! Mit ihr hätte er es vollends genießen können. Bitter wie Galle drängten sich die düsteren Gedanken wieder in den Vordergrund.
Sie war so stark gewesen, so optimistisch, so kämpferisch. Und hatte gesiegt – bis zu jenem verhängnisvollen Tag, der alles veränderte. Wieder hörte er ein Knacken. Er schaute sich um. Da der Mond hinter einer dicken

Wolke verschwunden war, erkannte er seine Umgebung nur schemenhaft. Hatte sich dort etwas bewegt? Angestrengt versuchte er, die Dunkelheit zu durchdringen.
Als er den Schatten sah, war es bereits zu spät. Im nächsten Moment spürte er den Schlag hart auf dem Hinterkopf. Ein geradezu absurder Schmerz erfasste erst seinen Kopf, bevor er dann die Wirbelsäule hinabzog. Das kalte Wasser des Priels drang durch seine Kleidung, dann wurde alles um ihn herum schwarz.

Marina in SPO | Samstag, den 02. September

Irgendwann schmeiße ich dieses kleine knubbelige Kerlchen raus. Der macht mich irre! Als ob hier nicht schon genug Wahnsinn tobt.
„Das würde ich mir gut überlegen, er ist einer derjenigen, die den Laden hier am Laufen halten." Ungerührt betrachtete die alte Sekretärin Marina über ihre Lesebrille

hinweg, die ihr wie immer drohte, von der Nasenspitze zu rutschen.
Erschrocken starrte Marina ihre Mitarbeiterin an. „Torge gehört hier quasi zum Inventar, er kennt jeden Winkel - einen besseren Hausmeister können Sie nicht finden." „Es hat sich schon wieder ein Gast über seine Unfreundlichkeit beschwert ...", Marina fühlte sich durch den Ausbruch ihrer Gedanken in der Defensive.
„Kindchen, Sie sind noch nicht lange hier. Im Juli und August drehen bei Dauerregen alle durch. Sie wollen den perfekten Urlaub am perfekten Strand. Dabei vergessen sie, dass St. Peter nicht Saint Tropez ist. Das haben wir ja nun geschafft. Jetzt Anfang September wird sich alles wieder normalisieren."
Marina hörte gar nicht mehr zu. Wenn sie mich noch einmal Kindchen nennt, schmeiße ich sie gleich mit raus. Durch den Abschluss der Uni für Hotelmanagement als Jahrgangsbeste hatte sie es sich verdient, mit Respekt behandelt zu werden. Doch weil ihre Bewerbungen bei den namhaften großen Hotels in den Metropolen des Erdballs leider ohne Ergebnis blieben, war sie nun als Managerin in diesem Feriendorf gelandet.
Was sich auf dem Papier recht verlockend anhörte – Ferienpark mit 150 Wohneinheiten direkt hinter den Dünen des breiten Strandes von St. Peter-Ording – wurde real zu einer Katastrophe. Im Sommer tobte der Wahnsinn in Gestalt von wildgewordenen Feriengästen, die überall Sand hinschleppten; im Winter tobte der Sturm begleitet von Langeweile. Doch Marina hatte sich geschworen mindestens drei Jahre durchzuhalten.
Auch ihr Team, das scheinbar nur aus unfähigen Landeiern zu bestehen schien, würde ihr nicht den Lebenslauf versauen.
Drei Jahre hielt sie durch! Das hatte sie sich geschworen.

„.... und dann muss jemand zur Reinigung des Well-ness-Bereichs eingeteilt werden. Hansen hat sich krankgemeldet."
„Schon wieder?"
Greta Petersen stand nach wie vor unaufgeregt vor ihrem Schreibtisch. Sie schaute Marina an, ohne die Miene zu verziehen. Schließlich fragte sie dann doch etwas spitz: „Soll ich Torge damit beauftragen?"
Es kostete Marina alle Kraft sich zu beherrschen, sie nicht anzuschreien. Heute nervte sie einfach alles. Seit zwei Wochen Regen! Weil die Feriengäste sich langweilten, ließen sie ihre Unzufriedenheit aneinander sowie an dem Personal aus. Sie kamen nicht nur mit Sonderwünschen, sondern auch mit absurden Beschwerden.
Marina sehnte sich nach Ruhe.
Die Urlauber wussten gar nicht, wie gut sie es hatten. Statt zu genießen ...
„Ja, Frau Petersen, beauftragen Sie Torge. Der Wellness-Bereich muss picobello sein. Bei diesem Mistwetter werden viele dort entspannen wollen."
„Der Wellness-Bereich wird immer gut gepflegt, wenn ich mir die Bemerkung erlauben darf."
„Ja, ja ...!" Marina warf ihr einen genervten Blick zu. „Das wäre dann alles."
Greta Petersen nickte und schritt zur Tür. Während die Managerin ihrer Sekretärin hinterherblickte, schnitt sie eine Grimasse.
Verdammt! Heute war echt nicht ihr Tag. Wie gern würde sie jetzt eine rauchen – aber sie hatte im Januar aufgehört. Noch so eine blöde Idee. Die Luft war hier so frisch, die würde ein paar Zigaretten am Tag sicher kompensieren. Sie riss ihre Schreibtischschublade auf und wühlte nach der letzten halben Schachtel, die sie hier für Notfälle deponiert hatte. Dies war eindeutig ein Notfall!

Wütend starrte Marina das in dem Moment klingende Telefon an. Wer störte denn nun schon wieder?
In der Hoffnung, es würde schweigen, wenn sie es ignorierte, setzte sie ihre Suche fort. Endlich wurde sie fündig. Zehn Zigaretten sowie ein Feuerzeug steckten in der zerknitterten Schachtel. Unentschlossen betrachtete sie sie. Fast acht Monate hielt sie mittlerweile durch und sie würde sich dafür hassen, wenn sie jetzt einknickte.
Das Telefon klingelte beharrlich weiter. Ein Blick auf das Display verriet ihr eine bekannte Mobilnummer: Sie gehörte der Frau des betuchten Schönheitschirurgen, die schon seit Ostern einen der Premium-Bungalows in der ersten Wasserlinie bewohnte. Zumindest wenn das Wasser einmal da war. Immer wenn Marina Zeit für einen Strandspaziergang hatte, zog es sich gerade zurück, um eine unattraktive schlammige Fläche zu hinterlassen. Nordsee, was fanden nur alle daran?
Die Anruferin gab nicht auf. Warum rief diese verwöhnte Schnepfe nicht einfach an der Rezeption an? Ständig nervte sie Marina mit ihren Sonderwünschen. Wenn sie jetzt ranging, würde es ihr definitiv den Rest für den Tag geben.
Sie riss den Hörer vom Apparat.
„Ferienpark Weiße Düne, mein Name ist Marina Lessing. Guten Tag."
„Guten Tag Frau Lessing, hier ist Margarete Süßholz. Wie schön, Sie gleich zu erreichen. Ich wollte noch ein paar Details für das Wochenende besprechen, mein Mann kommt ja morgen wieder aus Hamburg."
Ja, klar! Sie verbrachte den ganzen Sommer hier, und hatte in Anlehnung an Dirty Dancing den Spitznamen Bungalow-Prinzessin bekommen. Er kam meist am Wochenende.

„Frau Lessing, ich wünsche jeden Tag frische Blumen im Wohnbereich, am liebsten sind mir Sommerblumen in Orangetönen. Auf keinen Fall Nelken oder Chrysanthemen."

„Frau Süßholz ..."

„Mein Mann treibt ja immer viel Sport. Wir brauchen dafür extra Handtücher ..."

„Frau Süßholz", Marina wurde lauter „Ich habe noch ein Gespräch auf der anderen Leitung. Die Rezeption wird Sie gleich zurückrufen. Ja? Wunderbar. Wir melden uns."

Sie legte auf. Das war nicht nur unfreundlich, sondern auch unprofessionell, aber Marina konnte nicht anders. Beinahe aus ihrem Büro rennend stopfte sie die Zigaretten in ihre Tasche.

Die Petersen rief ihr noch irgendwas wegen Torge Trulsen hinterher, aber Marina hörte nicht mehr zu.

Schnell war die Raucherecke hinter dem Haupthaus erreicht. Die erste Zigarette nach so langer Zeit schmeckte fürchterlich, aber ihre Nerven beruhigten sich merklich. Sie ließ den Blick über die Dünenlandschaft schweifen. Strandhafer und Gräser, dazu die Weite des Ordinger Strandes. Heute wirkte dieser Anblick sogar entspannend auf ihr erregtes Inneres. Vielleicht, weil das Wasser ausnahmsweise einmal dem Strand schmeichelte. Tief sog sie den Rauch in die Lungen. Ihr Blick wanderte weiter.

Stutzend entdeckte sie eine Menschenmenge, die sie nicht mit einer Urlaubsaktivität in Zusammenhang brachte. Sah eher so aus, als scharten sich die Menschen um etwas, was dort angespült worden war.

Noch einmal inhalierte sie tief, bevor sie die Zigarette auf dem Boden austrat. Als sie den Stummel aufhob, hätte sie sich am liebsten gleich eine Zweite angezündet. Da löste sich Torge Trulsen aus der Menge und kam direkt auf sie zu. Heute blieb ihr wirklich nichts erspart.

Die Gier nach einer weiteren Zigarette wurde übermächtig, doch sie nahm sich zusammen. Der Hausmeister kam mit hohem Tempo näher. Sich so schnell zu bewegen, hätte Marina ihm gar nicht zugetraut. Er wirkte eher klein, außerdem durch die untersetzte Figur etwas gedrungen. Die wirren Locken erweckten nicht den Eindruck, als würden sie allzu häufig auf einen Kamm treffen. Trotz seiner Mitte fünfzig waren sie jedoch voll und blond. Lediglich an den Schläfen zeigten sie graue Spuren, was seine Attraktivität allerdings nicht steigerte.

„Frau Lessing!" Als Torge sie entdeckte, rannte er auf sie zu. „Was machen Sie denn hier? Ich dachte, Sie hätten aufgehört zu rauchen."

Marina fühlte sich ertappt – ausgerechnet Torge erwischte sie bei ihrem Rückfall! Aber die Frage war ja wohl nicht, was sie hier tat, sondern warum er am Strand herumspazierte, statt den Wellness-Bereich zu reinigen.

„Und was machen Sie hier?", konterte sie.

„Ich habe einen freien Vormittag. Mein Arbeitsbeginn ist heute erst um 13 Uhr ... das ist doch jetzt unwichtig ...!"

„Unwichtig?" Marina war fassungslos über seine Respektlosigkeit.

„Ja, unwichtig." Torge wurde ungeduldig. Offen unwillig schaute er sie an. „Da liegt ein Toter am Strand!" „Ein Toter?" Marina vergaß ihren Ärger, „Ein Einheimischer oder ein Tourist?" Hoffentlich kein Bewohner der Weißen Düne – das würde nicht nur neue Probleme, sondern auch noch eine negative Publicity bringen.

„Weiß nicht, er liegt auf dem Bauch. Knud sichert den Tatort."

„Er sichert den Tatort? Ist er ermordet worden?" „Sein Schädel ist übel zugerichtet, hat eins drübergezogen bekommen ... sieht nicht nach Ertrinken aus."
„Aha – und wer ist Knud?"
„Na, Kommissar Knud Petersen, der Sohn von Ihrer Greta!"
Der Blick, der Marina traf, sagte so viel wie: Du kriegst ja gar nichts mit. „Ansgar ist schon aus Husum unterwegs." Nach einer kurzen Pause fügte er hinzu „Der Gerichtsmediziner."
Marina nickte abwesend. Torge kannte hier offenbar jeden und war mit allen per Du. Ein waschechter Nordfriese, dem es nie einfallen würde, woanders zu leben als auf diesem platten Land, wo man morgens schon sieht, wer abends kommt. Offensichtlich hatte das dem Toten nichts genützt. Wenn er tatsächlich erschlagen worden war, hatte der Spruch versagt.
Marina schaute auf die Uhr. Es war fast elf.
Entschlossen steckte sie die Zigaretten in die Tasche.

***